Texas
1850 Agricultural Census

Volume 1

Transcribed and Compiled by
Linda L. Green

WILLOW BEND BOOKS
2010

WILLOW BEND BOOKS
AN IMPRINT OF HERITAGE BOOKS, INC.

Books, CDs, and more—Worldwide

For our listing of thousands of titles see our website
at
www.HeritageBooks.com

Published 2010 by
HERITAGE BOOKS, INC.
Publishing Division
100 Railroad Ave. #104
Westminster, Maryland 21157

Copyright © 2003 Linda L. Green

All rights reserved. No part of this book may be reproduced or transmitted in any form or by any means, electronic or mechanical, including photocopying, recording or by any information storage and retrieval system without written permission from the author, except for the inclusion of brief quotations in a review.

International Standard Book Numbers
Paperbound: 978-1-58549-857-4
Clothbound: 978-0-7884-8349-3

Table of Contents

Counties	Page
Anderson	1
Angelina	7
Austin	9
Bastrop	17
Bexar	22
Bowie	25
Brazoria	26
Burleson	30
Brazos	32
Burleson continued	34
Caldwell	38
Calhoun	40
Cameron	42
Cass	43
Cherokee	51
Collin	59
Colorado	64
Comal	68
Cooke	70
Dallas	72
Denton	76
Dewitt	79
Ellis & Tarrant	83
Fannin	85
Fayette	93
Fort Bend	97
Galveston	100
Gillespie	102
Guadaloupe	104
Goliad	107
Gonzales	109
Grayson	113
Grimes	118
Harris	123
Harrison	128
Hays	137
Henderson	138
Hopkins	140
Houston	145
Hunt	150
Index	153

Introduction

This census names only the head of the household. Often times when an individual was missed on the regular U. S. Census, they would appear on this agricultural census. So you might try checking this census for your missing relatives. Unfortunately, many of the Agricultural Census records have not survived. But, they do yield unique information about how people lived. There are 46 columns of information. I chose to transcribe only six of the columns. The six are: Name of the Owner, Improved Acreage, Unimproved Acreage, Cash Value of the Farm, Value of Farm Implements and Machinery, and Value of Livestock. Below is a list of other types of information available on this census.

Linda L. Green
13950 Ruler Court
Woodbridge, VA 22193
703-680-4071

Other Data Columns

Column/Title

6. Horses
7. Asses and Mules
8. Milch Cows
9. Working Oxen
10. Other Cattle
11. Sheep
12. Swine
14. Wheat, bushels of
15. Rye, bushels of
16. Indian Corn, bushels of
17. Oats, bushels of
18. Rice, lbs of
19. Tobacco, lbs of
20. Ginned cotton, bales of 400 lbs each
21. Wood, lbs of
22. Peas and beans, bushels of
23. Irish potatoes, bushels of
24. Sweet potatoes, bushels of
25. Barley, bushels of
26. Buckwheat, bushels of
27. Value of Orchard products in dollars
28. Wine, gallons of
29. Value of Products of Market Gardens
30. Butter, lbs of
31. Cheese, lbs of
32. Hay, tons of
33. Clover seed, bushels of
34. Other grass seeds, bushels of
35. Hops, lbs of
36. Dew Rotten Hemp, tons of
37. Water Rotted Hemp, tons of
38. Flax, lbs of
39. Flaxseed, bushels of
40. Silk cocoons, lbs of
41. Maple sugar, lbs of
42. Cane Sugar, hunds of 1,000 lbs
43. Molasses, gallons of
44. Beeswax and Honey, lbs of
45. Value of Home Made Manufactures
46. Value of Animals Slaughtered

Anderson County Texas
1850 Agricultural Census

The Agricultural Census for Texas for 1850 was microfilmed by the University of North Carolina under a grant from the National Science Foundation and filmed from original records in the Texas Department of Archives and History.

There are some forty-six columns of information on each individual. Only the head of the household is addressed. I have chosen to use only six columns of information. These are shown below:

1. Name of Owner
2. Acres of Improved Land
3. Acres of Unimproved Land
4. Cash Value of the Farm
5. Value of Farm Implements and Machinery
13. Value of Livestock

Thus, the numbers following the names represent, 2, 3,4, 5, 13.

The following symbol is used to maintain spacing where blank in a column: (-).

Minerva J. Russell, 70, 550, 640, 6, 384
Benjamin H. Tanehill, 40, 600, 1600, 100, 720
William Mefford, 10, 310, 170, 9, 98
James M. McCarty, 18, 302, 160, -, 368
Lewis Richardson, 25, -, 200, -, 395
Joshua Richardson, 9, -, 75, 40, 150
John C. Freeman, 14, 186, 200, 10, 147
Thomas Richardson, 10, 90, 100, 17, 435
John Jacobs, 15, 305, 600, 190, 482
Oliver Davis, 1, 84, 200, 80, 142
Thomas Arendes, 18, 254, 700, 5, 218
John Parks, 75, 925, 4000, 200, 3015
John P. Saunders, 65, 490, 1100, 150, 242
Charnmill Hightower, 62, 68, 3750, 150, 850
Jonathan Moseley, 30, 151, 905, 15, 260
E___ Whatley, 87, 113, 1200, 105, 830
Absolom Mosley, 50, 183, 165, 500, 466
John H. Clark, 40, 329, 1107, 100, 245
Isum Mosley, 75, 265, 1700, 85, 318
Littleton Hellams, 23, 617, 1280, 180, 515
Thomas Taylor, 33, 17, 200, 5, 496
Lena Hellums, 8, -, 100, 50, 212
Sanders J. Thacker, 11, -, 200, 20, 1009
John R. Moore, 14, -, 125, 7, 102
John T. Hollis, 20, -, 150, 50, 267
Harvey Hollis, 20, -, 175, 7, 102
Isaac H. Henry, 22, -, 200, 40, 256
Thomas Wylie, 15, -, 200, 7, 155
Samuel Wylie, 16, -, 160, 125, 435

Seburn J. Robinson, 35, -, 490, 200, 706
John H. Highrate, 12, -, 120, 7, 323
William B. Cantrell, 7, -, 75, 5, 162
Elisha Cantrell, 23, -, 230, 45, 226
Hazel Cantrell, ,15, -, 150, 7, 255
Robert Hodge, 10, -, 490, 220, 538
Linzey Higginbotham, 50, 50, 500, 100, 644
James P Hanks, 15, 397, 1500, 125, 253
Joseph Luce, 18, 120, 200, 90, -
William Squires, 37, 103, 400, 10, 189
Penelope Thomas, 30, 70, 100, 12, 130
Willis F. Richards, 23, 457, 480, 40, 258
Britton H. Adams, 30, 20, 940, 75, 431
Dorothey Adams, 50, 427, 474, 50, 310
John Allen, 45, 145, 1190, 18, 651
James W. Horten, 50, 390, 440, 130, 343
James Harris, 15, 305, 240, 3, 101
William Stewart, 25, 215, 240, 8, 154
James Rice, 20, 185, 205, 60, 885
Robert B. Lewis, 15, 188, 100, 10, 115
James Bridges, 35, 285, 800, 40, 784
Alexander McCoullough, 12, 468, 6100, 20, 140
William Steward, 10, 510, 310, 8, 199
John Henly, 10, 310, 600, 100, 494
Robert Madden, 10, 310, 160, 150, 602
George W. Gresham, 15, 305, 210, 8, 195
William P. Haynes, 25, 295, 320, 120, 484
William T. Sadler, 100, 3500, 7600, 400, 415
Jane Terry, 68, 452, 1000, 300, 701

Calvin B. Chipman, 50, 150, 400, 130, 670
Joseph Crawford, 60, 1220, 1280, 80, 580
James Crawford, 15, 305, 640, 35, 225
William M. Fergerson, 12, -, 100, 8, 110
Ervin Self, 30, 390, 640, 115, 642
George Parks, 45, 578, 960, 150, 573
George E. Crinsburn, 100, 800, 2700, 300, 276
Joseph Kennedy, 60, 530, 1180, 100, 430
Pheba Hassel, 150, 50, 100, 85, 680
James Dowthet, 40, 280, 640, 50, 755
John Larr, 42, 325, 1100, 200, 280
Thomas Hammons, 18, 82, 100, 12, 240
Andrew J. Fowler, 10, 90, 800, 5, 384
Benjamin Parker, 40, 60, 1920, 20, 511
James M. Webb, 24, 170, 775, 10, 331
Harmon Main, 10, 310, 320, 100, 152
James Caniway (Cariway), 50, 590, 1500, 130, 820
Jacob Crist (Crest), 16, 144, 300, 25, 585
Joshua W. Hollingsworth, 26, 194, 275, 75, 249
Thomas Hudson 70 230, 1500, 250, 460
Jacob L. Marrow, 40, 600, 2500, 90, 1767
Moses Cox Jr., 125, 875, 5000, 200, 545
Murphy Vaughn, 20, 180, 500, 10, 150
George W. Luke, 120, 440, 2800, 377, 825
Elbert Newson, 30, 20, 160, 80, 270

Allen Kelough, 14, 326, 1560, 15, 350
Robert M. Gaston, 100, 300, 1600, 260, 830
Ira Prewitt, 14, 6, 600, 10, 189
George W. Carpenter, 18, 408, 426, 50, 150
William Hopkins, 37, 283, 640, 45, 390
John Anderson, 10, 630, 640, 100, 204
Plecades O. Lumpkin, 50, 350, 1000, 50, 696
Thomas Payne, 42, 598, 1280, 25, 870
Thomas Garrett, 47, 845, 892, 95, 600
Lorenzo D. Fulton, 27, 250, 415, 80, 348
James Holmes, 65, 252, 1400, 50, 510
Thomas L. Pinson, 15, -, 500, 100, 345
James Reynolds, 100, 376, 4410, 650, 1419
George Lester, 50, 110, 320, 20, 670
Henry Atkison, 14, 306, 160, 10, 339
William A. Fitzg_____, 40, 340, 380, 65, 463
Stephen D. Condray, 35, 125, 320, 8, 288
William Holt, 7, -, 70, 5, 220
William B. Files, 50, 231, 873, 133, 454
Mitcheal B. Fitzguard, 16, 144, 240, 7, 111
John W. Hughs, 12, 68, 80, 145, 360
George W. Fitzgerald, 40, 270, 600, 125, 336
William Gray, 117, 353, 600, 170, 574
Lilly Graham, 20, 42, 1500, 55, 525
__essa J. Allen, 15, 8, 100, 8, 162
William A. Haygood, 50, 600, 900, 150, 768
Valentine S. Anglin, 45, 393, 1200, 525, 888
Elizabeth McKenzie, 35, 605, 1000, 15, 298
William A. Crawford, 8, 312, 320, 8, 109
Samuel Gibson, 15, 305, 320, 8, 204
Thomas Dixon, 15, 305, 320, 8, 204
Richmond C. Reed, 10, 630, 440, 30, 238
William T. Meredith, 14, 624, 640, 10, 240
Washington Merideth, 17, 623, 640, 312, -
John Patteson, 20, 300, 500, 33, 141
Jacob Latton, 32, 608, 640, 70, 210
Nathaniel Wade, 12, -, 120, 5, 25
Robert C. Montgomery, 19, 621, 640, 50, 185
Alfred B. Eaneas, 10, 310, 320, 5, -
William R. Rushing, 12, 308, 320, 4, 261
Isaiah King, 50, 270, 500, 200, 498
John Vanney, 45, 1240, 4000, 200, 620
Ira N. Green, 120, 880, 4000, 555, 780
Hannah E. Bruce, 50, 290, 690, 100, 225
John Wolverton, 35, 285, 640, 80, 397
George A. Shelton, 15, 285, 600, 40, 183
Wiley Caldwell, 22, 298, 500, 100, 585
Thomas Berry, 30, 147, 500, 90, 283
Elizabeth Jorden, 20, 310, 1200, 12, 353
John Morgan, 35, 285, 960, 150, 594
Elizabeth Maine, 70, 637, 1060, 5, 435
Ransom Rucker, 25, 615, 1280, 150, 610
Abner Russell, 43, 177, 400, 100, 313

David Roberts, 24, 1450, 2000, 200, 416
James M. Martin, 15, -, 305, 320, 5, 220
Andrew J. Morgan, 27, 73, 200, 8, 240
James Cantrell, 40, -, 640, 75, 728
Benjamin Cannon, 40, 840, 2500, 200, 747
Georgiana R. Jones, 60, 70, 750, 325, 765
Eli A. Bowen, 100, 600, 2000, 50, 712
William N. Hudleston, 40, 340, 800, 100, 800
King D. Furgerson, 30, 70, 300, 50, 287
Gibson Gaston, 30, 190, 300, 75, 560
John D. Miller, 47, 303, 400, 10, 300
Robert Roach, 40, 280, 600, 80, 1016
William T. Miller, 40, 1900, 2000, 125, 1000
Louisa S Warden, 20, 572, 600, 10, 311
John S. Martin, 50, 270, 640, 200, 1065
William Bradshaw, 30, 610, 640, 70, 511
Morgan Berry, 47, 273, 300, 150, 360
William Berry, 10, 90, 200, 70, 282
Balis Edins, 20, 300, 750, 50, 315
James W. Johnson, 30, 345, 750, 40, 409
David Dowthit, 10, 4390, 1097, 60, 457
Mark Roberts, 27, 293, 960, 125, 670
Jackson J. Davis, 20, 120, 420, 75, 335
John R. Teague, 30, 610, 640, 200, 393
Solomon Hasbough, 33, 524, 1672, 60, 355
Richard Connway, -, -, -, 20, 142
Stephen Crist, 100, 3200, 4900, 150, 3670
Thomas J. Irvin, -, -, -, -, 180
Daniel D. Hassel, 60, 340, 1600, 300, 485
William Cone (Cane), 35, 191, 350, 20, 176
William Peters, 16, 304, 250, 55, 192
Johnathan Richards, -, -, -, 80, 208
Lewis Grooms, -, -, -, -, 80
Elijah B. Rincon, 16, 444, 500, 80, 210
James Knox, 20, 251, 1108, 50, 490
Thomas Murphy, 35, 665, 210, 70, 690
Richard Grooms, 15, -, -, 3, 425
John Hassel, 20, 80, 1000, 20, 546
Theodore K. H. Moore, 55, 70, 200, 150, 390
Lacy W. Dalton, 75, 245, 700, 175, 970
John DaVal, 75, 467, 1225, 150, 689
Voorhes Mutt, -, -, -, -, 52
Daniel Waggoner, 70, 800, 2000, 150, 672
Moses Anderson, 10, 310, 210, 15, 141
Dimon Capps, -, -, -, 75, 392
Lucy Hopkins, 15, unk, 200, 14, 410
John Swaninger, -, -, -, -, 187
Ferdinand J. V. Kinkham, 40, 600, 400, 50, 290
John R. Brown, 60, 110, 500, 150, 260
Reden L. Praegers, 35, 605, 1920, 300, 700
George W. Tuggle, -, -, -, -, 210
James B. Box, 69, 940, 3000,125, 589
John Wolverton, 50, 1230, 2560, 120, 589
John Small, 30, 370, 700, 15, 237
Richard Wardrupe, 40, 185, 400, 125, 875
John B. Parks, 15, 500, 515, 100, 104

Andrew Baker, 18, 129, 220, 25, 119
Shelby Crawford, 100, 200, 800, 60, 546
Daniel M. Crist, 50, 350, 1200, 150, 939
William Hopper, 92, 572, 2211, 574, 702
Martin Johnston, -, -, 40, -, 594
Axim Oneal, -, -, -, 45, 180
Markus P. Miad, 611, 1117, 1177, 200, 730
Charles Gillmore, 50, 290, 300, 60, 336
Samuel C. Gibson, 18, 312, 450, 2, 238
Hanford Hanks, 40, 197, 600, 60, 358
William T. Crawford, 100, 115, 800, 125, 476
Truman White, -, -, -, -, 104
William Price, -, -, -, -, 275
Charles Thibbins, 10, 500, 600, 10, 250
Joseph C. Wallace, -, -, -, 150, 240
William J. Moore, -, -, -, 20, 265
Daniel Morgan, 36, 284, 1230, 20, 397
Samuel Thomas, 50, 94, 400, 150, 350
Roarlin W. Box. 100, 860, 5760, 300, 3750
Zacharian T. Nite, 65, 375, 700, 5, 130
Miles Bennet, 25, 475, 1000, 125, 746
Calup Parker, 50, 1200, 3000, 6, 356
Elbert M. Rogers, 30, unknown, 150, 10, 84
James N. Ashmore, -, -, -, -, 95
Joseph J. Pinson, 150, 170, 2000, 150, 943
John F. Taylor, 75, 455, 1590, 200, 548
Tyre N. Hamilton, -, -, -, -, 92
Ismel P. Norris (Harris), 28, 292, 480, 80, 181

James R. Fulton, 17, 303, 480, 70, 670
Elisha Nix, 35, 295, 330, 50, 371
Turner L. Parker, 55, 200, 600, 100, 450
John Mcpullens, 16, 107, 500, 20, 800
John Nix, 18, 302, 250, 5, 135
Bradly Kees__s, 15, 625, 1000, 5, 188
Eli D. Hanks, 40, 170, 400, 30, 311
Andrew J. Phenix, 18, 142, 400, 70, 224
John Parker, 40, 660, 1200, 34, 1812
Thomas M. Cuthberson, 40, 310, 1700, 150, 395
William Crickmand, 30, 70, 100, 45, 392
Archibald Briggs, 40, 280, 500, 120, 417
William H. Lawson (Lawsonon), 200, 293, 7765, 747, 1450
Elmer A. Cambell, -, -, -, 7, 42
William B. Mooney, 10, 244, 381, 100, 60
Bird Wolverton, 52, 268, 640, 95, 476
Noah Strawhorn, 23, 297, 250, 12, 276
Robert T. Jackson, 50, 270, 400, 50, 166
Isaac J. Tompson, 9,-, 70, 30, 85
Charles W. Gatewood, 10, 310, 320, 6, 135
Samuel Nix, 30, 290, 240, 15, 190
James Harold, 35, 285, 320, 40, 150
John Smith, 18, 202, 330, 7, 110
Chapman Johnson, 22, -, 40, 15, 152
Joseph R. Tucker, 60, 26, 600, 80, 320
William Wolverton, 30, 930, 720, 250, 305
Elizabeth Stafford, 50, 170, 660, 20, 244
Joshua B. Hanks. 55, 156, 949, 200, 642

George Hanks, 85, 233, 636, 100, 335
Abner Barnett, 60, 260, 640, 170, 577
Samuel S. Green, 35, 349, 768, 10, 300
Nathaniel R. Roberson, 17, 58, 150, 15, 67
James W. Montgomery, 18, 10, 200, 20, 235
James J. Oquin, 40, 660, 1000, 150, 583
Emsley Garner, 16, 220, 354, 120, 200
Franklin Roberts, 50, 590, 2000, 141, 1540
George Hanks Jr., 18, 142, 160, 130, 478
Adrian Anglin, 60, 690, 1500, 200, 1576
William M. Gibson, 45, 200, 500, 125, 655
William Wright, 150, 400, 2000, 75, 600
John B. Mallard, 10, 20, 500, 10, 127
John Crist, 10, 630, 800, 565, 754
John W. Heater, 22, 334, 356, 15, 217
Poindexter Payne, 72, 2219, 2219, 15, 169
Bengamin McKenzee, 35, 605, 320, 65, 133
John Holmes, 40, 195, 800, 100,681
John A. Killion, 40, 360, 800, 100, 562
William T. Jackson, 25, 295, 320, 100, 225
John Blackwell, 40, 260, 600, 225, 400
Robert Mosley, 40, 300, 1000, 100, 411
James J. Dodds, 45, 385, 1200, 25, 192
Isaac H. Pate, 12, 238, 250, 12, 230
William Heren, 50, 530, 640, 100, 930

Angelina County Texas
1850 Agricultural Census

The Agricultural Census for Texas for 1850 was microfilmed by the University of North Carolina under a grant from the National Science Foundation and filmed from original records in the Texas Department of Archives and History.

There are some forty-six columns of information on each individual. Only the head of the household is addressed. I have chosen to use only six columns of information. These are shown below:

1. Name of Owner
2. Acres of Improved Land
3. Acres of Unimproved Land
4. Cash Value of the Farm
5. Value of Farm Implements and Machinery
13. Value of Livestock

Thus, the numbers following the names represent, 2, 3,4, 5, 13.

The following symbol is used to maintain spacing where blank in a column: (-).

Solomon Wolfe, 300, 4124, 17424, 1670, 2733
A. W. Red, 15, 145, 160, 20, 456
J. L. Cuinsy, 300, 1600, 5000, 1300, 2720
Wesley, 20, 1450, 1000, 20, 900
Andrew Ashworth, 15, 105, 120, 8, 415
John J. Banson (Hanson), 150, 850, 5000, 550, 2280
Jnoch Humphreys, 35, 125, 640, 100, 8180
Willis Price, 18, 1100, 825, 20, 160
Gen___ R. McElvy, 40, 120, 320, 50, 1014
Elisha Price, 20, 620, 1000, 30, 506
Masac Red, 20, 110, 1107, 90, 315
Edmond Shelam, 50, 500, 550, 40, 560
E. C. Chelton, 10, -, 20, 50, 100
Henry Hall, 15, -, 100, 10, 140

Wilson Grefian, 45, -, 100, 50, 770
Thomas Crawford, 15, 735, 750, 100, 678
Marshac D. Red, 25, 135, 200, 15, 107
John Aldridge, 40, 600, 640, 50, 272
Nathan W. Gann, 24, 576, 600, 20, 222
Levi Weakes, 20, 60, 160, 125, 377
Henry Masengill, 12, 238, 196, 50, 357
John Pascal, 10, -, 100, 30, 200
James L. Aldridge, 15, 480, 600, 100, 897
Archibald Vincent, 16, 304, 320, 45, 528
Milton Rawin, 25, -, 50, 70, 235
Charles Delany, 18, 120, 100, 5, 128
Samuel Baerren, 15, -, 100, 70, 3280
Zedod (Zeroc) Weekes, 80, 280, 240, 70, 113

William Harris, 10, -, 50, 8, 170
George Martin, 15, 145, 160, 15, 173
William Massengill, 14, 640, 640, 10, 237
John Masengill, 14, 326, 340, 100, 44
George Masengill, 30, 200, 250, 80, 814
John Clover, 10, -, 20, 10, 71
Daniel Manteeth, 23, 297, 300, 50, 213
Nathan Brisco, 30, 160, 200, 45, 225
J. D. Van, 12, 308, 400, 100, 255
Bluford Michel, 25, 500, 300, 30, 1150
James Henny, 12, -, 24, 12, 55
Elisha Veach, 10, -, 40, 12, 78
Barney Rodes, 30, -, 150, 170, 310
H. A. P. Berry, 11, 304, 320, 125, 399
John Berry, 35, 605, 640, 50, 500
Thomas Richardson, 30, 220, 125, 45, 448
J. F. Richardson, 18, 30, 640, 35, 673
H. S. Richardson, 14, 376, 390, 100, 374
John F. Roberts, 30, 1627, 2485, 100, 586
Ephfraim Anderson, 25, 75, 200, 75, 186
John Sessines, 50, 164, 114, 200, 229
John Bruice, 28, 632, 320, 80, 481
C. H. Mooney, 8, -, 20, 10, 145
J. F. Jones, 14, 136, 300, 10, 293
B. Holt, 20, -, 100, 25, 100
W. L. Long, 25, 75, 500, 10, 676
William Gardenhire, 40, 280, 500, 400, 816
F. McClure, 15, -, 45, 15, 171
Isaac Daragin (Danagin), 40, 2300, 1100, 50, 179
Oto Seekenberger, 12, 308, 320, 50, 105
Cornelius Dolarhide, 25, 76, 100, 90, 405
Ignus Ashworth, 11, -, 150, 100, 745
L. F. Renfro, 45, 275, 640, 100, 1096
Lewis Crain, 14, -, 100, 60, 260
L. F. McFadden, 20, 30, 100, 25, 1266
J. F. Shearne (Sheorne), 20, -, 100, 10, 250
T. Smith, 30, 247, 300, 25, 448
S. J. Standly, 8, -, 100, 10, 1140
L. Latham, 8, -, 25, 60, 253
J. T. Morris, 18, -, 50, 10, 169
F. Hill, 30, 147, 500, 100, 390
E. Needham, 35, 142, 500, 130, 705
S. Gilleon, 25, 100, 125, 5, 1170
J. D. Slept, 28, -, 100, 15, 630
S. Needham, 140, 4027, 5000, 600, 1557
J. Martin, 20, 80, 175, 10, 379
G. Gottingham (Cottingham), 23, -, 50, 45, 160
J. B. Cockran, 50, 387, 1000, 50, 372
L. Latham, 24, 5, 200, 100, 162
W. R. Alexander, 25, 205, 250, 50, 171
S. D. Burks, 40, 327, 800, 100, 300
W. W. Hanks, 120, 20, 1500, 500, 2056
W. H. Mosses, 23, 290, 500, 75, 210
L. L. Shanner, 25, 25, 150, 50, 136
W. M. Herrington, 100, 520, 1780, 625, 852
Joseph Hearne, 15, 85, 50, 5, 75
Daniel Barnes, 2, 300, 400, 40, 750
Margret McEnery (McEnolly), 20, 280, 400, 15, 365
Joseph Natherland, 12, -, 50, 10, 532

Austin County Texas
1850 Agricultural Census

The Agricultural Census for Texas for 1850 was microfilmed by the University of North Carolina under a grant from the National Science Foundation and filmed from original records in the Texas Department of Archives and History.

There are some forty-six columns of information on each individual. Only the head of the household is addressed. I have chosen to use only six columns of information. These are shown below:

1. Name of Owner
2. Acres of Improved Land
3. Acres of Unimproved Land
4. Cash Value of the Farm
5. Value of Farm Implements and Machinery
13. Value of Livestock

Thus, the numbers following the names represent, 2, 3,4, 5, 13.

The following symbol is used to maintain spacing where blank in a column: (-).

Robert McNutt, 34, 411, 1300, 125, 600
Samuel Marshall, 43, 182, 1450, 60, 824
H. W. Richie, 10, 180, 400, -, 740
Parker Lovy, 12, 375, 500, 15, 198
R. B. McNutt, 12, 444, 1000, 200, 536
B. W. Goodson, 130, 300, 1500, 250, 680
James Hudson, 18, 106, 250, 30, 110
William Jackson, -, -, -, -, 140
Isaac Jackson, -,-, -, -, 80
F. G. Purtie, 35, 165, 800, 10, 1140
Jacob Lovines (Lovinus), -, -, -, 10, 57
Peter Doniley, 150, 420, 4000, 100, 320
Michael Brown, -, -, -, -, 80
William Punchard, 150, 130, 2500, 250, 1540
Henry Seefers,-, -, -, -, 120
N. G. W. Cloud, 60, 117, 500, 100, 707
W. T. Bush, 35, 110, 800, 20, 378
James Cloud, 65, 112, 1400, 20, 735
Joseph Francis, -, -, -, -, 150
Jeremiah Cloud, 100, 300, 1000, 60, 1185
John C. Cloud, 30, 110, 400, 15, 215
Mary Alford, 100, 455, 2220, 80, 1750
James Puck, -, -, -, -, 165
Miller Francis, 150, 1300, 4350, 100, 7180
Lucinda Washam, -, -, -, -, 110
James Francis, 30, 120, 1000, 100, 140
P. W. Cameron, 18, 182, 300, 80, 343
Robert Alexander, 50, 1074, 2400, 175, 840
George Harvey, -, -, -, -, 50
F. M. Grimes, 35, 105, 500, 80, 358

N. W. Bush, 140, 135, 1375, 115, 1400
William Frampton, 80, 130, 1000, 700, 1510
Charles Brides, 18, -, -, 40, 245
John Kenny, 150, 3332, 4000, 100, 1810
Abraham Lil, -, -, -, -, 1085
D. B. Anderson, -, -, -, -, 281
J. H. Catlin, 60, 743, 1500, 250, 1465
Ezra Cleveland, 12, 148, 800, 50, 451
Francis Brightlong, -, -, -, -, 60
James B. Pier, 80,1 20, 1200, 150, 1160
Tobias Dubronner (Dutranner), 20, 60, 380, 100, 1078
Jacob Kagbely, -, -, -, -, 387
James Dottson, 15, -, -, 20, 128
James Shelton, 20, -, -, 15, 140
J. W. Collins, 100, 316, 1664, 150, 1500
Samuel Punchard, 10, 70, 100, 75, 664
William Slater, -, -, -, -, 320
John Nicoles, 20, 1180, 1200, 150, 1170
James Ervin, -, -, -, -, 1350
James Jackson, -, -, -, -, 390
James Grimes, 9, -, -, 10, 390
G. W.Grimes, -, -, -, -, 290
B. S. Harrison, -, -, -, -, 350
James Stewarther, 30, 305, 1200, 190, 100
Benjamin Cheek, -, -, -, -, 190
J. B. Talbert, -, -, -, -, 40
L. J. Duprie, -, -, -, -, 275
E. F. Manaen, 32, 168, 400, 30, 200
Jackfield Brewer, 20, -, -, 40, 1015
John Edwards, 60, 270, 800, 150, 1000
John Machemill, 60, 740, 1400, 30, 155
Federick Mabis, 95, -, 150, 150, 50

Alexander Bell, 13, 270, 900, 30, 143
Q. Camp, -, -, -, -, 115
Martha Sapp, -, -, -, -, 160
William Sapp, -, -, -, -, 202
Renford Campbell, 65, 553, 5000, 200, 830
Seras (Silas) Campbell, 75, 220, 2000, 175, 1225
Joseph Campbell, 60, 240, 1200, 120, 650
Nicholas Whitehead, -, -, -, -, 40
John Radford, -, -, -, -, 115
Niel Campbell, 140, 260, 1200, 150, 847
John Fellows, 15,-, -, 10, 70
Abraham Fellows, -, -, -, -, 1235
George Fuget, -, -, -, -, 212
Caleb Langley, 12, -, -, 12, 145
Solomon Ward, 20, 200, 500, 120, 658
Campbell Langley, 50, 182, 1000, 200, 365
Peter Ordner, -, -, -, -, 170
John Campbell, 65, 340, 1000, 200, 815
Charles Stirn, 12, 25, 150, 15, 189
William Simons, -, -, -, -, 180
Hopson Whitly, 25, 153, 1500, 150, 1200
Samuel Kuykendall, -, -, -, -, 280
Alexander Glenn, 40, 260, 800, 150, 1780
Thomas Whitly, 10, 220, 230, 125, 498
James Boram, -, -, -, -, 183
Ruben Whitley, -, -, -, -, 200
Nathan Davis, 125, 155, 1320, 100, 1040
Archa McMillen, 26, 390, 420, 75, 338
Archibald Whitly, 15, 85, 300, 150, 830
John Kuykendall, -, -, -, -, 650
James Radford, 35, 180, 800, 250, 330

Silas Radford, -, -, -, -, 115
James H. Tom, 10, 55, 500, 15, 160
George Harrison, -, -, -, -, 49
Samuel Shelborn, 22, 378, 600, 100, 370
William Wood, -, -, -, -, -
Edward Moris, 14, -, -, -, 30
Thos. Glenn, -, -, -, -, 540
B. H. Glenn, 20, -, -, 20, 90
Reuben Dement, 19, -, -, 20, 103
William Barnhill, 40, 87, 108, 100, 430
John Roberson, -, -, -, -, 144
A. T. Barnhill, -, -, -, -, 367
F. O. Burnett, 6, -, -, 10, 150
H. N. Eldridge, 13, 110, 350, 15, 480
John Nonchm, 5, -, -, -, 1838
George Carothers, 130, 1025, 2250, 100, 2756
David Dumford, -, -, -, -, 90
Simeon Carothers, -, -, -, -, 150
Eberhard Arish, -, -, -, -, 40
William Nanchm (Hanchn), -, -, -, -, 81
Samuel Shelborn, 24, -, -, -, 190
William Shelborn, -, -, -, -, 486
T. P. Shelborn, 130, 1140, 1200, 200, 4545
Henry Shelborn, -, -, 2, -, 430
H. G. Shelborn, -, -, -, -, 100
A. Minton, 40, 229, 800, 200, 920
J. T. Bell, 30, 640, 1350, 200, 820
John Ward (Wand), 15, -, -, 10, 1435
James W. Bethany, 125, 595, 1000, -, 1315
Thomas Bethany, -, -, -, -, 400
G. P. French, 7, -, -, 20, 400
M. Terry, 125, 1200, 1720, 300, 1810
H. Terry, 15, -, -, 15, 728
W. R. A. Terry, -, -, -, -, 150
William P. Dorthcrop, 12, 108, 200, 50, 485
William Wells, -, -, -, -, 25
Elias Eliot, 50, 230, 500, 150, 715
Josh S. Grand, -, -, -, -, 120
William Bellaman, 30, 302, 500, 35, 580
Peter Wells, 8, -, -, -, 59
A. M. Logan, 11, 114, 250, 20, 673
J. F. Lee, -, -, -, -, 402
John Atkinson Jr., -, -, -, -, 935
John Atkinson Sr., 10, 512, 572, 120, 1400
Thomas Bell, 25, 555, 1100, 80, 706
Thomas Nickles, -, -, -, -, 30
Henry Umberland, -, -, -, -, 40
J. W. Manning, 12, 388, 475, 10, 300
Benjamin Granville, 10, 190, 600, 75, 316
Federich Yuhn (Yahn), 11, 139, 150, 30, 760
Burnett Fisher, -, -, -, -, 122
Asa Roberson, -, -,-, -, 200
Wright Olford, -, -, -, -, 313
F. J. & F. A. Hindeman (Hickman), -, -, -, -, 55
William Hutt, 35, 400, 860, 125, 1155
Henry Beanett, -, -, -, -, 203
August Brochman (Brockman), -, -, -, -, 60
Lucas Watt, -, -, -, -, 65
Sebastian Dus, 16, 134, 300, 50, 505
Otto Cornetius (Cornelius), 7, 93, 900, 25, 233
Hammond Johns, -, -, -, -, 155
Binard Witte, -, -, -, -, 480
Henry Mabberer (Malberer), 15, 50, 500, 50, 310
Charles Olendoff, 40, 360, 700, 100, 430
Forest Gaither, 126, 306, 1500, 925, 1710
Charles Jacob, -, -, -, -, 135
August Voglesung, 12, -, -, 31, 80
John Bernshornson, 16, 76, 100, 30, 165
Henry Waggoner, 12, 48, 180, 20, 245
David Shelby, 80, 2910, 6000, 150, 1525

Richard Low, -, -, -, -, 64
Sam Mainhouson (Marnhouson), -, -, -, -, 25
Oliver Lutton, 20, 80, 300, 20, 260
John Linot, -, -, -, -, 246
William Roberson, 10, 107, 200, 20, 575
Hammond Hallbritter, -, -, -, -, 143
George Feik, 14, 133, 300, 10, 116
Henry Wangeman, 30, 65, 450, 100, 685
Ernst Wangeman, -, -, -, -, 50
Adam Wangeman, -, -, -, -, 50
Edgar Merrem, 10, 84, 400, 45, 265
William Nabzmann, -, -, -, -, 113
Fanat Playen (Players), -, -, -, -, 185
Feders Narguman, -, -, -, -, 85
Jacob Snider, 40, 270, 450, 20, 268
George Woneby (Wonely), -, -, -, -, 108
Nichol Harenager, 24, 370, 400, 80, 320
Ferdinand Haidad, -, -, -, -, 232
Jacob Marpolin, -, -, -, -, 104
Moretz Raesset, -, -, -, -, 84
Fed Fanthrop, 5, 60, 150, 20, 110
Godfird Hirace, -, -, -, -, 8
Micajah Phelps, 20, -, -, 100, 840
John Vanderworth, 11, 298, 450, 10, 187
Henry Smith, 9, 493, 1000, 50, 950
Angus Fasiners (Fasinus), -, -, -, -, 100
William Louis, 15, 1429, 4326, 40, 520
Alfred Evens, 50, 475, 1000, 100, 1440
Charles Fordtran, 50, 1250, 6000, 200, 1975
Otto Stapf, -, -, -, -, 80
Cornelius Geral, 12, 18, 60, 15, 123
Andrew Munglan, -, -, -, -, 60
Charles Kenzel, -, -, -, -, 505
William Bartles, 30, 347, 500, 40, 422
Charles Garbler, -, -, -, -, 227
Theodore Hande, -, -, -, -, 56
Constantine Stokes, 12, 100, 400, 20, 640
Fed Schlemann, -, -, -, -, 60
Fed Moeller, -, -, -, -, 225
John Sirper, 24, 160, 500, 125, 1165
Andrew Hammer, -, -, -, -, 130
Christian Golmer, -, -, -, -, 104
Christian Rudhof, -, -, -, -, 120
John Barber (Brasker), -, -, -, -, 87
Andrew Binger, -, -, -, -, 76
Harman J. Mires, -, -, -, -, 309
Daniel Drab (Drant), -, -, -, -, 120
Maurice Ditrich, -, -, -, -, 70
Ernst Conolon, -, -, -, -, 695
John Gerslypp, -, -, -, -, 16
Andrew Rethermal, 35, 165, 1200, 90, 430
Jordan Muhlher, 25, -, -, 15, 113
Grilke Sabker, -, -, -, -, 41
Jacob Watters, 3, -, -, -, 405
Frank Z. Miller, -, -, -, -, 292
Federick Conolon, -, -, -, -, 495
L. Hickman (Hindeman), -, -, -, -, 390
Jo. Willis, 35, -, -, -, 374
James Daughtery, 80, 1720, 4000, 200, 2975
Patrick Suliven, 80, 440, 1000, 100, 775
Henry Guloff, -, -, -, -, 713
Christian Mirz, 30, 130, 800, 100, 477
William Grisbers, -, -, -, -, 232
Otto Schloemar, -, -, -, -, 263
Federich Sheling, 36, -, -, 15, 140
John Shoemaker, -, -, -, -, 67
A. J. Bell, 35, 450, 1400, 40, 548
Samuel McPeters, -, -, -, -, 132
Joseph Miller, 39, 422, 950, 100, 581
Philip Albrick, 3, -, -, -, 34
George Habos (Halos), -, -, -, -, 154
Banhart Clive, -, -, -, -, 80
Ferdinand Dorbitz, 15, -, -, 10, 340
Anna Palm, -, -, -, -, 219
Augustin Faught, -, -, -, -, 134

H. Quinsel, -, -, -, -, 50
Federich Hickman (Hideman), 70, 180, 700, 80, 230
Ted Hackbat,-, -, -, -, 75
William Masson, -, -, -, -, 74
Alben Logsam, -, -, -, -, 60
Jacob Van, 8, 972, 980, 100, 340
John Gabble, 13, -, -, 75, 100
John Clean, -, -, -, -, 50
Edwin Miller, 24, 80, 800, 100, 432
Federick Waddle, 20, 90, 400, 60, 640
Otto Nimkas, -, -, -, -, 300
Adam Lampree, -, -, -, -, 8
Ernst Flint, -, -, -, -, 154
Thomas H .Bell, 60, 280, 1350, 725, 1827
Lorence Miller, 30, 90, 600, 100, 367
Christian Schrib, -, -, -, -, 70
George Dentler (Dettler), -, -, -, -, 16
Lorence Siler, 20, 180, 400, 75, 190
Randolph Yashe, -, -, -, -, 20
Bingart Port, --, -, -, -, 13
Louis Wink, -, -, -, -, 44
Fredrnand Fatch, 70, 180, 300, 120, 650
Ferdinand Fought, -, -, -, -, 70
Edward Glass, 10, 215, 500, 30, 295
Antoine Beyer, -, -, -, -, 90
James Duff, 50, 190, 1000, 110, 500
C. W. Presly, -, -, -, -, 400
C. F. Gaul, 12, 88, 300, 80, 220
Ernst Kerston, -, -, -, -, 166
Christian Harding, -, -, -, -, 130
_. _. Gurgenson, -, -, -, -, 160
Edward Brime, 10, 90, 300, 10, 925
Robert Walters, 10, 190, 00, 200, 500
William Flatte, -, -, -, -, 240
August Watters (Walters), 10, 190, 800, 200, 420
L. D. Reams, 10, -, -, 150, 195
T. F. Eviot, -, -, -, -, 735
Henry Wroth, -, -, -, -, 121

William Gander (Zander), -, -, -, -, 30
Henry Amthor, 20, 300, 140, 150, 1190
Christian Distant,-, -, -, -, 112
Harmon Benner, -, -, -, -, 160
Adolphos Fox, 7, 92, 300, 40, 352
Charles Amthor, -, -, -, -, 275
Charles _. Amsley, 60, 7340, 3000, 150, 1380
Samuel G. Eviot, -, -, -, -, 610
E. N. Clark, 12, 628, 640, 50, 305
Frence Dooly (Droly), 10, 40,2 00, 100, 370
John Glarrin, 15, 45, 200, 40, 260
Meriah Palm, 25, 75, 300, 60, 110
Charles Palm, -, -, -, -, 40
Jacob Kingley, 8, 153, 200, 60, 430
Peter Reber, -, -, -, -, 20
Henry Makay, -, -, -, -, 40
Federich Loss (Lass), 34, 116, 301, 120, 945
Charles Reibenstert, -, -, -, -, 100
Henry Merkes, 20, 180, 400, 100, -
Ernst Burgman, -, -, -, -, 82
Charles Williamson, 18, 132, 600, 100, 450
John Neleam, -, -, -, -, 360
Fritz Born, 10, 50, 130, 25, 282
Marcus Amsley, -, -, -, -, 174
Fritz Amsley, -, -, -, -, 75
Barbara Hilpatt,-, -, -, -, 80
Fritz Folders, -, -, -, -, 52
Samuel Hilpatt, -, -, -, -, 11
B. C. Bivens, 30, -, -, 100, 670
Volentine Row, -, -, -, -, 144
William Sruder (Sruller), 11, 139, 300, 60, 136
France Hummel, -, -, -, -, 500
Fritz Planskey, -, -, -, -, 100
Fritz Sants, -, -, -, -, 96
Louis Constant, -, -, -, -, 126
Samuel Swaringen, 40, 560, 1500, 160, 1460
David Y. Portis, 85, 19915, 20000, 250, 3030

Dorsey Mason, 200, 600, 4000, 200, 3320
Oliver Jones, 150, 850, 20000, 120, 1260
B. E. Roach, 60, 300, 1200, 150, 1940
Joseph _____, -, -, -, -, 250
Harman Mahinan (Mahinou), -, -, -, -, 184
George W. Guy, 10, -, -, 40, 460
Adolph Romdhor, 12, 48, 150, 20, 179
William Bradbury, 28, 472, 1000, 50, 475
Charles Bailey, 85, 115, 1800, 100, 160
Mclin Bracy, 50, 350, 2000, 160, 740
Nicholas Duwich, 15, -, -, 30, 86
Joseph Chambers, 130, 470, 6000, 250, 1372
Jonathan Region, 150, 2050, 6600, 350, 1747
Henry Fisher, 14, -, -, 25, 140
Mikel Basler, 10, -, -, 10, -
Fritz Hinaman, -, -, -, -, 126
B. Cuffman, -, -, -, -, 230
Peter Minges, -, -, -, -, 50
David Mertson, -, -, -, -, 25
William Droff, 8, 12, 200, 20, 140
F. Fox, 10, -, -, 60, 120
T. Fox, 10, -, -, 25, 50
Terget Daymond (Duymond), -, -, -, -, 35
Francis Molda, -, -, -, -, 140
Henry Crownover, 9, 23, 200, 25, 462
Henry Smith, 20, -, -, 25, 80
Henry Folks, -, -, -, -, 70
Andrew Grimes, -, -, -, -, 208
Christoff Kash, -, -, -, -, 110
Amal Koch, -, -, -, -, 65
Andrus Shoots, -, -, -, -, 544
Charles Wennmalis, 7, 43, 300, 100, 250

Lemerick Sweringen, 8, 492, 500, 75, 1080
Ernst Clayburg, -, -, -, -, 1660
Henry Vonkahl, -, -, -, -, 280
Ferdinand Ingleking, 10, 200, 800, 30, 2340
Grinstaff Langlammser, -, -, -, -, 200
Harlman Battsen, -, -, -, -, 240
Albert Hagerman, 16, -, -, 25, 140
Marbeon Hartman, -, -, -, -, 100
Zinas Mathis, -, -, -, -, 980
Morits Berns, -, -, -, -, 84
Federich Heingst, -, -, -, -, 20
Hiram Bollinger, 20, 60, 450, 40, 4922
Jacob Hill, -, -, -, -, 842
Henry Makokle, -, -, -, -, 16
Henry Melitz, -, -, -, -, 124
Jasper DeShields, -, -, -, -, 130
Henry Myres, -, -, -, -, 80
Franci Myres, -, -, -, -, 220
John Bolinger, -, -, -, -, 615
M. F. Eperson, -, -, -, -, 200
S. Wheeler, -, -, -, -, 60
G. T. Perry, -, -, -, -, 80
N. H. Monger, -, -, -, -, 1562
William E. Monger, -, -, -, -, 185
Grinstaff Marten, -, -, -, -, 80
James A. Marr (Mann), -, -, -, -, 616
Stephen Miller, 14, -, 250, 30, 1050
August Myers, -, -, -, -, 120
Catharine Hideman, -, -, -, -, 180
Fritz Tippold (Tissold), -, -, -, -, 50
James T. Cole, -, -, -, -, 1910
James Hiliard, 80, 450, 3500, 100, 1732
Henry Verm, -, -, -, -, 86
Hampton Frik, -, -, -, -, 35
Mikael Burns, 12, 88, 400, 31, 65
William Cook, 30, 527, 800, 25, 940
Eliza Johnson, 5, 185, 600, 15, 1470
Charles M. Ferrett, -, -, -, -, 320
Eliza J. Hamilton, -, -, -, -, 60
James Studeville, -, -, -, -, 227
William Wade, 300, 2120, 10630, 250, 3150

Achiles Brooksher, -, -, -, -, 550
Joel Hensley, 24, -, -, 60, 240
Peter Bolinger, 12, 105, 800, 50, 336
James Wade, -, -, -, -, 670
Thomas Bunter, 20, -, -, 100, 1885
Daniel Perry, 15, -, -, 25, 1330
William Cooper, 115, 2485, 13200, 200, 4410
Thomas Cooper, -, -, -, -, 410
James Bell, -, -, -, -, 1315
William G. Bell, -, -, -, -, 138
Christian Detman, -, -, -, -, 43
Preston Perryhouse, 12, -, -, 30, 480
Henesee Calahan, 8, 392, 600, 100, 9839
Josiah Great (Grear), 25, 735, 500, 140, 4630
Charles Elison, -, -, -, -, 154
Elizabeth Hubblemaker, -, -, -, -, 64
James T. Patterson, 18, 182, 500, 120, 2445
Tovis Smith, -, -, -, -, 390
Virginia Kimble, -, -, -, -, 398
John Ewell, 12, 600, 400, 100, 700
Edwin Waller, 160, 340, 2500, 250, 3580
William Stubblefield, 25, -, -, 110, 2192
F. R. Renrice, 100, 300, 4000, 250, 1931
F. A. Effinger, 125, 225, 3500, 225, 876
James Calicut, 60, 110, 500, 160, 915
James Thompson, -, -, -, -, 1114
James D. Spurlock, -, -, -, -, 536
James Mulby, -, -, -, -, 110
Charles Avery, 15, -, -, 12, 1250
Samuel Bets, 80, 320, 3000, 200, 2011
William E. Cremp, 400, 1250, 20000, 200, 1610
N. B. Hedgepath, -, -, -, -, 200
Lemuel Vemont, 150, 150, 3200, 125, 1292
David Harris, -, -, -, -, 134

P. B. Cuny, 630, 1590, 22220, 500, 10655
Stephen Tippet, 130, 170, 1330, 150, 1270
Charles Donoho, 70, 1374, 2666, 100, 1465
Hyatt Ivy, -, -, -, -, 800
Elizabeth Stevenson, -, -, -, -, 700
William Maxwell, -, -, -, -, 710
W. H. Drury, 20, 30, 550, 150, 690
F. Moss, -, -, -, -, 150
James D. Mitchel, 40, 1071, 1111, 50, 1182
C. Bowven Jansen, -, -, -, -, 229
B. M. Hannay, -, -, -, -, 805
George Long, -, -, -, -, 200
Amos Johnson, -, -, -, -, 40
James Francis, -, -, -, -, 150
William James, -, -, -, -, 138
John Grice, -, -, -, -, 272
Pulbis Johnson, 25, 132, 660, 60, 544
James Reason, -, -, -, -, 30
William Houth, 55, 740, 1100, 100, 924
Walston Houth, -, -, -, -, 400
Henry Kirby, 30, -, -, 120, 880
William B. Whitefield, 50, 150, 600, 150, 995
John Noel, -, -, -, -, 790
M. T. Gaston, -, -, -, -, 60
Charles Stoppie(Stappie), -, -, -, -, 200
James Bell, 35, 3298, 3333, 45, 1355
Newet Cloyd, 35, -, -, 125, 385
WilliamT. Wilson, 18, -, -, 20, 525
Thomas Noris, 30, -, -, 100, 108
Thomas B. White, 140, 150, 5600, 250, 1510
Gared E. Kirby, 300, 1255, 20000, 300, 4420
William White, 115, 610, 2400, 250, 1010
F. P. Whitfield, 310, 2700, 15000, 400, 3400
Jesse Rice, -, -, -, -, 100

William Vornett, 9, -, -, 15, 575
David Smith, 60, 200, 780, 100, 4800
James L. Davis, 40, 784, 1600, 200, 2066
J. B. Thrash, -, -, -, -, 390
Stephen Johnson, 65, -, -, 175, 500
Richard R. Peoples, 500, 2500, 20000, 500, 5110
Leonard Gross, 700, 2300, 30000, 600, 6250
Louis Knipe, 20, -, -, 10, 560
Fed Huffman, -, -, -, -, 75
David Neill, 60, 310, 1665, 100, 307

Bastrop County Texas
1850 Agricultural Census

The Agricultural Census for Texas for 1850 was microfilmed by the University of North Carolina under a grant from the National Science Foundation and filmed from original records in the Texas Department of Archives and History.

There are some forty-six columns of information on each individual. Only the head of the household is addressed. I have chosen to use only six columns of information. These are shown below:

1. Name of Owner
2. Acres of Improved Land
3. Acres of Unimproved Land
4. Cash Value of the Farm
5. Value of Farm Implements and Machinery
13. Value of Livestock

Thus, the numbers following the names represent, 2, 3,4, 5, 13.

The following symbol is used to maintain spacing where blank in a column: (-).

George J. Kincaid, 15, -, 150, 15, 107
Rhoda Reed, 20, -, 200, 212, 638
Thomas Reed, 20, 180, 400, 70, 510
Jacob H. Perkins, 40, 60, 800 115, 376
John W. Perkins, 18, -, 180, 12, 84
Henry Pollard, 25, 175, 1500, 95, 550
Hutchinson Reed, -, -, -, -, 2112
Mahala Boyce, 32, -,320, 125, 980
Nancy Blakey, 36, 264, 1200, 145, 560
David Halderman, 21, 479, 1000, 170, 735
Cornelius Hemphill, 30, 45, 375, 190, 1320
Ambrose D. Hemphill, 20, 55, 375, 150, 800
Zeno Hemphill, 36, 125, 800, 215, 1145
Lafayette Hemphill, 50, 150, 1000, 145, 1045
David Burnet, 20, 180, 1000, 175, 449
Washington E. Perkins, 12, 488, 500, 10, 513
Thomas J. Reece, 43, 107, 750, 125, 745
James Moore, 50, 150, 1200, 80, 160
Spencer Haney, 18, 382, 1800, 30, 401
John Caldwell, 240, 1260, 22000, 625, 3785
Robert Low, -, -, -, -, 249
Francis Yoast, 20, 42, 620, 5, 505
John Tucker, 22, 168, 600, 4, 30
William H.Garret, 20, 180, 2000, 175, 530
John Stewart, 37, 516, 1665, 40, 795
James R. Perkins, 25, 175, 400, 15, 509
Samuel Wolfenberger, 10, 1790, 1800, 100, 595
Wiley B. Waldrip, 12, 118, 400, 25, 415
Elias Jones, 14, 188, 404, 35, 166

Henry Bright, 110, 1030, 220, 250, 945
Perry F. McMahan, 130, 220, 1750, 200, 1580
Hiram Ferril, 28, 822, 3000, 210, 510
Jesse Billingsly, 60, 990, 2000, 75, 660
Elisha Embee, 32, 218, 500, 175, 200
John Bundon, 10, 290, 500, 75, 5390
Hamilton White, 40, 3, 1500, 80, 755
William H. Conway, 15, 185, 250, 90, 2785
Desha Bunton, 45, 405, 1000, 200, 3380
Josiah Brantly, 50, 250, 2500, 175, 565
John H. Jenkins, 30, 480, 2000, 10, 320
John Harvey, 21, 180, 500, 115, 510
Edward Jenkins, -, -, -,10, 250
Jane Barbour, 40, 260, 450, 30, 1735
James Faulkner, 17, 123, 350, 10, 83
John T. McGehee, 200, 2014, 10000, 275, 1275
Francis A. McGehee, 50, 850, 5000, 110, 840
Josiah Whipple, 140, 967, 3300, 125, 1120
Susan Banta, 15, 185, 400, 40, 1369
William Hancock, 150, 600, 2200, 120, 2650
Napoleon B. Yancy, 25, 225, 600, 120, 350
Joseph Burlesson, 60, 490, 400, 160, 1210
James Burlesson, 15, 185, 450, 20, 315
Thomas J. Hardeman, 300, 1176, 4500, 350, 4730
Jesse Sulivan, 10, 290, 600, 20, 545
James Sorrel, 18, 782, 800, 20, 562
Frederick W. Grosmyer, 128, 572, 500, 300, 350
Willie Hill, 220, 2100, 10000, 550, 2481
John C. Cunningham, 150, 950, 8000, 350, 2525
John Faxel, 16, 152, 400, 90, 755
James Gocher, -, -, -, 200, 1810
William R. Gocher, -, -, -, -, 315
Charles Spaulding, 40, 160, 600, 140, 875
Antoine Eisenbach, 15, 98, 200, 80, 270
Richard E. Sides, 18, 106, 300, 10, 820
Adam Becker, 10, 40, 150, 25, 270
Mardis Nink (Niuk), 15, 35, 150, 50, 178
Adam Turner, 10, 140, 200, 15, 162
Newton G. Alsup, 10, 90, 300, 125, 710
Sylsinus Cottle, 15, 85, 250, 140, 960
Peter Houston, 8, 90, 200, 20, 430
James Houston, , -, -, 200, 1480
Drury Alsup, 30, 120, 450, 125, 455
James Alsup, 15, 85, 300, 5,102
Levi W. Young, 33, 222, 800, 100, 3390
Jeptha Billingsly, 30, 290, 1000, 125, 605
Sherman Reynolds, 11, -, 110, 200, 275
H. M. Lawhon, 25, 275, 500, 130, 500
J. W. Moore, 20, 2794, 2464, 150, 660
Joseph Priest, 12, -, 100, 50, 100
J. E. Brady, -, -, -, -, 208
Thomas Mayes, -, -, -, -, 1325
Joel Cherry, 15, 85, 200, 20, 291
John Faucet, 150, 150, 1500, 120, 4052
William A. Hemphill, 30, 2770, 200, 175, 455
James Nicholson, -, -, -, -, 650
Phil Claiborne, 50, -, 1000, 145, 400
William Redding, -, -, -, -, 1668

Chauncy Johnson, -, -, -, -, 531
A. E. Castleman, 40, -, 1000, 190, 1375
E. D. Barnet, -, -, -, -, 230
L. C. Cunningham, -, -, -, -, 673
Henry Crochran, -, -, -, -, 292
L. B. Harris, -, -, -, -, 615
R. W. Morgan, -, -, -, -, 565
George Allen, -, -, -, -, 145
J. P. Wallace, -, -, -, -, 270
A. W. Moore, 130, 510, 2000, 250, 885
James Gaines (Gainer), -, -, -, -, 518
Nelson Birch, -, -, -, -, 40
J. D. Hogan, 20, -, 200, 25, 670
H. S. Phillips, -, -, -, -, 278
Samuel Seales (Scales), - -, -, -, 362
H. W. Basford (Barford), -, -, -, -, 40
James Johnson, -, -, -, -, 25
C. Cornelieson, -, -, -, -, 395
John Ward, -, -, -, -, 198
J. Priest, -, -, -, -, 231
William L. Massy, -, -, -, -, 135
S. C. Nolen, -, -, -, -, 155
Mark Rogers, -, -, -, -, 100
Prosper Wales, -, -, -, -, 521
William Dunbar, 30, 270, 300, 100, 345
Jesse Halderman, -, -, -, -, 516
Eli Greer(Grear), -, -, -, 270, 440
H. P. Baker, -, -, -, 150, 220
F. Lewis, -, -, -, -, 288
Preston Conly, -, -, -, -, 575
Campbell Taylor, -, -, -, -, 360
S. Jackson, 12, 148, 350, 80, 120
J. Eggleston, -, -, -, -, 165
L. House, 24, -, 300, 75, 227
William Warren, 25, -, 1500, 270, 1175
Francis Nash, 12,-, 300, 155, 615
F. J. Ker, 25,-, 500, 120, 580
J. Miller, 18, 160, 600, 90, 248
J. Allen, 60, 540, 2000, 100, 160
John Snerling, -, -, -, -, 262
A. B. McDonald, -, -, -, -, 250
E. J. Redding, 24, -, 500, 175, 510
William Perry, 12, 188, 600, 30, 1120
A. Perry, -, -, -, -, 400
R. R. Gill, -, -, -, -, 182
William Tichnor, -, -, -, -, 310
William P. Donald, -, -, -, -, 290
James A. Prage, -, -, -, -, 180
Granville Kuykendall, 10, 50, 600, 10, 305
R. Jones, 80, 240, 600, 100, 322
G. L. Hill, 50, 350, 800, 170, 585
John Scisco, 20, -, 200, 62, 308
John C. F. Hill, 50, 75, 800, 15, 622
James N. McCady, -, -, -, 150, 231
William S. Thornton, 13, 87, 300, 100, 749
Kindred G. Mercer, 10, 40, 100, 10, 133
James S. Wright, 8, 41, 75, 105, 26
Francis Willoughby, 20, 280, 900, 25, 161
William Thigpen, -, -, -, 85, 478
John Eblin, 250, 857, 6000, 310, 2465
Middleton Hill, 250, 1226, 8380, 305, 1781
John Owen, 40, 167, 950, 90, 429
James Owen, 20, 151, 900, 165, 800
Ezekiel Owen Jr., -, -, -, -, 474
Ezekiel Owen Sr., 150, 761, 3500, 150, 715
Alexander Hunt, 110, 90, 1800, 250, 1520
Richard Priest, 12, 488, 250, 125, 344
William D. C. Jones, 400, 760, 5000, 350, 790
James Alston, 35, 145, 725, 12, 250
David G. Scoggins, 36, -, 360, 42, 262
Joseph N. Eustis, 100, 110, 1260, 170, 9
Thomas Alford, 15, -, 150, 100, 709
Thomas Truss, 25, 40, 400, 115, 405
Joseph L. Gray, 25, 40, 400, 115, 405

Joseph Wood, 15, -, 150, 8, 149
Frederick Stoncey (Stoucey), 15, 150, 330, 15, 1730
Fielding Rector, 90,1 40, 1200, 125, 532
Horace Alsup, 18, -, 200, 50, 162
William A. Turner, 14, 25, 150, 70, 218
James S. Turner, 18, -, 200, 10, 262
James L. Turner, 100, 100, 700, 80, 750
Shirley Gage, 80, 66, 1000, 140, 448
Jesse Gage, 8, 150, 200, 10, 218
JohnW. Carter, 41, 219, 1560, 80, 510
Moses Gage, 185, 291, 300, 270, 1555
Ludwel, L. Rector, 75, -, 750, 240, 685
John Black, 80, 845, 5000, 120, 920
Samuel Craft Sr., 220, 887, 3321, 260, 1930
Alfred Tisdale, 58, 42, 1000, 120, 398
Robert H. Grimes, 25, 275, 1600, 350, 4450
Elijah Curtis, 25, -, 250, 25, 786
Samuel H. Shelton, 28, -, 168, 5, 135
John L. Foster, -, -, -, -, 230
Jackson Harrison, 25, 375, 600, 25, 1120
Thomas Hill, 240, 2860, 10000, 580, 3595
Jacob C. Higgins, 45, 4673, 23865, 400, 1720
Edward H. B. Ruddler, 24, -, 240, 65, 480
Jonathan Davis, 18, 32, 500, 15, 427
Samuel French, 21, 179, 400, 120, 482
John Ranscom, 30, 170, 400, 220, 1520
John Rowlet, 20, 130, 300, 35, 463
Michael Ha_ing, 8, 192, 200, 10, 188
John Litton, 40, 510, 2000, 90, 3515
David Scott, 18, 282, 300, 20, 265

David Reynolds, -, -, -, 80,170
Jacob Standifer, 8, 547, 555, 55, 692
Michael Young, 50, 450, 1250, 150, 3910
William G. Lilly, 6, 170, 250, 100, 143
John M. Christian, 19, 151, 540, 95, 335
Abner Phillips, 10, 290, 300, 70, 295
Mary Burlesson, 6, 1494, 1500, 15, 2020
Richmond Townshend, 40, 360, 400, 100, 250
John Smith, 15, 85, 100, 25, 255
Levi Lee, 18, 280, 800, 78, 741
Dorsey W. Biggs, 16, 184, 700, 30, 670
William Standiford, 45, 510, 160, 15, 728
William Morrison, -, -, -, 120, 418
Jonathan Scott, 18, 238, 250, 20, 584
Bartholemew Manlove, 75, 125, 700, 195, 930
Pauker Flesher, 5, -, 50, 150, 206
James Standiford, 35, 665, 1500, 160, 2205
Jordan Smith, 4, 96, 150, 5, 150
John Tyler, 17, 63, 150, 5, 150
Anderson Tyler, 16, 50, 180, 5,1 68
Moses Tyler, 35, 100, 400, 140, 270
Reuben Tyler, 9, 91, 250, 12, 197
William Meeks, 12, 138, 350, 15, 90
Elias Stanly, 18, 132, 300, 80, 210
Larkin B. Moore, 22, 278, 600, 40, 236
Benjamin Clopton, -, -, -, 200, 562
Jonathan Burlesson, 40, 210, 1250, 100, 3410
Thomas Osbourne, 10, 140, 300, 60, 655
Wayman T. Wells, 50, 461, 1780, 250, 2770
John Stanly, 9, -, -,150, 225
Martin J. Wells, 40, 515, 1750, 105, 2643

Thomas Blair, 20, 680, 3500, 50, 2590
Elias R. Gentry, 15, 65, 200, 5,1 58
Jehu McLane, 22, -, 220, 10, 208
Abraham Harner, 15, 85, 300, 15, 840
Phebe Peyton, 10, -, 100, 120, 825
William B. Bryant, 22, 178, 450, 100, 555
Pleasant D. Alexander, 25, 138, 1000, 60, 879
Charles L. McGehee, 90, 1300, 8000, 300, 1184
Nancy Rogers, 70, 2144, 22000, 165, 1280
James L. Willson, 40, 60, 1000, 80, 720
James Rogers, 60, 340, 2000, 150, 2778
Richard Whitehead, 25, 375, 400, 52, 273
Thomas W. Chambers, 100, 2500, 12500, 200, 3050
William Daniel, 20, 280, 1100, 15, 300
Thomas Smith, 32, 75, 300, 80, 630
Samuel Craft Jr., 85, 173, 1200, 735, 2610
William McGehee, 40, 110, 1200, 225, 475
Cicero R. Perry, 15, 205, 1000, 10, 260
Jacob Zingler, -, -, -, -, 310
Thomas J. Gazely, 60, 240, 1800, 260, 1385
Lee Gray, 12, -, 120, 100, 292
Samuel B. Moris, -, -, -, -, 649
John Miller, 65, 285, 1250, 160, 1280
Mary Strother, 40, 760, 1200, 15, 1415
DAvid Groesbeck, 15, 235, 450, 140, 162
Benjamin F. Smithson, -, -, -, -, 1415
Evans Mabry, 40, 160, 1000, 85, 2565

Elisha Billingsley, 40, 510, 1100, 110, 865
Walker Willson, 20, 220, 1000, 56, 280
James Smith, 80, 560, 2000, 125, 2155
William S. Holten, 30, 610, 2000, 120, 2440
Temperance Smith, 25, 295, 400, 90, 470
Wright Rutherford, 30, 203, 800, 200, 899
Neil Blue, -, -, -, 30, 730
John Oatman, -, -, -, 128, 1337
Andrew Mayes, 45, 100, 1000, 10, 388
Levi Shackleford, -, -, -, -, 3795
William McGill, -, -, -, -, 2730
Charles Shuff, 15, 345, 700, 40, 790
James B. Blalock, 75, 2400, 700, 70, 816
Francis Wynan, 150, 550, 2100, 80, 2135
Alexander Murkisson, 30, 170, 400, 25, 690
Daniel Lyman, 12, -, 150, 18, 134
Joseph Havmes, 5, 195, 200, 60, 165
Maria Owen, 35, 265, 800, 30, 1188
Sarah Lantz, 6, 144, 200, 200, 435
Richard Slaughter, 20, 180, 300, 15, 274
Thomas Smith, -, -, -, 130, 608
Walter Smith, -, -, -, 140, 200
John G. Shepherd, 8, 42, 150, 10, 445
Wesley Gray, 16, 464, 150, 10, 445
William Rymond, 20, 380, 300, 120, 405
Robert M. Eastland, 5, 33, 200, 5, 121
Nicholas W. Eastland, 40, 260, 800, 100, 1515
Thomas Eastland, -, -, -, 100, 1050
William A. J. Jenkins, -, -, -, 15, 315

Bexar County Texas
1850 Agricultural Census

The Agricultural Census for Texas for 1850 was microfilmed by the University of North Carolina under a grant from the National Science Foundation and filmed from original records in the Texas Department of Archives and History.

There are some forty-six columns of information on each individual. Only the head of the household is addressed. I have chosen to use only six columns of information. These are shown below:

1. Name of Owner
2. Acres of Improved Land
3. Acres of Unimproved Land
4. Cash Value of the Farm
5. Value of Farm Implements and Machinery
13. Value of Livestock

Thus, the numbers following the names represent, 2, 3,4, 5, 13.

The following symbol is used to maintain spacing where blank in a column: (-).

George M. Martin, 30, 147, 2000, 250, 460
Gideon Lee, 80, 1100, 7000, 200, 2470
Wiley L. Thomas, 15, 660, 2000, 200, 865
Richard Mead, 100, 700, 4500, 500, 560
Mary Shinn, 25, -, 250, 125, 380
Alva Daushey, 80, -, 800, 325, 1265
Joaquin Carces, 35, -, 350, 200, 578
William C. Schaul, 30, 90, 500, 55, 120
Michael Anderly, 50, 100, 1000, 65, 120
Jacob Ernst, 15, -, 150, 55, 238
Michael Davis, 30, 163, 1350, 300, 874
Asa Mitchell, 40, 350, 3500, 250, 945
Hendleton Rector, 18, 482, 1000, 25, 760
John Southerland, 40, 4388, 5000, 200, 2500
William D. Mays, 10, 5208, 10000, 400, 1320
James T. Peacock, 30, 1400, 2000, 200, 3975
Juan Carrival, 40, 4400, 4000, 64, 1590
Claiborne Rector, 10, -, 100, 25, 1806
John James, 70, 400, 1000, 50, 1500
Daniel Brister, 25, -, 250, 71, 1700
William Brister, 25, -, 250, 58, 975
David L. Trainer, 15, 213, 400, 100, 1530
William Marschall, 200, 1000, 5000, 100, 1475
John McClellan, 150, 627, 5000, 150, 3610
Refugio Riess, 10, 4418, 4000, 25, 1049
Joseph McIntire, 15, 400, 500, 30, 465
William Wire, 30, 120, 1000, 125, 2304

Hugh Allen, 40, 120, 1500, 110, 1045
Roland Nichols, 10, 260, 400, 75, 890
James Head, 60, 385, 1500, 300, 600
Enoch Jones, 250, 2000, 4000, 1000, 2500
Joseph Schutz, 20, 20, 350, 60, 360
William R. Turner, 10, 160, 500, 50, 345
John O. Museback, 75, 6000, 3000, 400, 300
Ludwig Chenterbury (Chentenberg), 25, 135, 800, 400, 392
Jose LeGasse, 12, 300, 2000, 150, 1136
Joseph H. Beck, 46, -, 3000, 300, 1050
Evans & Wallace, 120, 600, 5000, 300, 2100
Charles Lyttle, 100, 75, 1400, 200, 3000
Ira L. Hewitt, 10, 1500, 1510, 25, 850
John Twolig (Twohig), 50, 9000, 6000, 1000, 4320
Juan Rodrigues, 25, 400, 600, 100, 668
Joseph Laixer, 16, -, 500, 100, 100
Jose DlaGurson, 20, 400, 2500, 100, 1860
Thomas J. Divine, 70, 35, 5000, 150, 600
John Woodard, 65, 535, 2500, 80, 1600
Elisha A. Briggs, 15, 330, 700, 25, 370
William F. Luckie, 35, 500, 1000, 82, 523
Louis Dickens, 25, 15, 200, 25, 265
Thomas Hammer, 40, 132, 700, 500, 1480
William G. Jett, 75, 1401, 1476, 150, 585
Blas Herrera, 50, 800, 850, 15, 258
Francis Ruiz, 320, 400, 420, 10, -
Jose A. Rodrigues, 35, 2000, 2035, 10, 800
Jesus Hernandez, 50, 150, 400, 90, 302
Juan H. Lacroix, 50, 50, 400, 50, 66
Ignacio Parez, 70, 4370, 5000, 80, 2240
William P. Kerr, 20, 582, 1200, 105, 1654
Vincent Garsare, 50, 1000, 5000, 25, 130
Charles Y. Edwards, 30, 520, 800, 75, 532
Jose A. Leall, 200, 600, 800, 60, 913
Lenforsa Ruiz, 80, 600, 1000, 50, 721
Manual Herrera, 44, 4400, 5000, 35, 160
Felix Lasawyer, 50, 4400, 5000, 55, 275
Charles L. Ryron (Byron), 90, 210, 7000, 100, 330
Roderick T. Higgenbotham, 12, 100, 500, 110, 1655
Mary Lacky, 10, , 150, 15, 895
Isaac N. Cooper, 40, 35, 1000, 25, 1000
William H. Kerr, 20, 281, 600, 400, 1455
Henry McDonald, 35, 500, 1615, 30, 530
Graville Bellagrand, 25, 25, 125, 35, 83
Gabriel Westfall, 30, 1450, 2900, 75, 354
Domingo Laysayer, 35, -, 500, 60, 415
John L. Petton, (Retton), 40, 260, 300, 40, 100
Graville Martinas, 12, 100, 200, 100, 208
Antonio Ruiz, 15, 300, 500, 60, 300
Jose Ruiz, 15, 300, 500, 65, 190
Joaquin Tarin, 25, 925, 1000, 45, 710

Antonio Arocks, 20, 1000, 1000, 120, 470
Juan Delgardo, 12, 400, 500, 45, 660
Manuel Lapads, 20, -, 1150, 30, 112
Salvadore Parez, 20, 500, 500, 65, 540
Francisco Florez, 240, 4000, 3000, 15, 330
Lucas Munos, 20, 600, 1000, 65, 275
Frances W. Delagarsa, 30, -, 150, 67, 155
Antonio Gonzales, 30, -, 150, 5, 60
Maurice Kernanday, 14, -, 100, 120, 180
Doningo Pares, 15, 140, 150, 65, 130
Clemente Tegada, 11, 215, 300, 60, 470
America Delasase, 30, 600, 300, 60, 640
Ramon Treveni, 30, 600, 300, 100, 400
Jose M. Flores, 65, 4380, 2000, 350, 2010
Erasmus Sequin, 72, 3800, 1000, 40, 1200
Alpormucens Flores, 25, 750, 500, 45, 246
Maria Maushae (Maushoe), 50, 4400, 1000,4 0, 360
James & Smythe, 40, 436, 1500, 135, 635
Jesus Canter, 30, 4400, 4000, 315, 2205

Micario Tirene, 2, 200, 400, 150, 780
Juana J. Leall, 100, 4000, 4000, 55, 380
Nicholas Desantos, 12,-, 300, 65, 220
Miguel Canter, 20, -, 150, 125, 290
Juan Tirene, 40, 300, 500, 150, 600
Milekson Trabiesco, 28, 4000, 4000, 35, 480
Fraland Garson, 28, 4400, 4000, 45, 311
Jose Delgado, 15, 120, 300, 65, 247
William B. Jacques, 60, 220, 3000, 200, 4350
Joseph M. Leall, 15, 2952, 1500, 160, 780
George W. Childress, 25, 344, 1500, 90, 854
P. L. Bolerquon, 50, 4400, 4000, 45, 854
Clemente Delgado, 20, 120, 350, 75, 238
Ephiran Foorest, 25, 4000, 5000, 115, 700
Robert L. Neighbours, 50, 700, 3500, 200, 1288
James McCormick, 40, 800, 1500, 120, 120
Raul Hysenhour, 10, 178, 500, 15, 130
William Martin, 15, -, 120, 75, 95
Frederick Ackerman, 15, 170, 400, 50, 234

Bowie County Texas
1850 Agricultural Census

The Agricultural Census for Texas for 1850 was microfilmed by the University of North Carolina under a grant from the National Science Foundation and filmed from original records in the Texas Department of Archives and History.

There are some forty-six columns of information on each individual. Only the head of the household is addressed. I have chosen to use only six columns of information. These are shown below:

1. Name of Owner
2. Acres of Improved Land
3. Acres of Unimproved Land
4. Cash Value of the Farm
5. Value of Farm Implements and Machinery
13. Value of Livestock

Thus, the numbers following the names represent, 2, 3,4, 5, 13.

The following symbol is used to maintain spacing where blank in a column: (-).

Thomas Wood, -, -, -, -, 360
John Derniche, 60, 20, 300, 20, 100
Wilson Wright, -, -, -, 50, 175
James Edwards, -, -, -, 10, 80
John Womble, -, -, -, 10, 505
C. E. Shafer, -, -, -, -, 65
Elisha Walker, -, -, -, 10, 105
Sanders Mayfield, 40, 1240, 600, 10, 605
George C. Rice, 45, 275, 500, 150, 510
H. Bayless Jr., 15, 155, 250, 15, 180
Philip W. Henson, 30, 290, 300, 50, 110
Henry K. Elliott, 190, 870, 640, 80, 443
John D. Barkman, 200, 1270, 3000, 250, 960
Isaac Kemp, 35, 65, 250, 20, 225
James Estell, -, 250, -, -, 210
Robert Crossland, 10, 328, 150, 10, 225
James Poor, 8, 1840, 250, 100, 550
Mark Allen, -, -, -, -, 40
Lewis Walker, 50, 590, 300, 175, 925
B. E. Elliott, 80, 1180, 2000, 150, 707

Brazoria County Texas
1850 Agricultural Census

The Agricultural Census for Texas for 1850 was microfilmed by the University of North Carolina under a grant from the National Science Foundation and filmed from original records in the Texas Department of Archives and History.

There are some forty-six columns of information on each individual. Only the head of the household is addressed. I have chosen to use only six columns of information. These are shown below:

1. Name of Owner
2. Acres of Improved Land
3. Acres of Unimproved Land
4. Cash Value of the Farm
5. Value of Farm Implements and Machinery
13. Value of Livestock

Thus, the numbers following the names represent, 2, 3, 4, 5, 13.

The following symbol is used to maintain spacing where blank in a column: (-).

M. W. McKinney, -, -, -, -, 3350
Philip A. Davanport, 45, 225, 1350, 75, 521
Armmon Underwood, 10, 8766, 300, 150, 1285
John Advance, 10, 30000, 100, 100, 476
L. L. L. Ballowue, 20, -, 200, 150, 960
Edward Hull, 150, 10000, 100, -, 930
C. R. Patton, 600, 20000, 18000, 14360, 12350
M. L. Smith, 425, 23000, 12750, 46375, 4920
William G. Hill, 275, 13000, 8250, 17000, 3500
Isaac T. Tinsley, 210, 6000, 6300, 1200, 3840
William Manor, 300, 1900, 9000, 13000, 2330
R. A. Phelps, 120, 25650, 5100, 40, 12300

Charles A. Giesecke, 14, 306, 1500, 100, 320
Thomas K. Davis, 30, 4444, 300, 100, 1195
T. Pilsbery, 50, 4950, 1000, 250, 800
David G. Mills, 750, 100000, 19000, 25000, 500
R. Mills, 400, 1200, 7000, 2000, 6100
L. H. McNeil, 400, 9776, 10000, 25000, 7150
James F. Perry, 240, 155000, 6000, 300, 2540
Wm. J. Bryan, 80, 9100, 2000, 200, 26940
E. M. Justice, 110, 300, 2200, 800, 820
Thomas Henswooth, -, 2000, -, -, 645
Martin Polk (Peak), -, -, -, -, 120
R. M. Collins, 30, 5000, 250, 200, 2250
R. R. Brown, -, -, -, -, 2530

R. F. Clements, -, -, -, -, 1900
J. B. Spann, , -, -, -, 2980
H. C. Wilkox, -, 1700, -, -,1815
Henry Culbertson, -, -, -, -, 925
Isaac C. Hoskins, 40, 6000, 800, 300, 860
John A. Hoskins, -, 200, -, -, 5680
M. A. Bryan, 50, 4000, 1500, 200, 1790
B. M. Calvit, 120, 4325, 3600, 2226, 5630
Laura H. Jack, 50, 8000, 1500, 505, 2983
Peter C. Eickes, 20, 200, 600, 30, 320
L. A. Wharton, 350, 6564, 11500, 1672, 6749
Eli Dial, 6, 4800, 180, 100, 750
Abner Jackson, 530, 3900, 15000, 9000, 3850
James McFaden, 210, 394, 6300, 1080, 1150
O. P. Hamilton, 790, 2210, 23700, 16070, 5170
Robert Scobey, 35, 519, 6050, 200, 2475
Shadrach Rowe, 120, 545, 5000, 1100, 1695
Andrew Churchill, 30, 4695, 1000, 100, 2600
Joseph Hughes, -, 640, -, -, 750
William Hughes, -, 640, -, -, 750
W. Waikefield, 20, 3500, 700, 100, 680
Abner Crenshaw, 70, 2990, 1250, 500, 900
Charles K. Reese, 100, 11000, 3000, 700, 2200
C. H. Bennett, 100, 3886, 3000, 200, 2200
Dewitt C. Rhodes, 375, 3850, 10000, 1000, 4600
Elsey Harrison, 120, 2220, 3600, 700, 1000
Levi Jordan, 350, 2021, 10500, 1200, 2390
Edmund Weekley, 100, 420, 2500, 500, 1172
James E. Black, 500, 1300, 1500, 800, 2880
W. C. Coolgrove, 50, 750, 250, 150, 710
J. W. Sweeney, 100, 400, 3000, 30, 1100
T J. Sweeney, 100, 2040, 3000, 900, 1570
John Sweeney, 200, 2600, 6000, 1000, 1495
Samuel P. Sweeney, 75, 1400, 2250, 100, 150, 1400
Joseph M. McCormick, 90, 8000, 3250, 500, 1190
Thomas D. Cayce, 130, 14310, 3250, 500, 1190
Whyley Henry, 15, -, 350, 20, 250
Ira R. Lewis, 800, 50000, 2400, 500, 840
Henton Westall, 250, 4490, 7500, 1000, 3670
Hal G. Runnels, 400, 3020, 25000, 18000, 4120
T. C. Bell, 200, 5886, 6000, 2700, 5265
James C. Louis, 8, 4610, 240, 100, 520
Sidney Phillips, 100, 800, 2400, 100, 630
J. R Phillips, 100, 1800, 2300, 700, 720
Wm. B. P. Ga__s, 225, 10000, 4500, 650, 1100
Joab H. Hanton, 150, 150, 4800, 4300, 1620
Sady Kanady, 75, 560, 700, 657, 280
George Armstrong, 125, 1000, 4300, 150, 1280
D. H. Yerges, 225, 1310, 6750, 500, 3370
L. W Perkins, 40, 11100, 800, 200, 940
Charles Patton, 180, 480, 4500, 1000, 3210

F. B. Durant, 100, 354, 3000, 1000, 1565
J. W. Capes, 10, 2000, 1000, 50, 350
Charles D. Sayre, 300, 40000, 9000, 20000, 3700
Jordan Hill, -, -, -, -, 700
Samuel Angier, 10, 5000, 100, -, 2250
Abraham Smelser, 30, 370, 600, 125, 620
Mathew Scobey, 12, 850, 360, 75, 2290
Elizabeth Smith, 25, 675, 735, 40, 1580
T. S. Hinds, 15, 200, 450, 75, 1690
John Florence, 25, 460, 480, -, 250
Wm. N. Wilson, 100, -,250, 100, 280
M. S. Mimson, 110, -, 2200, 600, 1512
Tod Robinson, 100, 450, 2000, 240, 620
F. M. Jackson, 200, -, 6000, 13000, 2100
Wm. W. Williams, 130, 427, 300, 100, 1220
Ben Pass, 450, 950, 134000, 1000, 1980
J. V. Lobdell, 150, 850, 1500, 100, 980
Alexander Compton, 300, 550, 9000, 2000, 1830
Ann E. Manadere, 250, 450, 7500, 2000, 3010
Isaac Calvit, 35, -, 1050, 200, 2675
W. P. Kyle, 130, 30000, 3900, 270, 1090
Thomas P. Coffee, 380, 1820, 23400, 1540, 5590
Wm. M. Brown, 140, 1529, 4200, 200, 2610
Wm. Burnett, 13, 2667, 390, 50, 1070
Stelng McNeel, 500, 5051, 15000, 1375, 4140
Francis Bingham, 200, 10000, 6000, 985, 7600

B. F. Terry, 350, 5150, 10500, 1375, 4260
G. H. Huey, 12, 188, 240, 80, 1705
Wm. Canada, 3, 300, 60, 50, 1495
H. L. Little, 11, 3156, 220, 50, 1310
A. Estes, 10, 1940, 200, 50, 1460
R. Hayes, 4, 300, 80, 25, 380
Stephen Perry, 20, -, -, 400, 7915
Andrew W. Scoley, -, 2600, -, -, 1775
Samuel Towey, 5, 2000, 100, 25, 1216
W. D. C. Hall, 250, 3090, 7500, 3000, 4130
James Love, 50, 7400, 19300, 6330, 8480
Wm. Jemison, 7, 1200, 210, 60, 1285
Sarah Masey, 30, 2120, 600, 60, 2030
King Holstein, 45, 1600, 1250, 300, 1988
Levi Pitts, 15, 212, 450, 125, 760
John Warrell, 140, 410, 4200, 1160, 1220
Henry Bribood, 225, 18812, 6750, 4500, 1288
John S. McNeel, 60, 1481, 1800, 153, 1520
James P. Cauldwell, 754, 16069, 7500, 15545, 1740
A. _. Westall, 300, -, 9000, 21000, 3470
John P. McNeel, 350, 1554, 10500, 21680, 6120
M. B. Williamson, 50, 6000, 2000, 20, 460
Chesley Stringfellow, -, 1470, 1, -, 100
E. Stephens, 70, 430, 1200, 150, 200
Thomas Hackwell, -, 3592, -, -, -
Wm. McMaster, 18, 2170, 2000, -, 125
Philip Dargon, -, -, -, -, 100
Charles Leonard, -, -, -, -,30
George Stanger, -, -, -, -, 50
Jarvis Dackerell, -, -, -, -, 200

Patrick McGreal, 5, 1600, -, 600, 400
R J. W. Reel, -, 640, -, -, 200
Sam Harden, 40, 50, 1800, 50, 200
Lewis Prewll, -, 3000, -, -, 100
Wm. Grobe, -, -, -, -, 50
John Brown, -, -, -, -, 140
Harvy Franklin, 4, 6, 1000, 50, 50
O. Clinton, 12, 8, 100, -, 50
R. J. Townes, 1, 40000, 100, 50, 600
James Delaney, -, -, -, , 100
Frederick Vogle, -, 320, -, -, 75
John W. Turner, -, -, -, -, 1000
John James, 30, 1370, 2000, 100, 500
Jacob Nirchre, 15, 15, 200, -, 78
John Pruwitt, 50, 2000, 1250, -, 4000
Wm. Terry, 6, 994, 300, -, 150
Susan Hughes, -, -, -, -, 100
Henry Ahrnes, 320, 25, 600, -, 400
A. P. Crittondon, 4, 15, 2000, 100, 200
Joseph O. Wilson, 25, 225, 3000, 200, 620
Lambert Mims, 515, 2700, 21000, 5000, 4410
Wm. H. Norris, 150, 740, 4500, 400, 1250
Christopher Bell 100, 615, 2500, 600, 555
Samuel Hinkle, 62, 3160, 2460, 100, 1150
Wm. H. Scott, -, 3346, -, -, 7400
Edmond Arrington, 50, 280, 1200, 100, 300
John Sweeney, 400, 3551, 2300, -, 2525
P. D. McNeel, 560, 4000, 20000, -, 6840
J. V. Williams, 200, 1600, 12000, -, 1890
R. P. Jones, 200, 100000, 600, 1000, 800
Q. M. Pease, 41, 10000, 1200, 100, 420
Joel Spencer, 650, 4241, 50000, 3000, 4236

CONTINUED ON MICROFILM AFTER BURLESON COUNTY

Burleson County Texas
1850 Agricultural Census

The Agricultural Census for Texas for 1850 was microfilmed by the University of North Carolina under a grant from the National Science Foundation and filmed from original records in the Texas Department of Archives and History.

There are some forty-six columns of information on each individual. Only the head of the household is addressed. I have chosen to use only six columns of information. These are shown below:

1. Name of Owner
2. Acres of Improved Land
3. Acres of Unimproved Land
4. Cash Value of the Farm
5. Value of Farm Implements and Machinery
13. Value of Livestock

Thus, the numbers following the names represent, 2, 3,4, 5, 13.

The following symbol is used to maintain spacing where blank in a column: (-).

Maj. F. Richardson, 5, -, 100, 15, 1220
Christopher Collins, 135, -, 12000, 1010, 1000
Martha J. Jones, 44, 5377, 4444, 50, 3000
Martha Been, 25, -, 4420, 320, 30, 720
Plena D. Hootton, 25, 3644, -, -, 3200
William Fargulin, 15, 700, 700, 200, 2100
Margaret Vernon, 25, -, -, 15, 122
John Vernon, -, -, -, -, 120
Joseph Robinson, 25, 125, 177, 100, 1215
Alfred Robinson, -, -, -, -, 51
John Gilberath, -, 3500, -, 60, 180
Meborn Laugham, 50, 1300, 300, -, 509
Jackson _. Williams, 60, 369, 800, 130, 870
Loren _. Clark, 40, 10000, 1111, 150, 1000
Elliott Milican, 40, 9433, 4400, 325, 2255
William dunlap, 25, 175, 200, 100, 1452
William C. Bolton, 30, 400, 282, 10,179
Louis Rector, 20, 3270, 1111, 100, 3228
Eason Thomas, 10, 222, -, 10, 175
Alexander McGahey, 100, 300, 4000, 200, 3400
John H. Milican, 60, 4400, 4444, 100, 535
William Haaer (Haven), 35, 300, -, 500, 388
James Price, 30, -, 160, 50, 316
James A. Barber, 25, 975, 2500, 100, 5500
John Milican, 100, 8315, 2222, 300, 2140

William Boglan (Boglar), -, -, -, -, 468
Robert Johnson, 7, 437, 444, 50, 678
Washington Midleton, 120, 2729, 420, 25, 529
Micael Sims, 8, 196, 100, 25, 558
George Hempling, 5, 200, 177, 40, 429
Admans Roades, 5, -, -, 5, 90
William C. Walker, 20, 2500, 960, 150, 720
Joseph Lyons, 20, 2222, 555, 100, 806

Ston_ney W. Hudson, 20, 194, 214, 100, 575
Henry G. Hudson, 20, 3146, 200, 100, 970
George W. Jones, 15, 160, 350, 1100, 970
Leonard Hudson, -, -, -, -, 106
James J. Bowman, 25, 1900, 1000, 100, 881
Thomas C. Bowman, 30, 870, 1450, 20, 178
Joshua Seale, 15, 625, 320, 4, 375
Alexander Warren (Warrell), -, -, -, -, 50

Brazos County Texas
1850 Agricultural Census
continued after one page of Burleston County

The Agricultural Census for Texas for 1850 was microfilmed by the University of North Carolina under a grant from the National Science Foundation and filmed from original records in the Texas Department of Archives and History.

There are some forty-six columns of information on each individual. Only the head of the household is addressed. I have chosen to use only six columns of information. These are shown below:

1. Name of Owner
2. Acres of Improved Land
3. Acres of Unimproved Land
4. Cash Value of the Farm
5. Value of Farm Implements and Machinery
13. Value of Livestock

Thus, the numbers following the names represent, 2, 3,4, 5, 13.

The following symbol is used to maintain spacing where blank in a column: (-).

James Head, 65, 9849, 4080, 250, 1300
Hardin Nevil, 25, 5300, 1280, 30, 920
Edward McCall, 14, 630, 640, 25, 187
Hilliaman King, 9, 190, 200, 40, 722
Isaac Martin, 9, 190, 200, 21, 400
Wilson Holloway, -, -, -, 80, 50
William Buttrell, 60, 2190, 1000, 500, 1170
Joseph A. Seale, -, -, -, -, 291
Eli Seal, 60, 5344, 1280, 20, 1332
Elizabeth Elison, 16, 3040, 640, 10, 1410
William C. Sparkes, 70, 26600, 2600, 20, 3440
Thomas McCury, -, -, -, 700, 1790
Thomas Lines, 30, 800, 100, 100, 525

Gilbert Love, 60, 2500, 600, 250, 1825
John McDonld, -, -, -, -, 46
William B. Hurst, -, 160, 160, 5, 270
Oliver Payne, 100, 8888, 2222, 1200, 1540
William King, -, -, -, -, 54
Cannarh Lamb, -, -, -, -, 218
Marshal Payne, -, -, -, -, 448
Byrum Wixon, -, 3700, -, 60, 580
John H. Faley, -, -, -, -, 570
Richard Cates, 25, 2517, 1271, 200, 2780
Wilson Reed, 30, 2138, 420, 50, 1250
Samuel Birtun, 30, 3166, 332, 28, 1172
Robert M. Henry, 14, 306, 200, 15, 134
Andy Milican, 18, 982, 400, 60, 330

James McMilan, 15, 6856, 625, 80, 710
Ann McMilan, -, 4521, -, -, 8
George McMilan, 18, 222, 150, 200, 352
Andrew McMilan, 10, 680, 320, 5, 432
George Higgs, 30, 610, 200, 200, 1450
William Moore, -, -, -, 10, 232
William H. Wilson, 25, -, 100, 5, 206
Christerfer C. Seale, 8, -, -, -, 81
Alexander Spence, 30, 8162, 1100, 10, 584
Margaret Fulington, -, 4521, -, 5, 660
Hugh R. Henry, 10, 640, 351, 20, 812

Burleson County Texas
1850 Agricultural Census
continued

The Agricultural Census for Texas for 1850 was microfilmed by the University of North Carolina under a grant from the National Science Foundation and filmed from original records in the Texas Department of Archives and History.

There are some forty-six columns of information on each individual. Only the head of the household is addressed. I have chosen to use only six columns of information. These are shown below:

1. Name of Owner
2. Acres of Improved Land
3. Acres of Unimproved Land
4. Cash Value of the Farm
5. Value of Farm Implements and Machinery
13. Value of Livestock

Thus, the numbers following the names represent, 2, 3,4, 5, 13.

The following symbol is used to maintain spacing where blank in a column: (-).

James Howlet, 30, 500, 400, 200, 700
Hugh C. A. King, 40, 7070, 1500, 30, 1240
Mary Thorp, -, 15, 150, -, 520
John Martin, -, 350, 250, -, 130
Joseph Addison, 20, 1800, 200, 50, 640
Henry J. Munson, 125, 9454, 3500, 1000, 1500
Solon Duty, 55, -, 600, 20, 790
James Chance, 30, 1600, 300, 200, 1250
William J. Allbright, 30, 600, 450, 800, 1495
James W. Dexter, -, 444, -, 100, 216
Silous W. Jenkins, -, -, -, -, 300
Thomas D. Woolridge, 190, 292, 4000, 550, 1000
Joseph Rowland, 100, 1300, 500, 350, 1920
John Echols, 130, 8000, 200, 700, 2000
William Oldham, 100, 18597, 20000, 500, 1734
Ebenezer H. Carter, 25, 645, 350, 60, 500
Gibson Kuykendall, 35, 3000, 550, 200, -
Tolbert Reeves, 40, 1540, 300, 600, 600
Marmaduke Baten, 12, 90, 300, 150, 994
George Gee, -, 390, 160, -, 155
Ozra (Ezra) Webb, 16, 1900, 960, 50, 435
Dempsey Morgan, 80, 100,3 000, 150, 478
George Darr, 30, 4000, 369, 50, 900
James A. Pewett, 30, 285, 175, 20, 605
William Ryan, -, 1920, 200, 200, 1260

Charles Young, 3, 1011, -, -, 358
Spence Rice, 14, 185, 300, 10, 366
Zachariah Dodd, -, 250, 250, -, 150
Andrew Dodd, -, 250, 250, -, 100
Francis Smith, 20, 280, 300, 150, 624
John Powers, -, 100, 100, 50, 224
Henry Smith, 8, 58, -, 10, 120
Rachael C. Vanhook, 8, 553, 1104, 5, 81
William Eason, -, 353, 353, 150, 420
Jacob C. Gregry, 40, 186, 252, 120, 126
Jessey Gregry, 35, 125, 175, 40, 328
Thomas Sapington, 15, 165, 175, -, 10
James Shaw, 20, 5000, 3000, 500, 1388
Joseph Shaw, -, 269, 134, 8, 120
William Bartlet, -, 240, 240, -, 60
Shadrich B. Owen, 20, 1200, 500, -, 351
Plasant Storm, 22, 320, 450, 10, 565
Mayfield Philey, 5, 35, 400, 120, 600
Matilda Porter, 35, 610, 640, 15, 554
Richard Blacklock, 10,3 0, 320, 15, 415
Uriah Bayley, 10,3 05, 320, 50, 290
James Keeton, 5, 75, -, -, 30
Richard Teal, 40, 280, 300, 20, 1240
Isreal Standfer, 40, 640, 300, 125, 455
John Ward, -, -, -, 60, 365
Charles Ward, -, -, -, 60, 280
Daniel Moseley, 260, 660, 13610, 380, 1754
Gabriel Jackson, 200, 17776, 13331, 300, 3315
Charles Dun, -, -, -, -, 102
Robert W. Scott, 25, 1500, 500, 50, 600
Sarah L. Cox, 20, 6150, 1000, -, 915
Samuel & Andrew Scott, 25, 2222, 600, 200, 460
John Overlander, 8, -, 250, -, 100
Jacob Reed, 25, 2000, 2000, 61, 358
Sandy Y. Lothlen, 15, 430, 200, 10, 390
William Thorp, 25, 120, 300, 20, 240
Joslin Joslin, -, 200, 175, 50, 170
Lerneal L. Doss, -, -, -, -, 25
John Rupp (Korpp), -, 320, 146, 173, 404
James Runyols, 35, 165, 200, 15, 350
James Givins, 15, 511, 1600, 10, 135
William Wilson, 5, 114, 120, 40, 710
Carr B. Shered, 160, 4444, 2222, 300, 1290
Alen Morgan, -, -, -, -, 500
James Fulcher, 35, 3500, 1111, 10, 4170
Andrew Staker, 15, -, 100, 10, 508
Nevel A. Gee, 125, 290, 4000, 450, 2050
William Cox, 25, 1200, -, -, 250
William Batman, 30, -, 2600, 50, 34
John Inman, 15, 235, 325, 15, 194
John Charp, 35, 400, 200, 100, 960
Andrew S. Jones, 90, 210, 3000, 180, 158
John Story, -, 6481, 1481, 100, 926
Samuel Laronce, 35, 600, 6500, 130, 950
Drewry Miller, -, 320, 150, 6, 176
Peter Luther, 25, -, 250, 25, 412
Ephrium McDowell, 20, 100, 320, 10, 234
Henry Waren, 15, 30, -, 20, 330
William S. Hames, 25, 615, 320, 150, 1400
Jacob Long, 100, 1855, 4444, 120, 3380
John Haley, -, -, -, 10, 170
John Woodburn, 10, 630, 640, 120, 1050
Elizabeth Fulcher, -, 555, -, -, 496
Franklin & Thomas Fulcher, 10, 390, 1000, -, 6130
Sarah Fulcher, 15, 2675, 200, -, -
Rusel Fulcher, -, -, -, -, 316
Rusel Jones, 8, 200, 125, 100, 170

William J. Scoott, 10, 190, 200, 5, 1514
James Wiley, -, 400, 300,4 0, 420
Wilis Parker, -, -, -, -, 100
Peter Mullins, 40, 780, 180, 10, 1370
William McCuyton, 15, 185, 200, 20, 520
Morgan Collan, -, -, -, -, 70
William Mcheen (McKeen), -, -, -, -, 60
Edward J. Blair, 356, 100, -, 6, 588
Thomas J. Bird, 13, 320, l334, -, 806
Jane Hunter, -, -, -, -, 175
William P. Bird, 10, 310, 330, 100, 1370
Nancy Hugh, 12, 140, 340, 150, 325
Elizabeth Randolph, 15, 7680, 400, 30, 216
Moses Hugh, -, 250, 100, 100, 610
Miles Walters, 8, 6633, 250, 10, 350
Franklin Hughes, -, -, -, 120, 570
James Huston, -, -, -, -, 140
Martin Miner, -, 320, 160, -, 240
Mary Hughes, 4, 2546, 700, 5, 268
James Fisher, 10, -, -, -, 170
William C. Hughes, 10, 160, -, 5, 241
Amos Chelson, 10, 290, 160, 80, 460
Samuel Riggs, 12, 270, 274, -, 225
Ezrael Waldrop, 6, 94, 200, 10, 308
James P. Waldrop, -, -, -, -, 100
Warin Wimby, 30, 100, 600, 15, 739
Blan Bakard, 12, 275, 275, 5, 450
James A. Graves, 40, 40000, 4000, 400, 4410
Rody Bowin, 15, 15000, 300, 200, 840
William A. King, 35, 800, 500, 100, 1540
Philip P. Scoott, 50, 3400, 400, -, 1025
Grevious Ray, 25, 190, 100, 150, 540
Jackson Hall, 8, -, 200, 135, 1155
Rebecca Watson, 75, 2466, 450, 225, 1750
Robert Rayford, 7, 300, -, 75, 1050
Eligah Reed, 3, 21902, -, 50, 895
George Parhill, 2, 250, 125, -, 120
Hugh McKeen, 25, 3179, 250, 65, 718
Alfred Tomkins, -, 140, -, -, 54
Lerna Scoott, 6, 450, -, 60, 243
William Erwin, 25, 175, 400, 15, 428
James Scoott, 75, 1012, 300, 420, 600
John Tanner, 8, 1337, 720, 60, 1255
Joseph Onley, 20, 250, 300, 500, 1034
Timothy Arnett, 70, 1500, 225, 70, 2170
Jeremiah Porter, 45, -, 500, 50, 820
Susan Porter, 40, 12000, 500, 100, 5458
Abraham Bexter, -, 150, -, 5, 230
Jane Harvey, 10, 2220, 350, 50, 420
Mary Harvey, 20, 640, 200, 50, 210
William Carophers, 30, 481, 401, 25, 913
John Oldham, 20, 320, 400, 125, 435
Perry Hood, 10, 90, 150, 20, 330
Amos Brymer, 21, 180, 150, 25, 225
Daniel McGee, 10, 190, -, 15, 505
James Alen, 140, 600, 200, 100, 451
Mathew Rankels, -, 320, -, 100, 240
Ephrium Rody, -, 177, -, 50, 250
Ransom Boswell, -, -, -, 150, 192
Mlyper Boswell, 5, -, -, 50, 417
John Guthrie, 18, 2588, 100, 75, 1156
George Guthrie, -, 760, -, -, 466
John Mitchel, 13, 90, -, 75, 400
Adams Johnson, 12, -, 100, -, 1540
William Guthrie, 11, 170, 200, -, 130
Gardener Thompson, 9, 150, 100, 120, 250
Joseph Thompkins, -, 500, -, 40, 220
Charles Leep, 20, 130, 325, 120, 304
Lucinda Boswell, 2, 321, -, -, 608
Balestine Scoott, 10, 1200, 1000, 75, 440
John B. Cobbton, -, -, -, -, 140

John C. B. Scott, -, 1210, -, -, 7155
Redin Roberts, 18, 282, 225, -, 540
William Roberts, 32, 2506, 300, 60, 570
Jefferson Mason, -, 95, 25, 25, 244
James Brister, 20, 180,2 50, 150, 335
Jeremiah Thomas, 40, 260, 500, 150, 910
John Craddock, 50, 4161, 200, 60, 100
John King, 15, 6058, 300, 150, 435
James H. Wilson, -, 700, -, 250, 468
Andrew Moore, -, 200, -, -, 522
Maple Bush, 35, 600, 400, 60, 1640
Robert D. Flack, -, 8535, -, -, 975
Robert Russel, 10, -, -, -, 140
Andre Cole, -, 332, 150, 1000, 277
Aron Merchison, -, 365, -, 150, 60
John Birchett, -, -, -, -, 40
Margaret McCaley, 15, 182, -, -, 50
George W. Cole, 12, 80, 200, 100, 178
Murdo Murchison, 4, 140, -, -, 160
Nicholas Crunk, 30, 900, 100, 75, 2540
William W. Hawkins, 50, 171, 350, 150, 2370
Oraco Christman, 40, 6500, 500, 200, 1280
Thomas C. Thomson, 25, 150, -, -, 630
John Doak, -, -, -, 250, 1140
Rebecca King, 80,2 000, 130, 150, 1360
Rufus King, -, -, -, -, 128
Joseph McMurry, 30, 2500, 300, 150, 800
John M. Wyatt, -, 50, -, -, 640

William Young, -, 540, -, -, 537
Henry C. Bayle, 2, 16, 100, -, 35
Zachriah Dillard, -, 6, -, -, 390
John Johnson, 4, 437, 1200, 150, 1020
Charles Walden, 60, 2503, 2000, 160, 943
Helery Rhyen, -, 1200, -, 400, 380
William J. Hill, 25, 115, 300, 100, 1100
Simon Miller, 8, 170, -, -, 150
Hugh M. Cilders (Cildees), 10, 1600, 100, 100, 700
James M. Varris, -, 10000, 450, 20, 1200
William Connelly, 20, 1250, 450, -, 1250
John Elkins, -, -, -, -, 400
Alexander Thomson, 40, 3108, 200, 300, 1230
William Wilkins, 30, 1725, 190, -, -
Thomas Burtran, 5, 4620, 160, 60, 970
William T. Charles, -, 600, 150, 25, 50
A. A. Kellegh, 3, 113, 116, 100, 280
John B. Miller, -, -, -, 100, 320
Mary Kuykendall, 3, 1500, 100, -, 362
Simon Kuykendall, 3, 47, 100, 110, 396
William Grimes, 8, -, -, 20, 266
William Brown, 12, 1200, 3200, 40, 321
Moses Oldham, 70, 1830, 600, 150, 920
Joseph Conley, -, -, -, 125, 200

Caldwell County Texas
1850 Agricultural Census

The Agricultural Census for Texas for 1850 was microfilmed by the University of North Carolina under a grant from the National Science Foundation and filmed from original records in the Texas Department of Archives and History.

There are some forty-six columns of information on each individual. Only the head of the household is addressed. I have chosen to use only six columns of information. These are shown below:

1. Name of Owner
2. Acres of Improved Land
3. Acres of Unimproved Land
4. Cash Value of the Farm
5. Value of Farm Implements and Machinery
13. Value of Livestock

Thus, the numbers following the names represent, 2, 3, 4, 5, 13.

The following symbol is used to maintain spacing where blank in a column: (-).

Charles Proctor, 35, 450, 1000, 200, 300
Hedly Polk, 35, 565, 2000, 50, 450
Leonard Eastwood, 24, 427, 623, 50, 530
William Hardeman, 80, 420, 2500, 200, 980
David F. Brown, 60, 1047, 5000, 150, 4000
John Steen, 33, 450,1 000,1 00, 2310
Thomas Mooney, 50, 416, 300, 156, 270
John C. McKean, 25, 1075, 3300, 170, 10475
James Fentress, 50, 1040, 3000, 150, 2052
James Wood, 35, 285, 900, 200, 1301
William Butler, 75, 800, 2000, 150, 2840
James P. Galbreth, 27, 61, 700, 20, 570
Joseph Barnett, 200, 1300, 3000, 400, 1360
Thomas D. Stewart, 17, 143, 300, 50, 240
Clemmans Hinds, 20, 380, 800, 120, 506
Thomas Ellison, 50, 950, 280, 150, 745
James Jeffrey, 20, 260, 1000, 70, 369
Albert May, 65, 150, 430, 100, 780
John M. Fleming, 30, 260, 600, 150, 630
Abraham Roberts, 35, 100, 2500, 150, 742
Robert Carr, 40, 750, 1000, 50, 572
A. B. Gilliland, 60, 640, 1200, 100, 870
Daniel Fuller, 40, 200, 1200, 125, 870
John N. Elliott, 38, 260, 1500, 135, 625

Thomas Hoskins, 40, 440, 1200, 12, 1060
William Kerl (Kevl), 12, 70, 500, 5, 127
John Pitman, 30, 50, 400, 40, 114
James G. Mabry, 15, 70, 500, 50, 198
Benjamin Kanter, 20, 85, 500, 130, 430
Jeremiah Roberts, 40, 160, 1200, 20, 482
B. B. Sullivan, 50,3 00, 2500, 200, 634
James A. Calahan, 50, 300, 2500, 200, 634
Thomas M. Hardiman, 10, 500, 850, 200, 990
Francis Berry, 100, 60, 3000, 100, 1040
Tilman Berry, 25, 175, 700, 342, -
Jesse Blackwell, 15, 409, 1000, 100, 363
George Aplin, 11, 200, 300, 10, 550
Elias Hankins, 7, 121, 198, 108, 384
Garrison Greenwood (Greewood), 45, 325, 1200, 200, 730
W. P. Mauldin, 30, 450, 2000, 150, 975
G. H. Hattox, 10, 100, 300, 50, 364
Ann S. Kirk, 19, 131, 700, 50, 659
John T. Storey, 80, 160, 1200, 500, 885
P. W. Lane, 10, 84, 500, 40, 430
I. J. Good, 15, -, 500, 50, 660
G. R. Lincecum (Lircecum), 38, 454, 1200, 25, 700
Enoch Williams, 20, 350, 1000, 20, 346
Constant Terry, 10, 84, 235, 100, 189
A. Roberts, 30, 130, 1000, 150, 778
L. C. Sims, 40, 200, 1200, 150, 436
J. B. Wagner, 15, 400, 800, 130, 404

Calhoun County Texas
1850 Agricultural Census

The Agricultural Census for Texas for 1850 was microfilmed by the University of North Carolina under a grant from the National Science Foundation and filmed from original records in the Texas Department of Archives and History.

There are some forty-six columns of information on each individual. Only the head of the household is addressed. I have chosen to use only six columns of information. These are shown below:

1. Name of Owner
2. Acres of Improved Land
3. Acres of Unimproved Land
4. Cash Value of the Farm
5. Value of Farm Implements and Machinery
13. Value of Livestock

Thus, the numbers following the names represent, 2, 3,4, 5, 13.

The following symbol is used to maintain spacing where blank in a column: (-).

William Jones, -, -, -, -, 1200
Paul Helfruch, -, -, -, -, 210
Geo. Killpatrick, -, 250, 250, -, 1200
Pleney R. Fleming, 60, 1440, 9000, 100, 120
Danl. Lipscomb, -, -, -, -, 200
S. F. Cocke, 30, 1100, 5000, 50, 150
J. Beaumont, -, -, -, -, 2000
J. B. Philips, -, -, -, -, 300
Christolph Honor, 8, 62, 200, 10, 100
Simon Rose, 3 ½, 46, 300, 20, 200
John Rome, 30, 45, 100, -, 100
Caleb Jordan, -, -, -, -, 550
Augustine Resses, -, -, -, -, 350
Caleb Hackebush, 8, 250, 250, -, -
Rofuff (Rofuss) Vanderberry, -, -, -, -, 160
Noris Defear, 10, 90,2 00, -, 200
Wilie George, 15, 1100, 250, 30, 5000
John Huff, 5, 10, 1000, 10, 1100
Thos. Greal, -, -, -, -, 500

Moses Johnson, 4, 4428, 4000, 14, 1200
Colentina Benevetes, 10, 6660, 13000, 10, 1200
Wm. Ketle, 10, 90, 1000, 20, 150
Silvanus Hatch, 200, 4228, 6000, 50, 450
Wm. Pellham, 15, 4405, 4500, 20, 200
John Benevetes, 10, 4428, 4500, 20, 940
Nicholas Benevetes, -. -. -. 50, 400
Wm. Dally, 20, 530, 700, 400, 400
A. Fitcholuch, 300, 1600, 3000, 20, 2000
C. D. Strange, 50, -, 300, 75, 250
Aaron Robertson, 6, 190, 200, 20, 100
D. Chandler, 30, 170, 200, 100, 300
Stephen Denkins, 3, 350, 1000, 10,3 50
Davis Harris, 8, 18, 100, 20, 150

Anthony Bishop, 10, 115, 150, 20, 250
Conrad Hophere (Hoshaser, Hofhauser), 10, 115, 150, 20, 175
Martin Gonger (Gouger), 30, 470, 500, 40, 800
C. L. P. Johnson, 5, 195, 200, -, 250
R. J. Halbin, -, -, -, -, 240
John R. Baker, 8, -, -, -, 150
James K. McRainy, 6, -, 300, -, 150
Thos. M. Duke, 20, 300, 1500, -, 1600
Philip Rohal, 8, 319, 600, -, 1000
William Varnel, 30, 300, 2500, -, 400
John McKenly, -, 320, 500, -, 250
Jacob Robinson, -, -, -, -, 1650
Dnl. England, 10, 10, 300, -, 150
Thos. Brown, 5, 5, 500, -, 800
John F. Donsher, -, 20, 500, -, 160
James Cummings, -, 10, 600, -, 5000
Geo. Morgan, -, -, -, -, 100
John B. Tucker, -, 10, 2000, -, 200
John W. Rose, 12, -, 2000, -, 200
Cls. W. Vanderveer, -, 330, 1000, -, 4300
J. L. Allen, -, -, -, -, 1100
Aaron Pybus, 20, 4240, 1065, -, 200
Saml. F. Harding, 4, 10, 500, -, 750
Obadiah Stephens, 20, 80, 700, -, 200
J. N. Mitchell, 60, 480, 2500, 35, 1900

Cameron County Texas
1850 Agricultural Census

The Agricultural Census for Texas for 1850 was microfilmed by the University of North Carolina under a grant from the National Science Foundation and filmed from original records in the Texas Department of Archives and History.

There are some forty-six columns of information on each individual. Only the head of the household is addressed. I have chosen to use only six columns of information. These are shown below:

1. Name of Owner
2. Acres of Improved Land
3. Acres of Unimproved Land
4. Cash Value of the Farm
5. Value of Farm Implements and Machinery
13. Value of Livestock

Thus, the numbers following the names represent, 2, 3,4, 5, 13.

The following symbol is used to maintain spacing where blank in a column: (-).

Adolpheus Gleavock, 130, 680, 2500, 200, 1000
Pablo Villarreul, 20, 50, 500, 20, 100
Incarnacion Salas, 47, -, 1500, 250, 500
Sububos (Subufos) Carbazos, 50, -, -, 30, 300
Demarco Canter, 10, -, -, 10, 600
Pedro Trevino, 50, 53086, 25000, 200, 1500
Arrnistacio Trevino, 20, 17712, 10000, 75, 300
Pedro Rocindez, 20, 4408, 2000, 50, 800
Miguel Gonzalez, 50, 4375, 5000, 50, 500
Pedro Sales, 75, -, -, 75, 900
St. Iago Vila, -, 19926, 2500, -, 500
Mannel Rameriez, -, 6624, 3000, -, 2000
Jose M. Benavides, -, 13284, 6000, -, 1500
Ignacio Benavides, 22140, 10000, -, 2500
Isedora Vela, -, 17712, 500, -, 1200
Trinidad Vela, -, 28762, 15000, -, 2000
Julian Villarreul, -, 8856, 5000, -, 1500
Juanto Trevino, 100, 17612, 15000, -, 1000
J. R. Bigelow, -, -, -, -, 3000

Cass County Texas
1850 Agricultural Census

The Agricultural Census for Texas for 1850 was microfilmed by the University of North Carolina under a grant from the National Science Foundation and filmed from original records in the Texas Department of Archives and History.

There are some forty-six columns of information on each individual. Only the head of the household is addressed. I have chosen to use only six columns of information. These are shown below:

1. Name of Owner
2. Acres of Improved Land
3. Acres of Unimproved Land
4. Cash Value of the Farm
5. Value of Farm Implements and Machinery
13. Value of Livestock

Thus, the numbers following the names represent, 2, 3,4, 5, 13.

The following symbol is used to maintain spacing where blank in a column: (-).

Jacob Burlong (Burhong), 40, 280, 600, 15, 100
Elinor Langford, 50, 110, 1500, 115, 675
Green M. Langford, -, -, -, -, 425
Herbert Spencer, 30, 1250, 3000, 2000, 500
Archobald Dunlap, 170, 250, 1000, 150, 420
John H. Jones, 700, 176, 3400, 10, 420
Robert R. Rogers, 15, -, -, 10, 100
E. O. Bryan, 128, 180,2 000,1 50, 700
M. M. Pinatt (Pruitt), 75, 345, 700, 150, 325
L. P. Woodard, -, 320, 100, 30, 225
G. M. McAdore (McAdoc), 30, 120, 500, 25, 775
J. T. & D. McAdoc, 25, 295, 500, 25, 230
James Prewitt, 250, 640, 4600, 800, 1828
James C. Durham, 35, 125, 500, 150, 710
Joseph Minten, 50, 1100, 1100, 150, 450
William Simmons, 65, 175, 480, 60, 314
Alexander Pinkerton, 15, 493, 588, 10, 275
J. M. Peterson, 18, 282, 600, 15, 234
B. J. Patterson, 24, 136, 200, 75, 300
Thos. J. Ritchie, 75, 725, 2700, 150, 753
A. T. Rhea, 16, 144, 300, 50, 225
Cyrus Dobbs, 40, 375, 500, 30, 177
J. W. Givens, -, -, -, 150, 400
Edmond Patterson, 10, -, -, 15, 285
J. H. Armswethy, 23, 90, 300, 15, 170
J. E. Smith, 20, -, -, 10, 90
John Tutla, 30, -, -, 300, 400
A. J. Dunn, 19, 180, 250, 15, 200
William Allen, 12, 300, 160, 8, 58

John W. Moore, 25, 300, 600, 100, 265
H. J. McAdams, 50, 750, 1200, 100, 465
M. Powell, 50, 390, 620, 100, 408
R. H. H. Moore, 105, 535, 320, 180, 450
Thos. B. Moore, 50, 590, 640, 60, 340
J. Hufstutter, 3, 157, 80, 10, 225
John Myers, 46, 594, 640, 800, 380
Hesakiah Palmer, 20, 30, 320, 5, 154
Samuel Nurby, 40, 600, 640, 100, 440
Isaac Goffee, -, 950, 950, 100, 200
W. H. Burkhatter, 25, 65, 250, 8, 65
John M. Burkhatter, -, -, -, 8, 85
John B. Fenley, 55, 600, 500, 75, 250
Benjamin L. Winter, 35, 285, 450, 105, 280
John Casanon, 14, 626, 640, 15, 80
Mortimer McAdams, 30, 150, 350, 12, 305
Jas. A. Johnson, 20, 160, 450, 185, 825
William Russell, 25, 75, 1000, 5, 280
Benjamil F. Spelings, 40, 600, 650, 40, 250
Elisha H. Grambell, 60, 260, 480, 10, 180
Wm. H. Bedven, 45, 2305, 1400, 65, 440
Allen Urquhart, 100, 820, 2500, 150, 500
James Welborn, 15, 145, 150, 10, 112
Benjamin Grason, 300, 700, 5000, 725, 1050
Vervise A. Patillo, 30, 660, 1280, 325, 980
William Hillsap, 30, 290, 640, 20, 375
Eli Upsung (Usling), 25, 300, 1000, 100, 550
W. H. Crown (Crowe), 40, 760, 1500, 15, 320
Adam P. Haynie, 10, 310, 320, 10, 120
Henry Mims, 120, 1810, 2000, 500, 1350
Thomas Watson, 25, 1100, 6200, 150, 575
Jock Hughs, 130, 1270, 5600, 660, 665
Wm. W. Hughs, 120, 3000, 5000, 200, 670
Jas. H. Davis, 14, 496, 2500, 25, 295
John C. Byris (Byns), 16, 3310, 300, 10, 310
Simon Rogers, 36, 172, 1000, 50, 380
Duncan McBride, 70, 570, 2000, 500, 335
Daniel U. Manley, 55, 435, 700, 70, 720
R. C. White, -, 80, -, 5, 80
Arisilom Pruitt, 130, 563, 2000, 275, 480
Jane U. Smith, 50, 990, 12500, 650, 640
Thos. J. White, 40, 160, 500, -, 144
G. W. Pruett, 170, 3457, 3000, 150, 400
Thos. M. Kimble, 30, 1300, 1200, 90, 275
Elizabeth Kimble, 45, 225, 640, 6, 230
Harrison Reagan, 30, 1300, 300, 20, 290
James U. Pettitt, 30, 70, 1000, 60, 85
Benj. E. Baber, 25, 160, 300, 100, 120
T. A. Schlutter, 100, 3369, 3350, 100, 360
Nathan M. Cole, 310, 840, 2000, 120, 875
Richard B. Heath, 70, 530, 3200, 73, 425
Jonathan Kioklung, 30, -, -, 20, 200

Geo. W. Davison, 35, 285, 640, 25, 280
Robt. Daniel, 40, 280, 600, 100, 520
W. G. Kirk, 12, 308, 640, 40, 83
James A. Allen, 25, 295, 300, 10, 220
Jas. C. Walker, 40, 600, 640, 60, 360
Jessie Moore, 48, 247, 450, 10, 185
Chas. W. Blanton, 28, -, 16, -, 100
Elisha Blanton, 8, -, 15, -, 100
Wesley M. Smith, 10, -, -, -, 10
Wm. Hawkins, 15, 145, 320, 10, 130
David Blanton, 40, 600, 1280, 100, 550
John Gorden, 90, 15, 150, 320, 15, 150
Mikel Bockman, 50, 245, 640, 75, 390
Jas. Jackson, 45, 270, 480, 75, 125
Wiley Summerline, 33, -, -, 15, 200
Alen W. Ross, 20, 180, 400, 6, 150
Reece Hughes, 550, 5000, 20000, 1000, 1290
Richard Drake, 33, -, 100,3 0, 100
Wm. Hollinsworth, 16, 304, 160, 6, 40
Harnes (Hamer) Walker, 20, -, 40, 10, 90
Robt. Dunlagin, 45, 595, 640, 30, 723
John A. Wallthall, 19, -, 38, 10, 180
Jacob Spicer, 30, 640, -, 500, 310
William Wetherford, 40, 800, 1500, 125, 230
Wm. Norwood, 38, -, 215, 500, 500, 170
Thos. Sinast, -, -, -, 10, 65
W. J. Driver, -, -, -, 300, 400
B. J. Logwood, -, -, -, 100, 350
Jas. McKenny, 100, 640, 2000, 100, 550
F. R. Mosley, 20, -, 40, 75, 290
Jas. Nixon, -, -, -, 50, 290
Wm. B. Akers (Aken), 300, 660, 3000, 200, 1200
Jno. L. Brown, 30, 338, -, 280, 225

R. J. Winn, 50, 650, 1200, 5, 600
B. B. Green, 40, 320, 900, -, 300
David Wiggens, 35, 335, 335, 115, 280
Wm. Mosley, 287, 530, 2200, 150, 760
R. J. Mar___, 14, -, -, -, -
F. P. Smith, 254, 1000, 5000, 600, 1500
S. H. Ellis, 250, 9870, 2650, 350, 1800
R. W. Brownelle, 50, 240, 700, 50, 115
R. W. Nesmith, 25, 615, 1000, 50, 250
James L. Hugh___, 25, 285, 1000, 100, 215
Bartholomew Figers, 70, 370, 1100, 75, 700
Benjamin Giles, 50, 175, 150, 10, 130
David Nesbit, -, -, -, 10, 105
Montgomery Vaught, 30, 290, 1600, 66, 200
Jas. D. Bodd, 150, 1500, 10000, 20, 1000
D. W. Alley, 80, 6000, 3000, 390, 825
John Wicker, 35, 105, 520, 40, 300
Nancy J. Johnson, 100, 5400, 5500, 250, 700
Walter S. Mitchell, 40, 1500, 1200, 25, 430
John Wilson, 200, 640, 2000, 1000, 2028
C. J. N. Alexander, 42, 296, 900,100, 25
B. Hearn, 40, 960, 1315, 10, 246
Simon Dickerson, 38, 320, 186, 90, 240
Wm. O. Bryon, 46, 308, 600, 79, 430
Thos. S. Cugwell (Cogwell), 100, 218, 1000, 10, 93
Chas. Graham, 125, 1500, 1500, 200, 682

Ebenezer Frazier, 65, 400, 800, 250, 582
Wm. B. Wilson, 25, 150, 200, 10, 100
Z. M. Wood, 40, 357, 600, 20, 320
Jas. Campbell, 25, 210, 420, 25, 140
Wilie Graves, 25, -, 320, 640, 40, 500
Z. W. Graham, 15, 265, 640, 75, 600
John G. Reeves, 35, 285, 480, 20, 360
Geo. Milton, -, -, -, 7, 107
J. L. Story, 40, 280, 640, 15, 200
John Butler, 30, 270, 320, 25, 370
Josiah Butler, 25, 295, 420, 20, 270
M. A. Ford, -, 320, 321, 160, 210
Daniel Story, 20, 290, 300, 100, 182
G. A. M. Starks, 2, 250, 250, 200, 500
Birdie Van Dean, 40, 280, 960, 100, 245
Saml. Wilson, -, -, -, -, 450
E. C. Price, -, -, -, 25, -
Elias Colton, -, -, -, 125, 215
Bennet B. Story, 20, 800, 660, 25, 455
J. B. Reagle, 30, 1450, 1800, 100, 300
Johnathan Kirland, 30, -, -, 20, 200
Wm. Ravis, 12, 200, -, 5, 150
Wm. Ellis, 14, 1402, 1200, 100,2 50
B. B. Gun, l75, 640, 500, 100, 400
Geo. Collins, -, -, -, -, 100
L. M. Carleton, 12, 188, 350, 25, -
Robt. Hainer, -, -, -, -, -
Robt. O. Coughhorn, 60, l360, 640, 15, 432
T. J. Wallis, -, -, -, 5, 70
Atlas Pecock, 55, 180, 1000,1 00, 345
Jane Reid, 50, 270, 1200, 75, 300
Jas. Derrel, 100, 540, 1450, 262, 820
Robt. Hughes, 100,2 00, 900, 200, 650
Jane Halloway, 50, 470, 276, 60, 190
Jas. Gilpin, 50, 226, 552, 75, 380

B. M. Drickens, 12, 148, 200, 10, 80
Brown Mason, 80, 80, 600, 50 315
Burnett Smisson, 75, -, -, 125, 450
John Henight, 25, 55, 300, 50,2 00
Hinton Duncan, 250, 1600, 5500, 1200, 1138
Morgan Dees, 55, 250, 900, 100, 100
Cela Hendrick, 100, 220, 900, 100, 490
John Hendrick, 60, 300, 1100, 125, 130
Linzy Hendrick, 32, 288, 1600, 15, 760
Carter Caman, 80, 640, 400, 250, 270
John Land, 30, 100, 600, 60, 411
W. B. Brigham, 90, 590, 1200, 50, 400
B. D. Kimble, 25, 295, 640, 50, 20
J. M. Griffin, -, -, -, 40, 290
Andrew Martin, 35, 285, 320, 10, 295
P__ Martin, 40, 280, 320, 50, 175
Audley Martin, 15, 305, 320, 12, 310
Fanney Gray, 25, 295, 320, 90, 800
Jas. P. C. Clark, 35, 60, 300, 150, 120
Jas. W. Conley, 30, 170, 300, 75, 258
Chas. A. Beard, 70, 250, 700, 130, 150
John Mitchell, 25, 295, 900, 25, 150
Jas. Allen, 30, 320, 100, 40, 150
Thomas Owens, 12, 278, 400, -, 68
J. N. Teem, -, 320, -, 3, 150
Buant Taylor, 110, 270, 1500, 80, 450
James Monroe, 20, 10, 200, 150,1 00
Sibby Mitchell, 135, 320, 850, 200, 500
Earvin Rice, 13, 307, 1500, 10, 120
Jane Smith, 10,1 50, 150, -, 250
Sanford G. Slayton, 160, 500, 640, 150, 950
D. W. Colley, 30, 610, 640, 25, 125

Thomas E. Thompson, 20, 320, 700, 100, 1 50
Daniel W. Manley, 25, 455, 800, 75, 200
Samuel Yong, 140, 1140, 11400, 300, 1070
Barnok Indgrove, 132, 286, 960, 125, 90
B. B. Dye, 1120, 460, 1380, 40, 300
M. Hacis, 130, 580, 1900, 5, 396
Marvez (Marvis), Killingworth, 20, -, -, 50, 75
William Townsly, 5, 269, 500, 15, 128
William R. Ragsdale, 22, -, -, 50, 165
C. Huf__, 15, -, -, 130, 352
William H. Haygood, 100, 340, 2100, 1 50, 525
Nathaniel Perkins Jr., 70, 570, 640, 500, 550
Daniel Hartson, 45, 597, 2654, 60, 530
William Murry, 50, 100, 3 00, 20, 430
G. Wilkins, 50, 700, 4000, 50, 230
Jessie Denson, 155, 1450, 4000, 100, 1074
B.A. Bauguss (Baceguss), 100, 220, 800, 200, 375
Gideon Richardson, 20, -, -, 150, 3 00
John A. Browning, 250, 778, 5000, 175, 8800
Amos Noy, 40, 303, 700, -, 300
James Clement, 50, 270, 800, 12, 200
David M. Davidson, 22, -, 175, 20, 100
Fernando Watkins, 15, -, 150, 5, 100
Wesley Bailey, 50, 580, 640, 100, 575
G. S. Manning, -, -, -, 5, 40
William J. Allen, 16, 154, 100, 10, 100
John Baker, 30, 560, 540, 90, 810
Martin Weaver, 10, 150, 150, 10, 50
James M. Story, 15, 65, 200, 35, 120
E. W. Story, 5, 270, 1080, 10, 200
Letha Bryant, 50, 590, 900, 50, 400
B. W. Johnson, 25, 295, 640, 45, 207
R. W. Warnell, 25, 75, 400, 25, 220
James Warnell, 15, -, 100, 6, 125
Asa Latham, 25, 295, 350, 205, 255
Parthena Davis, 25, 340, 365, 10, 90
Wesly Jones, -, -, -, 10, 615
Daniel Jones, 65, 255, 320, 60, 440
James M. Adams, 5, 95, 100, 1 5, 80
Thos. J. Foster, 45, 115, 500, 15, 250
Charles Ames, 30, 290, 640, 50, 300
John Perkins, 20, 114, 200, 30, 40
Parthena Welborn, 45, 5045, 4000, 130, 785
Henry A. Moore, 110, 14406, 3500, 120, 575
W. Mearn Walkup, 25, 615, 960, 160, 400
Jeptha Davis, 60, 580, 160, 10, 320
Oliver Jones, 35, -, 285, 160, 15, 220
Jefferson Nash, 200, 3000, 1000, 300, 199
William D. Clark, -, 80, 160, -, 70
Stanman Norris, 25, 160, 240, 15, 335
Samuel Allen, 40, 500, 100, 100, 325
A. D. Glazier, 15, -, -, 10, 125
James Skinner, 50, 560, 800, 10, 1 10
James Frost, 35, 285, 640, 50, 330
James Sims, 25, -, -, 15, 135
John Barns, 35, 284, 1000, 15, 348
James Warts, 50, 590, 2400, 15, 328
Mart Warts (Waits), 15, -, -, 15, 300
Johnathan Harty, 15, -, -, 15, 300
A. S. Heard, 30, 600, 15000, 75, 283
Hiram Procter, 18, -, -, 5, 115
Hiram Trumble, 15, 125, 930, -, 17
James B. Fowler, 30, 330, 830, 80, 370
C. C. Barley (Bailey), 75, 244, 1000, 50, 580
Salem H. Loving, 75, 349, 1000, 125, 120

Thomas S. Griffin & wife, 65, 575, 2000, 50, 270
John Burnett, 50, 1 68, 600, 80, 560
Elizabeth Terow, 60, 940, -, 100, 420
James Williams, 15, 326, 320, 60, 270
R. C. Bryan, 30, 284, 700, 10, 250
Isaac Echols, 9, 311, 320, 15, 60
G. W. Starns, 11, 249, 700, 20, 126
P. B. Kinkade, 80, 260, 2000, 100, 720
George Echols, 39, 142, 543, 115, 250
H. G. Lemmons, 50, 594, 1932, 125, 295
Isaac Lemmons, 3 0, 482, 1536, 100, 245
Samuel Asher, 27, 293, 320, 100, 360
R. Hagerty, 720, 5515, 2850, 415, 1350
J. D. Willerson, 80, 870, 2850, 200, 921
J. S. Hill, 50, 270, 1140, -, 90
William Havell (Howell), -, -, -, 50, 200
A. M. Booth, 30, 266, 700, 15, 258
Charles Jackson, 200, 3628, 4000, 600, 1149
Pirsilla Stroring, 200, 3628, 3400, 600, 1149
M. K. Hammons, 70, 590, 1600, 150, 530
P. R. Snows, 50, 590, 1920, 150, 870
William Espy, 15, 200, 300, 10, 60
Richard Allen, 50, 290, 960, 20, 200
W. B. Williams, 60, 580, 1500, 25, 250
Isaac Hass (Glass), -, -, -, 105, 300
Fleming Jones, 400, 3 00, 5000, 800, 1940
Elizabeth Cooper, 150, 50, 1500, 150, 700
F. Nance, 50, 450, 1700, 200, 429
John C. Waide (Warde), 170, 1062, 3000, 560, 1020

M. D. K. Taylor, 80, 240, 1000, 100, 640
Waide Taylor Sr., 65, 1940, 2200, 100, 740
Harey Glass, 20, 240, 810, 140, 180
D. G. Frazier, 30, 290, 960, 25, 250
G. W. Fitzgerald, 12, -, 100, 10, 220
A. Fitzgeraly, 11/12, -, -, -, 95
L. A. Fitzgerald, 90, 570, 1280, 40, 285
John P. Campbell, 320, 1080, 9000, 1000, 1220
Wiley Core (Con), 550, 1700, 5000, 1000, 1440
William Gardener, 50, -, -, 20, 100
William Taggot, 70, 430, 1500, 150, 490
Wily Melone, 60, 454, 1000, 100, 480
Z. W. Robinson, 70, 570, 960, 50, 375
J. P. Gillian, 100, 320, 1280, 150, 600
W. E. Willis, -, -, -, 60, 175
James Hammetton (Hammelton), 5, 149, 300, 10, 175
Jacob Frysgle (Frysyle), 100, 900, 3000, 110, 500
Edward Stalcup, 30, 290, 320, 60, 230
P. Stalcup, -, -, -, 72, 370
Wilson Kitching, 17, 300, 125, 10, 128
Pharo Kitching, 20, 180, 500, 100, 490
Wolford Wimberly, 10, 310, 320, 100, 375
Berry Wilkins, 30, 290, 500, 30, 224
Anderson Fitzgerald, 8, 152, 200, 30, 155
William Gent (Gant), -, -, -, 120, 380
Pleasant Fitzgerald, -, -, -, 60, 100
West Wood, 22, 58, 320, 150, 190
William Ledbetter, -, -, -, -, 100
M. J. Mullins, 42, 278, 1000, 2 5, 600

Samuel Story Sr., 15, 116, 262, 10, 150
A. T. Stone, -, -, -, -, 150
Thos. Stone, 45, 275, 960, 200, 949
Ephraim Mclane, 30, 290, 640, 75, 360
D. Bartholomew, 16, 304, 320, 50, 230
George Bartholomew, 5, 325, 200, 10, 100
William Stalkup, 25, 29, 5640, 12, 200
Samuel Allen, -, -, -, -, 26
D. M. Frazier, 20, 300, 200, 45, 135
Junous Campbell, -, -, -, 230
M. M. Mitchel, 23, 297, 500, 150, 150
_. Wilkinson, 250, 1110, 10000, 300, 1135
E. Reeves, 206, 984, 5530, 150, 1976
J. B. McRunnals, 100, 833, 2500, 25, 375
J. H. McRunnals, 300, 1700, 6000, 100, 930
James C. Scott, 600, 580, 5000, 500, 1000
William Whitaker, 460, 11150, 20000, 1000, 870
D. M. Purntt, 18, 362, 380, 60, 200
A. W. Bryan, 20, 300, 320, 20, 150
A. Cobb, 12, 308, 320, 80, 120
William Petty, 20, 300, 1000,1 00, 425
James Robb, 45, 280, 200, 150, 629
Henry Hess, 52, 1100, 1500,4 00, 700
William Jones, -, -, -, 115, 953
W. B. Winter, 9, 480, 320, 10, 125
Joel C. Hancock, -, -, -, 65, 67
Elizabeth Bancroft, 30, 250, 900, 45, 542
Aaron Miers, 36, 453, 500, 88, 401
N. H. Haney, 30, 610, 1600, 50, 555
John C. Rhea, 40, 280, 900, 120, 565
N. G. Wrarnell, 25, 1280, 500, 25, 300

William B. Rhea, 13, 1244, 1244, 20, 360
Peter Edwards, 35, 82, 410, 15, 160
J. B. McKnight, 70, 570, 1200, 100, 570
R. C. Allen, 18, 107, 350, 80, 192
J. M. C. Conley, 60,2 40, 500, 125, 250
P. Wilson, -, 160, 150, 15, 75
Sheting Roberson, 11, -, 50, 5, 70
William Asher, 12, 308, 600, 7, 213
David Morgan, 40, 800, 1280, 30, 400
P. L. Graffin, 30, 116, 600, 30, 300
Eli More, 80,1 17, 1500, 700, 644
Lewis Widrum, 60, 1176, 2140, 115, 400
William F. Femaw, 200, 600, 2500, 250, 655
Thos. M. Self, 4, 26, 400, 10, 120
John Porter, 18, 27, 100, 20, 80
John M. Stue, 5, 12, 800, -, 100
George B. Slaughter, 20, 70, 200, 125, 100
Felix G. Braden, -, 320, -, 360, 234
Jeheu Baker, -, -, -, -, 65
Josiah H. Hill, 16, 3378, 4010, 15, 140
John T. Harrison, -, 250, -, 250, 165
Mary Moore, 35, 61, 333, 120, 166
W. C. Walker, 65, 601, 1900, 150, 700
Lewis B. Chiles, 220, 650, 5000, 200, 1446
John Kelly, 70, 150, 300, 25, 365
Samuel F. Jackson, 10, 320, 250, 10, 200
James Tam, (Tarn), 40, 460, 1000, 130, 558
David Porter, 20, 520, 1000, 10,2 40
James L. Porter, -, -, -, -, -
Littleton Rafty, 5, 320, 320, 20, 200
R. C. Graham, 100, 2000, 1000, 50, 300
John Rice, 20, -, -, 25, 140
William Price, 16, -, -, 15, 120

Samuel J. Smith, 30, 320, 800, 100, 285
Leander Berry, 12, -, -, 10, 150
John J. Hancock, 15, 305, 200, 5, 150
Samuel Nesbitt, 30, 450, 1000,1 00, 525
M. Berry & J. Hallcomb, 25, 295, 650, 60, 585
John Hasty, 13, 987, 2500, 10, 286
Nancy Hancock, 55, 785, 1280, 100, 710
William S. Elliott, 35, 445, 1000, 10, 315
Radford M. Walch, 2, 158, 300, 10, 95
Benjamin B. Hanly, 30, 330, 1000,1 00, 590
O. A. P. Hancock, -, -, -, 36, 150
William Burkhalter, 20, 930, 500, 190, 363
James H. Elliott, 30, 610, 648, 100, 340
Mary Cinbow, -, -, -, 40, 335
Littleton J. Pirce, 25, 615, 1280, 25, 485
Miles Gammele (Gammek), 11, 472, 250, 25, 105
Johnathan Vogle, 60, l470, 1000, 100, 470
John J. Oats, 9, 150, 160, 10, 405
William J. Oats, 27, 295, 800, 10, 280
Elizabeth Stephens, 15, 1265, 600, 70, 600
Nicholas Vogles, 43, 1034, 1000, 10, 177
David L. Ross, l35, 319, 708, 10, 113
John M. Fleming, 87, 1589, 1057, 95, 457
Anthony M. Pistole, 13, 627, 640, 50, 246
Jacob H. Dean, 17, 863, 250, 25, 207
William Woolverton, 25, 295, 160, 30, 150
M. G. Anderson, -, -, -, 12, 75
David McGuire, -, -, -, 95, 134
Joseph McGaflin, 2, 80, 80, 30, 20
Hugh A. Coopper, 30, -, -, -, 200
Samuel Harrison, 70,2 30, 1000, 25, 446
Thomas H. Robinson, 8, 252, 150, 50, 100
Jackson Boulden, 18, 142, 130, 20, 154
A. T. Holcomb, 35, 2600, 1000, 50, 520
William Johnson, 250, 860, 4800, 500, 490
O. H. King, -, -, -, 122, 250
Edmond Biddie, 70, -, -, 100,2 00
James Burnett, 15, 800, 2700, 100, 610
William Hill, 50, 590, 800, 2, 325
William Knight, 80, 500, 290, 40, 445
John Lusk, 30, -, -, 5, -
James Busby, 50, -, -, 10, 630
William Rymes, 18, 192, 210, 10, 75

Cherokee County Texas
1850 Agricultural Census

The Agricultural Census for Texas for 1850 was microfilmed by the University of North Carolina under a grant from the National Science Foundation and filmed from original records in the Texas Department of Archives and History.

There are some forty-six columns of information on each individual. Only the head of the household is addressed. I have chosen to use only six columns of information. These are shown below:

1. Name of Owner
2. Acres of Improved Land
3. Acres of Unimproved Land
4. Cash Value of the Farm
5. Value of Farm Implements and Machinery
13. Value of Livestock

Thus, the numbers following the names represent, 2, 3,4, 5, 13.

The following symbol is used to maintain spacing where blank in a column: (-).
The first page of this county, page 141, is missing from the microfilm.

Moses Trimble, 30, 240, 810, 100, 400
P. L. Trimble, 60, 740, 2000, 100, 890
E H. Fiveash, 35, 285, 960, 15, 250
R. A. Jordan, 55, 1331, 906, 225, 780
S. Ledbetter, 200, 2000, 8800, 100, 1210
H. Rose, 45, 255, 1200, 100, 450
Thomas P. Hightown, 40, 160, 1000, 125, 380
Wm. Langston, 70, 570, 2500, 80, 380
Thomas Lindsey, 31, 146, 880, 20, 195
Wm. S. Taylor, 115, 285, 2000, 125, 1450
J. W. Phillips, 18, 302, 640, 10, 274
P. Williams, 60, 495, 2500, 175, 1315

Harrison Crenshaw, 20, 300, 640, 50, 62
William E. George, 30, 290, 1000, 10, 340
E. Chisum, 50, 309, 2300, 60, 800
John W. George, 12, 200, 700, 60, 250
John Bass, 55, 682, 2121, 475, 560
James Blanton, 50, 792, 1450, 65, 580
Wm. F. Gourley(Gousley), 30, 757, 2000, 125, 350
A. P. Copeland, 45, 275, 1440, 130, 375
Epps Bell, 12, 148, 320, 10, 720
Willis Bass, 100, 3 00, 2000, 125, 875
Thomas Bell, 25, 299, 972, 240, 250
F. Prestrage, 35, 165, 800, 75, 235
James B. Smith, 10, 121, 500, 60, 100

Wm. W. Salmer, 35, 812, 2400, 150, 383
Moses Brooks, 15, 451, 1000, 10, 100
John Cottenhead, 12, 148, 400, 10, 60
James F. Johnson, 30, 170, 600, 10, 130
J. M. Johnson, 30, 170, 600, 65, 315
R. R. Martin, 14, 726, 940, 80, 330
Z. Bottoms, 25, 615, 1280, 100, 1200
William Johnson, 10, 190, 400, 10, 360
P. Y. Bloomfields, 40, 325, 2000, 75, 1040
J. Kendrick, 80, 4 80, 2000, 100, 900
P. Carmichael, 47, 600, 1000, 40, 330
A. Carmichael, 30, 323, 353, 10, 1131
Ledvi Masy, 20, 278, 400, 15, 325
P. & S. Stadler, 40, 760, 800, 100, 350
Moses Dickey, 17, 323, 640, 80, 440
H. Weir, 40, 76, 1000, 200, 350
P. T. Kendrick, 35, 500, 1000, 50, 760
John Evans, 25, 210, 450, 120, 130
David Heifein, 35, 365, 800, 30, 230
A. J. Pirtle, 36, 144, 500, 45, 240
Seth Carson, 50, 450, 2000, 150, 800
Rufus Fielder, 120, 550, 1300, 100, 1145
John Walins, 42, 1000, 4000, 40, 340
James F. Wiggins, 50, 490, 1500, 30, 370
Wade H. Watters (Walters), 60, 580, 2000, 160, 1268
H. Wiggins, 150, 2710, 5200, 750, 1210
Henry Brewer, 16, 144, 80, -, 218
Rebecca Rogers, 25, 312, 165, 235, -
Clinton Christian, 7, 633, 1000, 10, 160

Wm. Donahoe, 35, 565, 1800, 100, 565
L. T. Braughton, 85, 300, 1000, 200, 638
S. Noblette, 75, 593, 3000, 60, 850
H. Johnson, 50, 187, 1000, 15, 293
C. Dodson, 75, 245, 1550, 100, 420
James Edwards, 30, 290, 640, 90, 580
Wm. J. Parks, 20, 80, 300, 90, 500
Cyrus Parks, 50, 950, 2000, 70, 815
Jas. W. Reeves, 18, 622, 640, 50, 112
A. B. Williams, 33, 111, 500, 10, 100
G. Rogers, 45, 275, 800, 50, 290
S. Adams, 26, 84, 500, 10, 140
G. W. Muse, 10, 310, 320, 5, 80
Wilson Holden, 10, 150, 350, 6, 118
A. C. Watters (Walters), 75, 1025, 2200, 150, 1700
O. C. Prestage, 50, 270, 1000, 10, 400
James Chandler, 30, 610, 640, 5, 170
G. J. Simpson, 12, 328, 960, 15, 345
John C. Carlton, 20, 3 00, 650, 5, 380
Sarah Glass, 45, 235, 1500, 5, 300
J. W. Crunk, 60, 340, 1600, 10, 500
E. H. Tyra, 14, 233, 400, 18, 435
J. Avants, 40, 159, 500, 100, 730
J. Thomas, 30, 317, 1031, 100, 1340
Madison Thompson, 12, 165, 354, 120, 428
Hiram Walker, 14, 384, 1000, 120, 478
John Padgett, 15, 85, 500, 10, 400
G. A. Newton, 38, 282, 1600, 120, 375
A. G. W. Howard, 20, 80, 500, 65, 250
Wm. R. Hudson, 25, 295, 500, 60, 300
J. D. Conchman (Coachman), 15, 305, 300, 5, 200
N. Killough, 70, 1037, 5000, 100, 500

Wm. S. Box, 80, 2142, 5000, 125, 1570
Taylor Newson, 40, 280, 160, 20, 245
Green Wallace, 36, 394, 700, 180, 550
Thos. Watson, 30, 290, 700, 15, 240
S. M. Dandy, 14, 306, 960, 15, 350
G. C. Martin, 22, 189, 250, 5, 175
John Stinson, 16, 634, 325, 10, 120
_. W. Frazier, 30, 290, 320, 65, 250
Edwin Hendrick, 15, 85, 100, 75, 490
_. T. Zachof, 20, 120, 140, 10, 200
James Holmes, 50, 745, 1800, 80, 400
John Martin, 30, 270, 300, 15, 162
Giles Martin, 60, 700, 1000, 100, 350
John H. Martin, 40, 280, 400, 100, 240
F. W. Jenings, 15, -, 60, 5, 100
Peter Berg, 30, 290, 640, 110, 280
John Berg, 30, 290, 320, 5, 220
Y. B. Parks, 18, 282, 600, 150, 849
A. C. Parks, 15, 225, 240, 15, 460
John Forman, 23, 297, 480, 10, 428
John H. Watson, 20, 300, 320, 15, 310
A. N. Hardwick, 10, 310, 960, 5, 100
J. Dessice, 35, 440, 475, 100, 440
D. Biggs, 60, 1416, 3500, 165, 980
Benj. Norris, 14, 246, 780, 5, 155
A. Craig, 27, 293, 960, 15, 366
John Watson, 30, 290, 960, 15, 325
T. S. Newman, 12, -, 150, 125, 120
William Edins, 10, 96, 318, 5, 120
Johnson Ball, 100, 260, 1040, 75, 685
T. _. Craig, 20, 100, 180, 5, 124
James Odusse (Edusse), 55, 145, 150, 150, 580
S. Edins (Edusse), 30, 290, 960, 125, 258
J. H. Dandy, 18, 302, 640, 150, 570
Jas. H. Dandy, 45, 355, 1400, -, -

John Williams, 12, 178, 760, 120, 400
Lewis Roggers, 10, 310, 320, 50, 120
James A. Thompson, 12, 308, 640, 100, 310
R. Odum, 48, 200, 960, 120, 600
G. McCracken, 18, 182, 600, 15, 225
J. M. Baird, 35, 315, 1050, 5, 650
G. L. Freeman, 20, 200, 800, 5, 350
J. E. Stoveall, 30, 292, 100, 5, 135
John B. McCracken, 15, 129, 500, 75, 270
G. B. Hill, 20, 130, 200, 5,1 30
Bennett Posey, 25, 915, 2000, 50, 550
Simon Deens, 20, 300, 1500, 20, 200
R. P. Brown, 30, 70, 450, 120, 500
H. Tillman, 50, 270, 320, 125, 1000
Wm. W. Johnson, 40, 280, 640, 5, 350
Can__ George, 32, 1248, 1250, 85, 900
John Barnes, 30, 290, 320, 5, 175
A. C. Sides, 12, 300, 320, 3, 270
F.M. Doherty, 50, 370, 420, 125, 400
A. Campbell, 20, 200, 600, 10, 155
C. P. Smith, 25, 295, 320, 10, 140
E. B. Ragsdale, 35, 105, 240, 140, 600
Wm. C. Partlow, 50, -, 250, 15, 180
Isaac D. Shepherd, 21, 239, 800, 50, 310
G. D. Hill, 60, 235, 1100, 125, 630
D. G. Templeton, 50, 350, 2000, 100, 670
Thos. Honey, 40, 160, 400, 75, 320
Wm. F. Williams, 68, 1416, 2000, 115, 735
John Chisum, 80, 1396, 7380, 150, 1424
Edmond Shady (Shaly), 15, 85, 100, 15, 72
F. C. Hartgroves (Hartgraves), 32, 774, 600, 115, 185

S. Selman, 15, 145, 800, 25, 460
Wm. Daugherty, 40, 120, 500, 20, 500
Wm. R. Hearn, 40, 280, 1 000, 20, 580
John Hearn, 30, 322, 1500, 150, 600
F. B. Hardwick, 25, 529, 1000, 140, 2030
Eli M. Thomason, 39, 148, 800, 100, 330
David Cook, 90, 210, 2500, 200, 300
A. S. Davis, 25, 295, 320, 110, 350
F. V. Langston, 40, 160, 800, 75, 300
Henry Click, 35, 1255, 1280, 12, 250
R. R. Dowell, 50, 1 27, 177, 60, 500
James Cook, 300, 400, 3000, 200, 1200
Wm. Roark, 60, 595, 2600, 100, 850
A. B. Cannon, 40, 660, 2000, 75, 300
James Wright, 30, 610, 1280, 65, 150
A. B. Criswell, 25, 75, 500, 10, 200
F. B. Stephens, 16, 147, 400, 100, 500
J. S. Ables, 250, 175, 5000, 700, 1000
E. Mosely, 14, 12, 500, 1 00, 400
Wm. Isaacks, 35, 285, 1300, 5, 500
Jesse Gibson, 60, 290, 2000, 120, 600
Wm. Frizzell, 60, 100, 2000, 125, 1000
Martha A. Parsons, 30, 138, 5000, 150, 200
James R. Blanton, 30, 170, 400, 110, 550
John Shoemaker, 50, 590, 1500, 100, 400
Absalom Gibson, 35, 565, 3000, 100, 300
A. M. Leonard, 30, 600, 2500, 10, 400
E. Nelson, 60, 240, 1200, 80, 930
James H. Durst, 200, 1100, 7000, 500, 2000

Wm. G. Lacy, 160, 20, 5000, 1000, 800
J. H. Irby, 85, 755, 2500, 175, 1105
Jas. F. Timmons, 50, 270, 16000, 75, 700
G. T. Cook, 35, 165, 1000, 5, 270
S. M. McGaughy, 60, 240, 100, 150, 1000
Jacob Reeder, 14, 306, 500, 15, 400
J. L. Hoog, 50, 480, 700, 25, 500
John Cooper, 18, 22, 300, 120, 340
L. A. Cook, 25, 75, 400, 60, 270
J. Meadford, 45, 275, 1000, 5, 240
Thos. H. Woodall, 50, 270, 1600, 100, 350
Rachael Lenard, 6, -, 500, 5, 125
T. L. Hicks, 15, 305, 500, 10, 250
James M. J. Lacy, 50, 450, 1500, 150, 450
L. M. Vinings, 26, 164, 1100, 20, 310
J. Holcomb, 60, 635, 1000, 150, 1015
Wm. Smith, 27, 448, 1000, 100, 385
L. C. White, 18, 174, 500, 75, 250
Robert Green, 25, 4741, 4766, 111, 400
Wm. Lowery, 12, 238, 250, 10, 100
James McCseight, 50, 110, 250, 100, 150
A. H. Cotton, 45, 655, 3000, 125, 525
Thos. McNure (McNare), 13, 687, 3500, 75, 500
S. F. Stanly, 20, 300, 1280, 70, 470
Victor Thos. Reason, 25, 275, 400, 5, 230
James E. Clark, 55, 395, 1500, 15, 420
Wm. G. Murphy, 65, 255, 1280, 75, 1420
P. Subb, 30, 290, 3200, 165, 900
M. W. Henry, 65, 510, 3500, 125, 325

M. Thompson, 47, 273, 500, 150, 520
_. M. Cook, 170, 530, 2800, 75, 630
Wm. P. Brittain, 20, 134, 1540, 20, 500
John Kilgore, 25, 295, 2000, 50, 300
J. B. Harris, 25, 175, 300, 100, 250
Patrick Johnson, 100, 380, 1000, 160, 1200
Glenn & Nutt, 55, 585, 1200, 100, 800
Wm, Cook, 10, 108, 140, 5, 75
Wm. S. Parks, 20, 1330, 1000, 175, 194
James Thomason, 40, 280, 1600, 10, 290
H. B. Turner, 25, 152, 500, 10,2 00
Marthy Vining, 13, 47, 300,4 0, 275
L. H. Dillard, 60, 140, 1000, 50, 815
L. L. Dillard, 100,1 00,800, 200, 530
Wm. Murry, 50, 360, 1000, 100, 660
Joseph Eveans, 200, 587, 4000, 200, 1825
Wm. M. Johnson, 70, 405, 1200, 30, 450
L. Lewis, 31, 289, 800, 5, 100
Warner Young, 44, 276, 1280, 25, 345
G. W. Phillips, 45, 155, 500, 10, 110
G. W. Reason, 30, 290, 1280, 10, 280
W. R. McCreight, 50, 110, 500, 10, 150
R. D. Middleton, 80,2 40, 3000, 50, 200
P. King, 35, 215, 720, 50, 550
Thos. Leonard, 100, 400, 3000, 400, 600
J. W. Henderson, 30, 120, 600, 125, 300
Jesse Hill, 23, 297, 800,1 0, 200
D. Bird, 30, 280, 300, 105, 300
Wm. Allen, 40, 134, 175, 30, 100
R. Rountree, 20, 208, 600, 60, 300
D. Carr, 34, 166, 600, 10, 600

Daniel Henderson, 15, 135, 375, 8, 450
Wm. R. Lacy, 57, 450, 1200, 10, 850
Wm. Shaw, 80, 220, 6500, 110, 439
B. Selman, 100, 450, 3000, 125, 480
B. C. Spruill, 12, 308, 640, 5, 78
James Boyed, 30, 470, 2600, 115, 640
Willis Selman, 40, 160, 1000, 65, 450
James Boutler (Boutter), 40, 2172, 3000, 20, 800
Wm. W. McBee, 16, 157, 700, 100, 100
James Spruill, 15, 84, 500, 50, 300
James Selman, 35, 215, 600, 10, 205
D. Culp, 15, 305, 1000, 175, 400
Margaren Alen, 34, 445, 2000, 4, 350
T. Selman, 140, 310, 3000, 155, 1000
C. D. Aston, 10, 4100, 5000, 10, 150
V. H. Moody, 20, 136, 500, 10, 380
James Morgan, 45, 275, 2000, 10, 710
Wm. Martin, 50, 70, 600, 10, 350
H. Beryman (Bergman), 80,2 920, 3000, 100, 1000
W. M. Selman, 15, 85, 400, 5, 350
Wm. H. Criswell, 20, 80, 200, -, 323
E. Vans, 70, 130, 1000, 150, 500
S. Easter, 170, 949, 2260, 450, 500
A. Easter, 45, 102, 700, 50, 450
Henry Hatchett, 40, 160, 1000, 100, 500
A. Wickware, 45, 275, 1280, 100, 800
Joseph Looney, 40, 280, 1200,2 0, 370
H. R. Looney, 25, 295, 1000, 5, 210
H. A. Ashmore, 30, 290, 1000, 10, 450
John Conner, 65, 980, 5000, 15, 670
D. Looney, 19, 301, 640, 110, 250
Wm. Sessions, 275, 365, 3000, 500, 1300

J. S. Howard, 36, 284, 960, 15, 200
R. Eskridge, 10, 310, 640, 10, 240
Silis S. Scarborough, 60, 260, 1000, 50, 500
S. Waggonner, 60, 340, 1500, 60, 500
N. L. Goodwin, 18, 302, 800, 1 0, 130
J. & B. Smith, 50, 270, 400, 115, 500
Wm. A. Hicks, 60, 42, 500, 100, 800
A. Atkinson, 26, 294, 960, 50, 330
A. M. Carson, 20, 3 00, 960, 50, 60
C. B. White, 20, 3 00, 960, 10, 150
J. D. Hicks, 22, 478, 1000, 75, 388
Samuel Rutherford, 75, 295, 640, 10, 250
A. D. Meredith, 26, 484, 2500, 35, 500
E. Mallard, 100, 700, 3000, 300, 1200
R. Meadford, 150, 540, 1500, 210, 1635
B. Gholson, 18, 42, 300, 10, 162
Wm. Fulbrite, 30, 290, 1000, 150, 1130
R. D. Rutherford, 25, 152, 600, 10, 445
Wm. Brewer, 60, 470, 1000, 140, 500
James Perryman, 12, 308, 1500, 20, 220
Levy Meadford, 45, 275, 640, 140, 675
G. P. Jacobs, 12, 68, 160, 5, 150
James F. Summers, 25, 295, 960, 5, 280
E. Henry, 130, 320, 2500, 100, 1000
Wm. Baldwin, 33, 137, 800, 5, 175
John Henry, 60, 390, 2000, 25, 400
Hugh Henry, 60, 260, 1600, 20, 400
Willis Thompson, 60, 260, 2000, 50, 600
C. Chandelier, 30, 210, 1000, 125, 375
G. Jenkins, 40, 280, 2000, 80, 520
E. A. Halt (Halb), 30, 470, 500, 65, 160
S. Stafford, 50, 1 50, 1200, 20, 120
A. Hardaway, 75, 170, 1300, 800, 470
E. Tubb, 30, 290, 3200, 250, 1100
Thomas Tubb, 25, 295, 1500, 20, 600
Thos. C. Arington, 23, 77, 500, 10, 630
R. C. Chandelier, 150, 1 130, 2560, 800, 1225
G. W. Waggonner, 16, 197, 800, 35, 175
Thos. J. Lindsey, 20, 2 50, 600, 10, 350
M. Parker, 50, 324, 2000, 220, 1250
Wm. Ross, 18, 302, 640, 5, 234
E. A. Young, 8, 72, 320, 55, 280
Martin Lathem, 40, 280, 1600, 75, 500
Wm. Giffin, 60, 100, 800, 110, 250
Wm. Bell, 52, 672, 2000, 150, 4 80
James Walden, 60, 540, 3000, 100, 870
James Memmons, 55, 145, 1000, 125, 700
H. McElroy, 20, 100, 600, 90, 340
Wm. Wilborn, 24, 134, 500, 40, 500
Abner Hardin, 40, 80, 400, 10, 150
H. W. Griner, 60, 140, 1000, 150, 570
J. O. Ingle, 12, 120, 108, 400, 250
John Runnels, 15, 135, 600, 10, 360
A. Chessire, 14, 146, 600, 10, 1 05
K. S. Henderson, 14, 1095, 2222, 50, 450
J. Runnels, 22, 360, 1600, 150, 200
John Morris, 22, 305, 640, 50, 260
B. Johnson, 12, 148, 160, 5, 100
M. W. Cope, 60, 1160, 2750, 100, 1700
J. Doherty, 40, 390, 2000, 50, 450
D. R. Mathicos, 13, 149, 480, 60, 160

C. W. Hammons, 42, 118, 600, 15, 280
E. Earls, 43, 437, 2000, 150, 500
W. M. Brown, 30, 290, 1000, 10, 350
J. C. Rushing, 13, 307, 640, 5, 240
James Rodgers, 45, 315, 1080, 70, 460
H. Harris, 15, 85, 400, 90, 370
H. H. Carter, 35, 215, 1000, 95, 500
J. B. Lane, 25, 275, 450, 200, 220
Wiley Lang (Long), 60, 240, 1500, 170, 627
H. Piman Prince, 25, 295, 640, 10, 100
Hervey DeBud, 40, 272, 1268, 25, 220
Henry Sikes, 25, 295, 800, 120, 438
Zachariah Runnells, 15, 285, 400, 10, 130
Jesse Evans, 40, 280, 960, 60, 500
Sam. J. Nelson, 28, 118, 730, 75, 650
David Felps, 40, 280, 1600, 100, 368
Larkin Grissum, 16, 284, 600, 10, 160
Thos. Grissum, 5, 165, 1000, 40, 360
H. Watson, 32, 156, 940, 75, 438
J. O. Walker, 65, 765, 1500, 45, 250
Daniel Carlock, 12, 148, 500, 40, 325
John Harris, 30, 197, 700, 15, 305
Willis Thomason, 37, 123, 500, 10, 325
I. T. Rasco, 18, 82, 430, 75, 128
G. W. Hill, 40, 110, 800, 20, 640
A. H. Morgan, 45, 175, 1095, 55, 700
John Acox, 50, 594, 4000, 630, 760
Manerva Crenshaw, 18, 482, 750, 10, 230
M. Falkner, 10, 482, 750, 10, 230
M. Falkar, 35, 125, 500, -, -
R. Z. Banks, 35, -, 235, 1080, 100, 600
Stephen Halbert, 40, 386, 800, 60, 450

Stephen Jones, 30, 270, 1500, 15, 250
Joseph Luce, 25, 135, 640, 10, 205
David Luce, 22, 138, 320, 10, 270
J. F. Jones, 60, 209, 900, 125, 300
P. Padget, 40, 260, 1000, 10, 200
Alanson Mosely, 65, 235, 1500, 160, 400
Henry Mosely, 20, 120, 400, 10, 200
C. J. Pock (Polk), 55, 145, 800, 25, 205
J. Y. Status, 40, 120, 800, -, 900
A. Polk, 85, 170, 100, 100, 200
Isaac Powers, 10, 134, 260, 30, 480
George Halcomb, 20, 300, 1280, 115, 350
Wm. J. Halcomb, 30, 290, 1000, 75, 465
George Thomason, 12, 168, 644, 5, 430
H. C. Powers, 15, 125, 400, 110, 200
G. Harrison, 30, 120, 500, 15, 210
V. Harrison, 30, 320, 500, 10, 350
Owens Dean, 16, 84, 500, 50, 190
_. Hamilton, 25, 111, 500, 15, 490
John A. Box, 50, 447, 2485, 75, 1544
James Head, 13, 137, 500, 5, 185
H. Meredith, 7, 633, 1400, 5, 225
James B. Stoveall, 30, 190, 500, 75, 350
Edwin Harry, 15, 185, 400, 50, 250
R. C. Nickolson, 35, 362, 1000, 85, 300
J. H. Coleman, 22, 78, 500, 5, 175
Noblet Johnson, 38, 200, 700, 40, 370
John Harison, 18, 272, 1000, 5, 200
Thos. Singletary, 31, 289, 1200, 140, 400
H. Musicks, 25, 525, 2200, 5, 700
Wm. Musicks, 27, 523, 2200, 100, 500
Joseph B. Musicks, 28, 522, 2200, 5, 500

W. G. Pollard, 160, 1240, 6000, 250, 960
Thos. Spears, 15, 285, 300, 10, 420
D. Rolls, 150, 1050, 650, 300, 1890
Wm. Davis, 25, 615, 640, 10, 390
John Click, 50, 290, 640, 110, 300
W. A. Dunning, 32, 282, 300, -, 100
John Night, 35, 285, 1600, 10,2 00
S. Harris, 45, 48, 6, 100, 500
S. L. McKee, 10, 372, 543, 5, 200
J. G. James, 30, 290, 320, 15, 196
A. Riddle, 30, 270, 500, 50, 130
N. L. Couchman, 25, 212, 620, 120, 175
B. C. Walters (Watters), 80,1 20, 2000, 100, 1000
J. C. Croft, 130, 451, 300, 3500, 770

Collin County Texas
1850 Agricultural Census

The Agricultural Census for Texas for 1850 was microfilmed by the University of North Carolina under a grant from the National Science Foundation and filmed from original records in the Texas Department of Archives and History.

There are some forty-six columns of information on each individual. Only the head of the household is addressed. I have chosen to use only six columns of information. These are shown below:

1. Name of Owner
2. Acres of Improved Land
3. Acres of Unimproved Land
4. Cash Value of the Farm
5. Value of Farm Implements and Machinery
13. Value of Livestock

Thus, the numbers following the names represent, 2, 3,4, 5, 13.

The following symbol is used to maintain spacing where blank in a column: (-).

Jno. M. Gass, 22, 298, 320, 50, 529
Jas. Smith, 27, -, 300, 200, 432
Moses Simmons, 16, -, 150, 60, 290
Wm. G. Duverse, 8, -, 80, 110, 140
M. C. Dupuy, 50, -, 500, 100, 1750
Robt. Patterson, -, -, -, 8, 230
Joshua Gotcher, -, -, -, -, 175
Wm. Gotcher, 11, 529, 540, 25, 640
Jno. Haven, 10, 390, 300, 70, 285
Hugh B. Gotcher, 6, 144, 150, 50, 217
Walter Geary, 8, 72, 160, 80, 380
David Geary, 5, 55, 60, 25, 424
J. W. Geary, 5, 155, 160, 40, 280
Moses Jones, 16, 60, 70, 6, 100
Martin Harvick, 7, 105, 224, 15, 298
John Geary, 7, 131, 393, 25, 535
Hugh Woody, 3, -, 60, 2, 63
A. Coffee, 2, -, 25, 70, 176
Chas. O. Coffee, 4, -, 32, -, 210
Jno.M. Garranh, 60, 580, 1280, 100, 290
Alfred Chandlar, 30, 170, 400, 115, 185

Geo. Lorgin__, -, -, -, -, 153
O. Heagucoax, 50, 590, 1500, 150, 728
David Melton, 30, 350, 380, 100, 182
Jas. W. Parsons, 31, 459, 460, 60, 220
Alfred Wood, , -, 80, 80, 170
Michael See, 20, 620, 640, 50, 147
Wm. Perrin Sen., 55, 1445, 1500, 250, 540
A. B. Perrin, 40, 280, 600, -, 136
Robt. Whisenutt, 15, 625, 640, 125, 178
G. V. Martin, 6, 634, 640, 80, 310
G. A. Martin, 15, 305, 320, -, 70
Geo. W. Ford, 20, 300, 320, 70, 195
A. Hall, -, -, -, 12, 80
Wm. McCleary, 15, 625, 1280, 100, 112
S. Herrin, 37, 123, 320, 10, 140
C. A. McMillan, 15, 625, 650, 42, 255

J. W. Maxwell, 15, 655, 670, 100, 256
Moses Sparks, 16, 624, 640, 47, 173
Jno. W. Mitchell, 10, 630, 640, 80, 280
Geo. W. Gunels, 5, 640, 320, 2, 95
W. Williams, 4, 636, 320, 5, 46
Henry Maxwell, 30, 660, 1380, 100, 1026
Wm. Sachse, 6, 664, 240, 24, 230
Danl. Honnigs, 22, 618, 300, 1500, 238
Jas. Maxwell, 5, 638, 320, 5, 300
Geo. H. Pegnes, 15, 624, 640, 90, 105
Mary Scott, -, -, -, -, 40
Jas. Salmons, 8, 112, 240, 5, 270
S. E. Donaldson, 6, 634, 640, 5, 64
M. R. Foster, 8, 632, 640, 50, 134
Henry McCuller, 40, 1240, 1280, 100, 670
Jas. T. McCuller, 13, 627, 320, 400, 70
Chas. King & Sol Vance, 20, 620, 640, 5, 60
John W. Vane, 25, 615, 700, 75, 154
F. G. Vance, 30, 290, 320, 50, 243
Jas. W. Vance, 15, 305, 320, 5, 91
Wm. Beverly, 45, 755, 1000, 120, 925
Sanford Bush, 25, 625, 640, 320, 3080
Jos. Clipper, 25, 625, 640, 50, 205
A. A. Yager, 15, -, 200, 120, 154
Oliver Loving, 15, 535, 1100, 80, 900
Jno. Beverly, 15, 308, 160, 5, 128
A. Harington, 80, 560, 640, 300, 583
B. F. Matheros, 30, 610, 640, 150, 280
Geo. Perrin, 22, 298, 450, 10, 168
Wm. Finley, 6, -, 60, 75, 100
B. F. Spranger, 12, 718, 400, 30, 534
Jesse H. Gough, 20, 541, 561, 50, 287
Hagan Witt, 40, 280, 600, 85, 162

S. Jackson, 37, 603, 800, 70, 248
G. F. Baccus, 40, 600, 800, 70, 141
E. Alexander, 17, 623, 300, 45, 126
Peter Baccus, 40, 672, 712, 15, 186
Wm. Jackson, -, -, -, -, 140
W. G. Jackson, -, -, -, -, 75
Saml. Young, 22, 298, 320, 30, 198
Jno. Hoffman, -, -, -, 25, 84
Saml. H. Brown, 16, 624, 640, 65, 280
Henry Cooke, 45, 595, 640, 70, 840
H. B. Miller, 23, 617, 640, 10, 40
John Cooke, 15, 145, 160, 100, 223
S. T. Noblet, 10, 630, 640, 50, 74
Thos. Marentz, (Morintz), 30, 130, 160, 60, 216
Jno. McCants, 16, -, 250, 150, 240
Eli Witt, 7, 333, 340, 5, 112
Pleasant Witt, 45, 275, 320, 50, 231
L. Clark, 100, 540, 1280, 250, 930
B. F.McNeal, 15, 305, 320, 5, 125
Alex Cooper, -, -, -, 30, 206
Wm. McNeal, 15, 305, 641, 10, 64
Wm. B. Watkins, 21, 299, 640, 45, 175
Wm. Rogers, 20, 620, 640, 20, 152
Clayton Rogers, 25, 615, 640, 10, 293
Rmartin Stormy (Storny), -, -, -, 100, 250
F. McClothlin, -, -, -, -, 55
Allen Vestal, -, -, -, -, 80
Wm. W. Butler, 7, 533, 500, 20, 112
E. L. Loller, -, -, -, -, 104
T. Currius, 35, 495, 370, 70, 392
D. J. Franklin, 40, 320, 560, 110, 378
L. D. Daviuson, 15, 545, 560, 100, 268
Thos. M. Rowland, 45, 13, 5360, 200, 528
Sally A. Wash (Nash), 8, 265, 273, 5, 148
J. Wilson, 18, 622, 640, 35, 200
Geo. T. Key, -, -, -, 65, 370
L. Wilson, 15, 307, 320, 20, 848

J. J. Naugh (Nangle, Naugle), 12, 300, 320, 50, 157
Saml. D__un, -, -, -, -, 221
A. J. Caldwell, 4, 63, 640, 110, 220
Joab H. Biggs, -, -, -, -, 184
H. Caldwell, 35, 605, 640, 100, 250
Wm. Caldwell, 20, 620, 640, 3, 252
Jas. Ledbetter, 12, 628, 640, 55, 200
Thompson Helms, 20, 620, 640, 5, 340
S. Hines, 15, 105, 125, 10, 176
F. L. Blanton, -, -, -, 10, 345
David Howard, 20, 620, 640, 150, 380
Thos. Bruice, 3, 322, 325, 25, 390
Jno. H. Collins, 12, 320, 320, 100, 117
Jno. D. Brown, 4, 141, 408, 10, 261
Jno. Calwell, 12, 288, 300, 80, 531
Robt. Skagge, 20, 620, 320, 6, 150
Sarah Hicks, 12, 628, 640, 50, 191
Martha Herron, 15, 625, 320, 8, 418
A. Stapp, 75, 365, 320, 100, 1200
B. F. Stapp, 15, 305, 160, -, -
Hugh C. Routh, 6, 634, 320, 10, 202
Thos. J. Miller, -, -, -, 100, 212
L. Roath (Roach), 10, 630, 320, 20, 200
Wm. T. Horn, 15, 627, 320, 30, 200
Jacob Teeters, 12, 628, 400, 80, 180
Harrison Jameson, 23, 537, 280, 130, 342
Jno. Jameson, 15, 125, 70, 100, 396
Larkin McCarty, 20, 620, 640, 10, 141
Jeremiah Horn, 40, 600, 1280, 120, 320
Jno. Crutchfield, 40,6 00, 1280, 50, 780
Jas. Crutchfield, 53, 587, 1280, 115, 925
Thos. Stalcup, 80, 360, 1200, 300, 340
Jas. Fealding, 28, 172, 400, 40, 120
M. Ashlock, 15, 765, 780, 4, 300
Geo. McGorrah, 22, 618, 800, 50, 255
John Manning, 23, 237, 800, 150, 440
G. Williams, 50, 633, 2049, 100, 818
F. C. Wilmette, 15, 508, 500, 4, 185
E. D. McCoy, 10, 310, 480, 60, 260
Jonathan Philips, 80, 660, 1200, 100, 415
Geo. Philips, 16, 304, 500, 5, 315
Jas. Dickson, 30, 610, 1280, 150, 522
E. L. Lewis, 30, 290, 700, 10, 132
Jas. L. Rude, 5, 315, 640, 140, 200
Chas. W. Martin, 30, 470, 1000, 150, 390
V. T. White, 20, 345, 1000, 150, 491
Isaac Herring (Hurring), 43, 397, 700, 75, 340
Martin Hearne, 13, 627, 400, 60, 160
Thos. Philips, 18, 312, 380, 58, 450
Jno. A. Taylor, 2, 758, 760, 80, 174
Jas. F. Roberts, 40, 600, 640, 150, 1837
Peter Fisher, 50, 590, 1000, 200, 1480
Jas. F. Fisher, -, -, -, 200, 690
Geo. Fitzhugh, 23, 384, 407, 100, 193
G. H. Fitzhugh, 40, 305, 690, 12, 230
Whitson Fisher, 11, 629, 640, 75, 359
Henry Orleans, 10, 200, 211, 80, 124
Hiram Starks, -, 160, 160, 50, 120
Jno. W. Kirby, 50, 590, 100, 130, 383
Wm. Snider, 25, 617, 640, 100, 1216
Jno. Snider, 15, 305, 320, 40, 150
Jas. Graham, 23, 297, 320, 50, 353
Benj. Sparks, 18, 622, 640, 150, 497
Peter Lucas, 26, 250, 280, 30, 310
D___ Krason (Kruson), 8, -,100, 85, 345
Jas. Anderson, 15, 625, 640, 50, 57
E. B. Don__lson, 15, -, 200, -,245

Ellen Alusbery (Aleesbery), 8, 632, 320, 2, 140
Aaron West, 6, 634, 380, 10, 88
J. D. Shelby, 8, 314, 320, 10, 210
J. B. Shelby, 5, 318, 320, 10, 76
J. Adams, -, -, -, 100, 150
Wm. Elliott, -, -, -, -, 60
John Coffman, 100, 900, 200, 125, 740
Anderson Willson, 30, 542, 120, 210, 300
Jas. Atkinson, 30, -, 300, 100, 126
Jno. Elliott, 6, 634, 80, 65, 145
Isaac N. Foster, -, -, -, 75, 110
Jno. M. Kincade, 25, 625, 125, 75, 418
J. G. Oglesby, -, -, -, 210, 320
Eli W. Witt, 37, 305, 300, 80, 200
Jas. Strange, -, 225, -, 30, 310
Wm. C. McKinney, 75, 1205, 2560, 150, 969
Thos. Mahan, 10, 390, 400, 80, 418
Collier McKinney, 100, 540, 1280, 150, 1417
Jas. R. McBride, 55, 369, 2000, 160, 684
Collin N. Collom, 6, 204, 250, -, 85
Z. Roberts, 15, 785, 800, 100, 310
Jonas Whitaker, 6, 534, 540, 5, 194
Tarlton Bailey, 4, 316, 320, 2, 149
John Warden, 10, -, 100, 15, 330
H. Hahn, 18, 550, 570, 30, 320
Benj. White, 40, 920, 960, 30, 400
Jno. L. White, 30, 620, 640, 2, 296
Redden Russel, 25, 375, 400, 2, 145
Jas. H. Wilcox, 130, 510, 1500, 230, 1308
Jas. Wilson, 50, 590, 1000, 10, 170
A. J. Witt, -, -, -, 10, 960
Jno. Reagan, -, -, -, 50, 278
W. H. Pulliam, 65, 280, 100, 50, 640
J. M. Graves, 25, 510, 1200, 80, 145
A. Macky, -, -, -, 75, 14
Wm. Fitzhugh, 40, 280, 1000, 300, 815
Jno. Fitzhugh, 40, 280, 1000, 300, 815
Ezra Shelby, 25, 600, 300, 100, 100
Robt. A. Johnson, -, 135, 150, 25, 343
M. W. Allen, 70, 1285, 1355, 100, 690
S. M. Pulliam, 30, 610, 640, 5, 440
M. S. Pulliam, 25, 305, 320, 50, 192
Benj. Hale, 12, 488, 500, 30, 304
Wm. C. Lewis, 10, 310, 320, 10, 158
Sam Bogart, 30, 610, 1000, 120, 315
A. C. Wicks, -, -, -, 30,1 23
John Leeper, 6, 124, 260, 80, 426
Jonathan Petty, -, -, -, 60, 330
Isaac Carver, -, 320, -, -, 116
J. B. Wilmuth, 95, 470, 5000, 400, 1454
Ann S. Hart, 10, 630, 900, -, 42
E. Whitly, 20, 620, 640, 80, 240
Robt. Fitzhugh, 30, 52, 1000, 150, 395
Jas. Russell, 30, 290, 320, 100, 292
Peter Welsel, -, 680, 720, 2, 175
P. Wilson, 15, 305, 320, 50, 480
D. C. Foster, 40, 120, 400, 125, 448
E. Chambers, 27, 613, 1000, 100, 380
A. Johnson, 43, 1000, 4000, 20, 132
G. Fitzgerald, 35, 1438, 1473, 100, 261
Geo. Hearndon, 40, 35, 443, 150, 733
Geo.T. Lucas, 41, 24, 1000, 50, 865
Ed. Bradley, 17, 303, 1600, 50, 665
Thos. F. Bradley, 36, 100, 500, -, 745
L. Clement, 20, 730, 3000, 150, 434
Jas. Lovelady, 14, 626, 640, 75, 205
Jno. M. Salmons, -, -, -, 65, 350
Thos. J. McDonald, 80, 360, 1280, 20, 320
Caleb Hart, 12, -, 230, 40, 390
Jas. Hearndon, 30, -, 500, 150, 445
Thos. Caldwell, 15, -, 150, 150, 475
L. Search, 65, -, 650, 200, 1070

Jacob Baens, 60, 580, 640, 100, 450
M. Thornton, 17, -, 85, 45, 54
H. R.Pinnell, 40, 600, 500, 90, 265
R. M. Mugg, 15, 1198, 800, 100, 305
Z. Pratt,-, -, -, 75, 210
Wm. Davis, -, -, -, -, 170
A. J. Tucker, 28, 132, 1000, 5, 245
S. R. Campbell, -, -, -, -, 105
G. Sharrver (Shawber), -, -, -, 60, 187
T. Dunn, 33, 667, 1000, 45, 187
Wm. B. Tucker, 15, 285, 200, 50, 221
H. H. Tucker, 50, 590, 640, 150, 334
Wm. Rice, 48, 672, 500, 100, 380
Henry Boren, 3, -, 30, 40, 33
Geo. McNeal, 25, -, 150, 70, 153
E. Boren, 3, 193, 50, 10, 291
Danl. W. Lee, 15, 1585, 500, 160, 1244
Wm. E. Coffe, 3, -, 30, 10, 15
Jas. Short, 8, -, 100, 10, 290
Jesse Short, 40, 860, 500, 70, 735
Geo. Dillard, 6, 750, 50, 50, 170
Alfred Crocker, 5, -, 70, 40, 95
Geo. Botts, 10, -, 100, 60, 110
Wm. Wharton, 7, -, 75, 1, 40
B. W. Hampton, 14, 433, 150, 1, 296
Thos. Johns, 8, 125, 100, 60, 535
Jno. Martin, -, -, -, -, 82
N. H. Hampton, 10, 565, 150, 125, 722
Chas. Hampton, 5, 282, 75, 175, 495
Mark R. Roberts, 30, 6266, 60, 100, 919
Martha Arrington, 35, 85, 175, 150, 630
Sherrod Roland, 15, 80, 75, 5, 70
Saml. P. Coleman, 20, 1260, 160, 92, 184
J. Walker, 6, 154, 18, 75, 385
Lewis Stiff, 5, -, 50, 3, 20
Jesse Stiff, 30, 2170, 300, 100, 1182
David Stiff, 23, -, 115, 55, 189
Anna Fisher, 14, 2186, 150, 200, 632
Hiram Warren, -, -, -, 10, 13
Moses Damron, 18, 75, 150, 130, 360
Josiah Nichols, 15, 431, 200, 150, 323
Hiram Brindlee, 25, 1811, 250, 50, 388
Geo. P. Carroll, 30, 610, 315, 60, 370
Lindsey Lewis, 20, 480, 350, 90, 482
Jos. Harroll, 30, 610, 400, 40, 452
Wm. G. Fitch, 1, 200, 20, 50, 135
Mary Fitch, 6, 44, 25, 10, 60
Geo. T. McKinney, 10, 610, 250, 10, 90
Jos. Slayter, 12, 508, 200, 45, 220
Jas. F. Warren, 20, -, 100, 10, 126
H. Smith, 60, 740, 600, 100, 170
Jas. W. Throckmorton, 25, 300, 100, 60, 322
Thos. Ratten (Patten), 150, 325, 1000, 200, 320
H. W. Daily, -, -, -, -, 160
L. M. Martin, -, -, -, 100, 475
J. O. Straughn, -, 160, -, -, 255
L. W. Lisenber, -, 250, -, 160, 245
Jos.M. Grounds, -, -, -, 200, 1165
J. F. Steward, -, -, -, 25, 266
J. L. Lovejob, -, 1144, -, -, 100
J. W. Fitzgerald, -, -, -, -, 60
G. W. Barnett, -, -, -, -, 150
A.M. Moore, -, -, -, -, 70
D. Fickle, -, -, -, 105, 268
G. A. Foote, 36, -, 834, 2500, 75, 437
Ann Terry, -, -, -, -, 23
Silas Yarnell, -, -, -, -, 20
Wm. Patterson, -, -, -, 85, 80
P. R. Wallaner, -, -, -, -, 400
Harry Watsett, -, -, -, 50, 430
J. M. McReynold, 28, 752, 1000, 60, 220
Sarah Standifer, 15, 305, 1600, -, 290
Daniel _. Howell, 40, 23, 1000, 100, 690

Colorado County Texas
1850 Agricultural Census

The Agricultural Census for Texas for 1850 was microfilmed by the University of North Carolina under a grant from the National Science Foundation and filmed from original records in the Texas Department of Archives and History.

There are some forty-six columns of information on each individual. Only the head of the household is addressed. I have chosen to use only six columns of information. These are shown below:

1. Name of Owner
2. Acres of Improved Land
3. Acres of Unimproved Land
4. Cash Value of the Farm
5. Value of Farm Implements and Machinery
13. Value of Livestock

Thus, the numbers following the names represent, 2, 3,4, 5, 13.

The following symbol is used to maintain spacing where blank in a column: (-).

H. W. Beasing, 7, 33, 35, -, 65
R. Stalts, 17, 37, 60, -, 290
John Cearngross, 4, 26, 40, -, 50
Henry Miller, 40, 20, 25, -, 51
William Miller, 10, 10, 50, -, 100
Peter Peiper, 15, 1285, 100, -, 340
Ernst Kinch, 9, 201, 50, -, 140
Charles Gisea, -, -, -, -, 100
William Frails, 250, 2862, 2500, 250, 1610
Elizabeth Bymer, 20, 2370, 300, -, 130
_unt Foke, 15, 15, 100, -, -
Jesse Tanner, -, -, -, -, 200
Christopher Miller, 20, 180, 100, -, 200
Barnard Snyder, 30, 4070, 150, -, 100
G. F. W. Kyser, 12, 269, 601, -, 250
John Herman (Heiman), 8, 142, 40, -, 150
Henry Vanscamp, 10, 90, 50, -, 100
Lewis Shoolinberg, 30, 240, 150, -, 150
Alexander Dunlevy, -, -, -, -, 500
William Dunlevy, -, -, -, -, 150
Sarah Krogmorton, -, -, -, -, 250
Richard Waddle, 20, 1360, 100, -, 500
William Stagner, 18, 69, 100, -, 450
William Shula, -, -, -, -, 230
John Swatz, -, -, -, -, 230
John Coatsleven, -, -, -, -, 140
A. J. Fotts (Foth), -, -, -, -, 275
E. Wright, 25, 3000, 125, 150, 1415
John Wright, -, -, -, -, 550
Adam Broden (Braden), -, -, -, -, 150
John Wink, -, -, -, -, 50
Paul Wink, -, -, -, -, 30
Herman Nagil, 8, 150, 50, 60, 660
Charles Richards, -, -, -, -, 400
Fred Wagner, -, -, -, -, 100
Lewis Leitsman, -, -, -, -, 150
Thomas Romebery, -, -, -, -, 850
Herman Baugh, -, -, -, -, 18
Alexander Hensley, -, -, -, -, 585
William Godka, -, -, -, -, 30
L. R. Bostic, 25, 376, 700, -, 630

Paul Mallick, 40, 600, 1500, 250, 400
Abel Berson, -, 700, -, -, 250
John F. Miller, 70, 10000, 1400, 100, 3670
William Austin, -, -, -, -, 275
Thomas F. Webb, 22, 400, 600, 100, 1520
C. W. Tate, 100, 2127, 2000, 250, 1725
James Stevens, -, -, -, -, 250
William Crawford, -, -, -, -, 50
Willie J. Jones, -, 60000, -, -, -
R. J. Carroll, 100, 3200, 2000, 300, 4000
Robert Robson, -, 15000, -, -, 2000
D. Pace, -, 2952, -, -, 800
Leander Beason, -, 26, -, -, 2720
J. C. Abell, 30, 170, 600, 125, 700
Shepherd Corder, -, -, -, -, 120
Ferdinand Draub, -, -, -, -, 1000
Robert Smith, 25, -, 450, 50, 200
J. P. Morton agent of J. Matheros (Mathecos), 300, 1900, 6000, 500, 4000
M. D. Ramsey, -, 4000, -, -, 1100
Ab. D. Ramsey agent of A. McNeil, 240, 3660, 4800, 1000, 2525
E. R. Wolsey agent of B. F. Stockden, 225, 1997, 4500, 500, 764
J. M. Hunter agent of Forte, 225, 1997, 4500, 500, 1000
Henry Gadeke, -, -, -, -, 75
G. W. Thatcher, 200, 7568, 4000, 1300, 6250
C. C. Herbert, 300, 11217, 6000, 500, 2578
William Stuart, -, -, -, -, 250
A. J. Bonds, 20, -, 400, -, 1000
William Bonds, 12, 188, 240, -, 50
William H. Strahan, 76, 324, 1520, 200, 1025
C. Kelch, 50, 130, 1000, 150, 605
Elizabeth Hutchins, -, -, -, -, 330
Thomas Ware, 100, 400, 2000, 1000, 3720

Charles Winfree, -, -, -, -, 400
Travis Miller, 12, 298, 240, 100, 460
William Alley, 50, 4363, 500, 100, 285
T. H. Robison, 12, 161, 120, -, 125
Abraham Alby, 40, 6350, 400, 125, 2000
Hugh Willson, 104, 496, 2040, 500, 1025
William David, 15, 1383, 500, 100, 980
Zach Payne, 100, 675, 2000, 1200, 1960
John Pinchback, 130, 5826, 2600, 500, 6600
Charles Bock, -, 170, -, -, 160
Henry Dryer, -, 150, -, -, 80
Adam Pelzer, -, 150, -, -, 10
Henry Shoemaker, -, 120, -, -, 50
John P. Holden, -, -, -, -, 175
Samuel Berry, 75, 1028, 1200, 200, 1050
Hery Terrill, 50, 990, 1000, 50, 2000
JohnTooke, -, -, -, -, 520
Thomas J. Henderson, 60, 440, 600, 300, 1200
Caleb Joiner, 100, 437, 1000, 150, 750
John D. Brown, 18, 1800, 500, -, 225
O. B. Crenshaw, 60, 280, 300, 50, 380
H. J. Cleveland, -, -, -, -, 550
J. C. Willson, 7, 43, 100, -, 313
Milton Lee, -, -, -, -, 550
John Sweigle, -, -, -, -, 100
John Simons, 14, 380, 500, -, 670
A. J. McDaniel, 40, 1060, 400, 100, 600
Leon Desuren (Deseeren), 12, 288, 250, 25, 612
John Suggs, 20, 200, 500, 151, 2000
William Stopleter, 30, 390, 500, 150, 1540
John Munn, 60, 540, 600, 50, 478
John Andrews, -, -, -, -, 356

E. W. Perry, 80, 19654, 1600, 1740, 1238
L. W. Alexander, 18, -, -, -, 600
Isabelle Izzard, -, -, -, -, 50
Daniel Miller, 50, 1660, 250, 76, 830
R. H. Tobin, 50, 4217, 1000,2 00, 875
Moses Townsend, 18, 1080, 180, 50, 650
W. L. Smith, 35, 50, 500, 50, 250
A. Carter, 130, 5135, 2600, 1250, 1410
J. W. E. Wallace, 90, 10120, 2250, 20, 600
William Hunt, 50, 225, 1800, 75, 335
Williamson Daniels, 100, 330, 2000, 186, 575
A. J. Wicker, -, -, -, -, 220
F. K. Walker, -, -, -, -, 75
L. B. Walker, -, -, -, -, 100
K. W. Walker, -, -, -, -, 50
William Fitzgerald, 120, 4000, 1000, 600, 2160
Josiah Shaw, 100, 700, 1000, 100, 500
J. M. Daniels, -, -, -, -, 225
P. P. Turner, -, -, -, -, 715
Thomas Bateman, -, -, -, -, 100
Willie R. Turner, 180, 600, 1800, 100, 1110
Harrison Gregg, 100, 600, 1000, 100, -
John Cryer, 60, 1400, 600, 500, 1230
W. C. McGowen, -, -, -, -, 200
George Fearncum, -, -, -, -, 150
Herman Hillman (Hillmer), 80, 370, 800, 50, 280
Jube Hillmer, -, -, -, -, 150
Charles Ehlenger, 50, 2500, 1500, 200, 1040
Lewis Shulinberg, -, -, -, -, 250
John D. Thomas, -, -, -, -, 210
R. J. Blanton, -, -, -, -, 104
Clement Allen, 80, 3721, 320, 15, 1090

J. M. Celler, 12, 300, 500, 100, 854
D. W. Hancock, 110, 380, 110, 150, 1520
Eliza Hopson, 125, 1800, 1250, 1250, 1500
Mike Muckbroy, 160, -, 1600, 300, 815
Charles Muckbroy, 25, 225, 250, -, 260
Thomas Y. Gillett, -, -, -, -, 40
Henry Dickman, -, -, -, -, 130
C. G. Adrains, 30, 70, 150, 75, 535
Barnard Fearncamp, 40, 35, 200, 50, 250
H. Frails, 20, 700, 200, 150, 400
George Frails, 22, 53, 154, 75, 452
Theodore Baker, -, -, -, -, 150
Carl Doer, -, -, -, -, 70
Gasper Hyman, 20, 110, 2000, 50, 703
George Herder, 50, 510, 500, 150, 730
Rank Stolze, 25, 125, 125, 50, 667
Rinan Dix, 20, 40, 180, 10, 260
Edward Hooman, 9, 450, 60, 20, 330
Carste Myres, 9, 61, 50, 10, 307
John Snyder, 4, 37, 25, 5, 50
K. Walter, 20, 10000, 500, 100, 680
Samuel Redgate, -, -, -, -, 601
H. Pike, 18, 60, 40, -, 56
Frederick Baker, -, -, -, -, 116
Logen Coffee, -, -, -, -, 275
Gerard Miller, -, -, -, -, 112
Joseph Tinkler, -, -, -, -, 275
E. Bergerman, -, -, -, -, 100
W. B. Dewes, 60, 140, 300, -, 590
G W. Cox, -, -, -, -, -
C. Kesler, -, -, -, -, 1300
Asa Townsend, 80, 980, 800, 20, 1765
Archibald McNeill, 35, 365, 350, 100, 590
Arnold Obenhorese (Obenhouse), -, -, -, -, 160
John Broad Jr., -, -, -, -, 75
Eve Mincemar, 9, 190, 50, -, 100

John Broad Sr., 8, 52, 16, -, 85
Jacob Broad, 9, 51, 25, -, 155
John Torhorse, -, -, -, -, 50
John F. Stolte, -, -, -, -, 30
Henry Johnson, 10, 60, 50, 10, 160
Henry Watters (Walters), -, -, -, -, 50
George Broon, 18 57, 700, 10, 280
Henry Hagerman, -, -, -, -, 50
Henry Spinck, 5, 45, 15, -, 30
John Fry, -, -, -, -, 100
Antone Broden, -, -, -, -, 114
John Wrygel, -, -, -, -, 300
Adam Kuhn, -, -, -, -, 260
Andrew Broden, -, -, -, -, 115
Lewis Wink, -, -, -, -, 50
Menard Miller, -, -, -, -, 145
Francis Henaker, 30, 195, 155, -, 40
Eizabeth Burchell, 10, 60, 50, -, 270
Ernest Wisehuln, -, -, -, -, 175
Antone Ninedorff, 18, 132, 100, -, 300
Jelard Speckles, 12, 98, 60, -, 140
Henry Ramsell, 5, 70, 25, -, 140
William Ramsell, -, -, -, -, -, 110
John Ashler, -, -, -, -, 200
John Switzer, -, -, -, -, 70
John Livedecker, -, -, -, -, 260
Fred Zimmerschidt, 20, 2180, 100, -, 400
Deitreitch Foghsunk, -, -, -, -, 185
Henry Bashere, -, -, -, -, 160
Henry Hardin, 4, 89, 55, -, 115
Leger Stallman, -, -, -, -, 120
Lewis Broon, 18, 145, 150, 230, -
John F. Atkins, 16, 64, 80, -, 250
George Stoffleman, 6, 71, 50, -, 16
Garard Frarncamp, 10, 90, 50, 175, -
Adolph Market, 9, 21, 50, -, 100
Catherine Skinner, 12, 108, 50, 200, -
Frederick Klusman, -, -, -, -, 50
Barnard Herman (Heiman), 9, 21, 50, -, 75
George C. Hatch 135, 997, 3700, 500, 655

Simon Thulemire, -, -, -, -, 200
William Ingle, -, -, -, -, 150
B. G. Sims, 50, 6450, 500, 200, 800
Rhoda Hunt, -, -, -, -, 120
James Seals, -, -, -, -, 175
D. Cooper, -, -, -, -, 500
F. E. Strippleman, -, -, -, -, 40
C. Gessard, -, -, -, -, 1140
William A. Shepherd, -, -, -, -, 560
Ferdinand Besch, -, -, -, -, 100
D. L. Kokinot, -, -, -, -, 385
W. B. Seates, (Scates), -, -, -, -, 60
J. B. Botard, -, -, -, -, 425
N. Bonds, -, -, -, -, 825
Martha Nickols, -, -, -, -, 150
George Metz, -, -, -, -, 90
John Toliver, -, -, -, -, 2850
Isom Tooke, -, -, -, -, 826
J. M. Shannon, -, -, -, -, 410
John Makey, -, -, -, -, 116
G. B. Holzard, 25, 225, 125, -, 500
L. A. Washington, -, -, -, -, 880
J. L. Clarry, -, -, -, -, 125
T. W. Harris, -, -, -, -, 125
Fred Miller, -, -, -, -, 250
__llard Brew, -, -, -, -, 150
John Beasley, -, -, -, -, 75
R. G. Morgan, -, -, -, -, 150
William Bridge, 25, 3000, 250, -, 600
M. A. Sap, -, -, -, -, 80
Elizabeth Bruton, -, -, -, -, 200
Jane E Mail, -, -, -, -, 800
L. Mahar (Mahab), -, -, -, -, 280
T. E. Clary (Cherry), -, -, -, -, 372
C. Windrow, -, -, -, -, 165
Asa Smith, -, -, -, -, 650
Ira A. Harris, -, -, -, -, 1240
O. H. Heraperger (Heraporger), -, -, -, -, 125
F. G. Shoalks, -, -, -, -, 105
C. H. Oberhouse (Obenhouse), -, -, -, -, 75

Comal County Texas
1850 Agricultural Census

The Agricultural Census for Texas for 1850 was microfilmed by the University of North Carolina under a grant from the National Science Foundation and filmed from original records in the Texas Department of Archives and History.

There are some forty-six columns of information on each individual. Only the head of the household is addressed. I have chosen to use only six columns of information. These are shown below:

1. Name of Owner
2. Acres of Improved Land
3. Acres of Unimproved Land
4. Cash Value of the Farm
5. Value of Farm Implements and Machinery
13. Value of Livestock

Thus, the numbers following the names represent, 2, 3,4, 5, 13.

The following symbol is used to maintain spacing where blank in a column: (-).

Andrew Spring, 15, 28, 400, 75, 320
John H. Dedeker, 8, -, 300, 50, 130
J. H. Otkans, 7, 9, 300, 20, 200
Henry Staves, 50, 32, 1050, 60, 130
Hubert Lux, 8, 152, 500, 75, 165
John Starts, 9, 251, 500, 150, 320
Ludwig Kruger, 6, 270, -, 15, 200
James Henderson, 30, 2500, 2500, 100, 1060
Justus Keliner, 30, - , 3000, 100, 140
L. C. Ervendbery, 10, 4, 500, 30, 120
Western Texas Orphan Asylum, 50, 200, 5000, 300, 520
Hermann Seele, 13, -, 1000, 25, 171
Henry Burghart, 12, 12, 1000, 100, 75
Chrisopher Krause, 30, 275, 800, 75, 213
Herman Zermburge, 10, -, 200, 60, 150
Wm. H. Merriwhether, 300, 1000, 13000, 400, 1388
James Calhoun, -, -, -, -, 510
T. C. Cole, 47, -, 4700, 400, 610
William Weddepert (Wedespelt), 10, 20, 600, 100, 180
Peter Sedemann, 30, -, 500, 50, 200
Peter Dieech, 20, -, 400, 60, 150
Valentine Horney, 10, 5, 300, 50, 170
Garlech Rah, 15, 20, 400, 100, 120
George Kluppenbach, 40, 25, 2000, 100, 440
Julius Voelker, 13, 200,1500, 100, 188
George Hoshess, 15, 5, 150, 20, 100
Frederick Tolla, 25, 25, 1000, 100, 200
Gotfried Vogt, 50, 10, 300, 150, 400
Christopher Spring, 33, -, 300, 60, 200
Federerec C. Arnold, 70, 100, 4000, 120, 700
Philip Michel, 10, 5, 250, 270, 350
August Degouer (Degover), 20, 15, 400, 50, 140

Gustaff Hoofman, 50, 30, 1500, 120, 513
George Prenser, 25, 75, 1000, 90, 300
George Ackermann, 15, -, 230, 80, 270
Peter Horney, 45, -, 2000, 100, 450
Casper Vogt, 10, 5, 250, 75, 225
Dietrich Knibbe, 20, 20, 800, 80, 270
Theodore Diestelhart, 20, 20, 600, 100, 440
Ottmar Behe (Bebe), 50, 1050, 3000, 200, 2500
Nicholas Shenk, 175, 925, 10000, 850, 2600
Ernst Koff (Kopp), 25, 25, 800, 200, 155
Jules Tresel, 32, 288, 150, 200, 355
Henry Wallhoefer, 20, 75, 500, 25, 353
Frederic Schalty, 17, 52, 300, 55, 215
Conrad Kimecke & Co., 20, 15, 400, 30, 170
Henry Muller, 35, 400, 1000, 100, 366
Fredric Kritzmur, 15, 10, 500, 60, 100
George Erecke (Eveke), 10, 15, 300, 20, 90
William Flagge, 9, 7, 500, 75, 112
Edward Lap, 11, 14, 400, 75, 100
Charles Cramer, 8, 50, 925, 200, 300
Ludwig Mettendolph, 35, 15, 600, 60, 114
Leopold Jevanski, 11, 130, 500, 60, 60
Gustavus Boadmarn, 20, 10, 500, 70, 150
Judge W. Morris, 30, 370, 400, 150, 292

Cooke County Texas
1850 Agricultural Census

The Agricultural Census for Texas for 1850 was microfilmed by the University of North Carolina under a grant from the National Science Foundation and filmed from original records in the Texas Department of Archives and History.

There are some forty-six columns of information on each individual. Only the head of the household is addressed. I have chosen to use only six columns of information. These are shown below:

1. Name of Owner
2. Acres of Improved Land
3. Acres of Unimproved Land
4. Cash Value of the Farm
5. Value of Farm Implements and Machinery
13. Value of Livestock

Thus, the numbers following the names represent, 2, 3, 4, 5, 13.

The following symbol is used to maintain spacing where blank in a column: (-).

Danl Montague, -, 12000, -, 20, 500
A. Boutwell, 5, 795, 150, 4, 80
L. D. Brown, 17, 303, 100, 50, 450
Robt. Whilock, 10, 630, 250, 15, 428
N. Broiles, -, -, -, -, -
W. C. Twitty, 17, 1476, 250, 10, 295
Joshua Gorham, 10, 310, 100, 10, 310
Robt. Scott, -, 640, -, 5, 145
Jno. Chadwell, 12, 628, 125, 10, 475
E. Underwood, 8, 632, 125, 10, 475
Wm. Teal, 7, 313, 100, 5,2 56
Joseph Worley, 10, 630, 150, 50, 223
B. Worley, -, 320, -, -, 95
A. Van Glephe (Van Dyke), 5, 955, 75, 55, 375
Adam Doshier, 9, 631, 100, 10, 260
John Sadler, 20, 320, 200, -, -
Hiram Sadler, 20, 320, 200, -, -
Thos. Mathews, 5, 635, 640, 3, 100
W. C. Brown, 3, 610, 300, 50, 552
Jno. Demarquis, -, 640, -, 10, 165
Jas. Mathews, -, -, -, 1, 43
Jacob Lawson, 10, 630, 100, 30, 127
Berry Lawson, -, 320, -, -, -
Miller Lawson, -, 320, -, -, -
Malinday Sandrews, -, 640, -, -, -
Jas. C. Dickson, 15, 625, 210, 50, 291
C. Chadwell, 10, 310, 100, -, 70
S. Cox, -, 250, -, -, 50
Wm. Kuykendall, 4, 320, 50, 50, 100
Alfred Eubanks, 15, 625, 150, 75, 210
Anson Strong, 4, 636, 50, 1, 18
H. Baker Senr., 10, 630, 100, 5, 130
Jno. C. McElroy, -, 640, -, -, 93
R. Dye, 15, 625, 45, 80, 220
N. Madderson, 2, -, -, 1, 5
H. Bray, 15, 625, 60, -, 99
H. B. Willson, 5, 635, 40, 15, 144
Geo. Dyaster, 12, 628, 200, 75, 250
Mary E. Clark, -, 280, -, -, 10
B. F. Carpenter, 50, 910, 300, 50, 1197
A. Mathews, -, -, -, 80, 165
Jno. W. Boggs, 15, 625, 150, 10, 98
Harvey Boggs, 15, 625, 150, 75, 282
Jas. Martin, 15, -, 125, 40, 125
Wm. B. Carter, 20, 620, 150, 40, 270

Wm. Mathews, 4, -, 25, -, 50
U. Nealey, 7, -, 75, 5, 54

D. _. Carter, 126, 2780, 975, 300, 5

Dallas County Texas
1850 Agricultural Census

The Agricultural Census for Texas for 1850 was microfilmed by the University of North Carolina under a grant from the National Science Foundation and filmed from original records in the Texas Department of Archives and History.

There are some forty-six columns of information on each individual. Only the head of the household is addressed. I have chosen to use only six columns of information. These are shown below:

1. Name of Owner
2. Acres of Improved Land
3. Acres of Unimproved Land
4. Cash Value of the Farm
5. Value of Farm Implements and Machinery
13. Value of Livestock

Thus, the numbers following the names represent, 2, 3,4, 5, 13.

The following symbol is used to maintain spacing where blank in a column: (-).

John M. Smith, 40, 600, 1280, 80, 368
Mary Moon, 35, 605, 1200, 70, 358
O. G. Cole, 60, 726, 1400, 110, 355
O. W. Knight, 120, 360, 2500, 250, 583
Jef Tilly, 85, 75, 1500, -, 150
John Cole, 90, 1360, 1590, 60, 630
Rosanah Conner, 25, 135, 500, 70, 66
M. F. Fortner, 25, 615, 1280, 100, 531
Isaac B. Webb, 35, 605, 2000,100, 267
John L. Pullian, 54, 260, 1000, 50, 665
Eli Merrell, 30, 610, 800, 50, 475
Eli Merrell, 20, 298, 320, 10, 120
Ben Merrell, 30, 670, 800, 80, 592
Smith Elkins, 50, 570, 1000, 75, 684
Car Wise, 20, 620, 500, 50, 140
Robt. J. West, 60, 680, 1000, 150, 525
Sol Dixon, 37, 603, 1800, 50, 210

D. L. Hall (Call), 44, 596, 800, 40, 300
Josua B. Lee, 33, 727, 1000, 40, 210
John C. Cook, 38, 618, 500, 40, 383
John Chapman, 40, 275, 400, 60, 195
Amos McCommas, 85, 515, 2680, 300, 1200
James Bromen, 30, 61, 640, 60, 317
Cornelius Cox, 50, 510, 800, 20, 367
John Lanier, 15, 625, 5320, 60, 590
John Ha_ing, 40, 600, 620, 20, 269
Isaac Edwards, 20, 500,400, 30, 155
Jas. D. Coats, 23, 457, 300, 8, 120
William Rowe, 15, 425, 500, 20, 270
Aaron Overton, 80, 560, 2000, 300, 1080
Wm. Coombes, 60, 460, 1000, -, 145
Wm. Myers, 60, 580, 1800, 150, 423
Wm. H. Herd, 75, 595, 1000, 80, 610
Wm. B. Miller, 100, 1180, 2280, 350, 1480
Saml Sloan, 50, 270, 600, 140, 550
Zed__iah Ricketts, 30, 610, 1000, 100, 240

Silas B. Runion, 30, 625, 1150, 100, 545
Casvel C. Overton, 40, 600, 1500, 100, 480
Wm. F. Newton, 35, 285, 600, 25, 180
J. M. Robinson, 40, 280, 600, 80, 55
Jef Wampler, 30, 250, 280, 100, 280
John Goar, 40, 280, 500, 75, 280
H. H. Gray, 32, 568, 600, 80, 460
Jesse Wretherford, 40, 485, 850, 95, 435
John Hadden, 20, 190, 500, 12, 140
A. S. Pruatt, 25, 615, 640, 100, 445
Margaret Lavender, 50, 590, 1200, -, 213
Middleton Perry, 40, 280, 1000, 90, 691
Thos. M. Ellis, 52, 748, 1500, 70, 600
M. McMillen, 50, 590, 1500, 80, 230
Wm. Ravelin (Rawlin), 40, 440, 800, 100, 538
Melinda Sarks (Larks), 40, 600, 650, 80, 371
Alex Rawlins, 40, 760, 1000, 80, 322
Sarah Everett, 35, 605, 1000, 750, 180
Saml. Stewart, 25, 615, 800, 50, 180
H. M. James 11, 307, 240, 5, 65
Zeb__ Heath, 22, 298, 500, 85, 130
Michael James, 45, 575, 1000, 120, 160
David Merrell, 23, 618, 640, 120, 136
M. Baggett, 50, 570, 2500, 100, 540
S. J. Baggett, 25, 275, 400, 5, 178
Jas. Anderson, 23, 617, 1200, 120, 323
E. Sharrick, 75, 565, 1500, 100, 130
John R. Bell, 17, 623, 600, 60, 90
Jane Noyes, 40, 600, 650, 125, 340
Abe Cockrell, 121, 800, 2000, 350, 1025
Joseph Graham, 30, 610, 640, 15, 228

David R. Camron, 160, 320, 600, 125, 685
Thos. Chesier, 40, 280, 400, 40, 135
T. V. Griffin, 40, 600, 600, 100, 366
Jno. P. Cole, 20, 620, 640, 15, 245
Wm. M. Lemares, 53, 587, 1520, 100, 305
J. V. Me_nts, 90, 560, 2000, 50, 545
Wm. J. Walker, 50, 595, 1200, 175, 400
T. G. Hawfe (Haups), 15, 555, 280, 100, 655
Henderson Couch, 25, 374, 600, 100, 330
F. A. Winn, 108, 842, 3000, 100, 500
W. G. Smith, 31, 121, 400, 125, 245
Joel Walker, 10, 52, 200, 50, 445
Wm. L. Mooneyhand (Mooneyham), 28, 612, 320, 60, 327
Thos. Kennon, 50, 570, 2000, 50, 276
Sarah Good (Goal), 17, 597, 1000, 15, 95
David Myers, 26, 634, 700, 25, 225
Elisha Fike, 10, 310, 320, 20, 183
Shelton Smith, 13, 307, 400, 70, 209
Geo. W. Massie, 40, 180, 520, 20, 130
Charles Haker, 16, 304, 340, 10, 229
Jas. S. Shelby, 21, 620, 960, 25, 153
David Staton, 48, 912, 2000, 50, 1030
H. C. Marsh, 55, 585, 200, 225, 800
Joseph Prignoose (Prigmore), 40, 600, 1000, 40, 250
A. G. Collins, 90, 810, 1300, 150, 665
H. C. Davis, 25, 615, 800, 200, 300
John M. Davis, 32, 288, 500, 10, 65
John Beeman, 40, 600, 1000, 60, 530
Thos. Crutchfield, 55, 595, 1200, 150, 600
Wm, M. Cochran, 60, 580, 640, 100, -
Wm. Jenkins, 20, 620, 640, 40, 355
Joshua Burkes, 20, 630, 640, 4, 150
H. Bennett, 76, 732, 748, 50, 297

John McCommas, 23, 497, 500, 10, 200
Abraham Hart, 30, 295, 480, 35, 300
Danl. Murry, 40, 560, 1000, 80, 400
A. R. Murry, 25, 255, 500, -, 85
Wm. Hughs, 38, 602, 500, 150, 570
_. _. M. Leake, 70, 570, 640, 150, 400
Frederic Moses, 50, 590, 640, 60, 320
John Langley, 15, 258, 408, -, 70
John S. Anderson, 27, 209, 220, 20, 180
Edward Mills, 40, 600, 1000, 110, 250
Wm. Turner, 30, 615, 640, 50, 428
Benja. Trast, 75, 785, 1075, 70, 480
Jacob Reagle, 32, 608, 640, 130, 112
Abner Keen, 25, 615, 640, 80, 260
Wm. _. Keen (Kren), 20, 720, 700, 100, 450
John Jackson, 40, 600, 800, 100, 470
A. S. Jackson, 30, 270, 640, 65, 245
Jas. Sharrick, 125, 515, 480, 100, 160
A. B. Willson, 14, 306, 640, 45, 300
John Horton, 75, 243, 150, 40, 880
Saml. Ramsey, 63, 577, 1407, 80, 350
Jas. M. Bennett, 19, 621, 300, 200, 285
H. McDowell, 15, 675, 320, 50, 310
T. J. McDowell, 22, 298, 321, 80, 225
E. C. Browder, 26, 294, 200, 100, 200
W. H. Bennet, 15, 625, 320, 40, 170
Issaic Elam, 20, 600, 640, 65, 216
Simcoe (Limcoe) Repplewell, 18, 305, 400, 100, 280
W. C. Honeycutt, 22, 618, 640, 8, 200
Jno. _. _. Breman, 13, 627, 640, 10, 155
D. A. Badgeley, 14, 624, 640, 40, 300

G. W. Glover, 25, 1255, 1010, 25, 350
G. _. C. Leonard, 25, 290, 800, 25, 200
Jesse Cox, 18, 403, 1260, 80, 379
Robert Ray, 40, 700, 800, 100, 200
Wm. Tarner (Turner), 45, 595, 800, 80, 375
A. W. Perry (Kerry), 70, 650, 1000, 150, 380
M. _. Green, 17, 433, 500, 100, 510
Western Perry, 40, 600, 100, 100, 365
John Nix, 16, 624, 640, 65, 235
W. H. Witts (Witt), 40, 600, 1000, 100, 170
Preston Witts, 80, 440, 900, 150, 238
Josiah Pancoast, 30, 930, 1000, 150, 386
Robt. Willburn, 25, 615, 1000, 150, 480
John Young, 50, 570, 1000, 100, 730
Edward Willburn, 60, 580, 800, 100, 740
A. A. Thomas, 38, 360, 800, 15, 665
Jas. Armstrong, 50, 250, 500, 95, 555
Jas. Loveing, 13, 627, 320, 50, 250
Jas. A. Smith, 90, 940, 3000, 550, 840
H. M. (W.) Rawlins, 35, 90, 500, 100, 2 70
John Henderson, 12, 38, 320, 8, 530
H. Bledsoe, 50, 490, 500, 30, 230
J. N. Coombes, 36, 764, 800, 85, 480
John Tarver (Carver), 15, 644, 640, 10, 1191
E. C. Thomas, 27, 302, 1000, 70, 260
E. T. Myers, 20, 284, 400, 75, 155
Peter & John Nortoe (Norkoe), 70, 890, 1500, 140, 415
E. Starrick, 16, 304, 400, 70, 60
John Robinson, 70, 250, 600, 100, 200
John Thomas, 75, 1175, 3040, 75, 360

Phil Kimmel, 40, 500, 500, 140, 1280
John Howell, 55, 655, 1000, 75, 200
A. McCrackin, 40, 610, 700, 50, 350
David Bradshaw, 60, 580, 300, 150, 215
W A. Ferris, 80, 560, 2000, 100, 500
J. A. Leonard, 20, 620, 320, 40, 300
Geo. L. Leonard, 62, 578, 600, 150, 120
Wesly Cockrell, 29, 631, 700, 100, 372
A. J. Nanny, 15, 422, 600, 70, 120
A. G. Walker, 95, 545, 1000, 200, 320
H. Hustran (Hustrace), 40, 600, 800, 100, 300
A.G. Harris, 35, 605, 640, 75, 330
Pleasy Taylor, 44, 596, 500, 75, 698
_. K. Vollentine, 15, 625, 640, 250, 740
Jones Green, 49, 275, 960, 100, 545
Saml. Keller, 50, 734, 1075, 150, 720
Wm. Rawlins, 55, 245, 2000, 125, 200

Denton County Texas
1850 Agricultural Census

The Agricultural Census for Texas for 1850 was microfilmed by the University of North Carolina under a grant from the National Science Foundation and filmed from original records in the Texas Department of Archives and History.

There are some forty-six columns of information on each individual. Only the head of the household is addressed. I have chosen to use only six columns of information. These are shown below:

1. Name of Owner
2. Acres of Improved Land
3. Acres of Unimproved Land
4. Cash Value of the Farm
5. Value of Farm Implements and Machinery
13. Value of Livestock

Thus, the numbers following the names represent, 2, 3, 4, 5, 13.

The following symbol is used to maintain spacing where blank in a column: (-).

N. R. Reece, 10, 630, 100, 75, 188
M. Marsh, 3, 637, 15, 3, 110
Martin Langston, 30, 610, 150, 20, 172
Jno. Strickland, 62, 578, 500, 75, 820
H. Hanboy, 3, 637, 50, 3, 90
John Heavins, 12, -, 60, 7, 63
Andrew Blurus (Blerrus), 15, -, 50, 3, 250
John Carter, 30, 640, 550, 100, 1280
M. H. Boswell, -, -, -, -, 50
Jno. B. Clarke, 8, 312, 35, 2, 21
John Maloney, 15, 625, 150, 10, 330
Soloman Yoakum Sr., 9, 631, 50, 30, 113
Soloman Yoakum Jr., -, 320, -, -, 80
John Yoakum, -, 320, -, -, -
Mark Coaker, -, 640, -, -, -
Saml. Noting, 8,640, 60, 2, 60
Jas. B. Reid (Reece), 6, 320, 50, 1, 143
L. Wethers, -, 640, -, -, 395
Sophia Sevier, -, 640, -, -, -

S. A. Pritchett, 5, 1675, 200, 300, 785
Wm. Lovin, -, 320, -, -, 30
Spencer Graham, 12, 628, 100, 2, 70
Lewis Medlin, 17, 640, 55, 10, 86
Ruth Brown, 10, -, 100, 2, 162
_. J. Allen, 28, 628, 268, 75, 402
Richd. Waller, 12, 308, 70, 7, 72
Mary Medlin, 25, 942, 140, 50, 453
Chas. Medlin, 63, 577, 465, 100, 1569
F. L. Harris, -, 320, -, -, -
Jesse Eades, 50, 1230, 300, 125, 1040
Richd. Eades, -, 320, -, -, -
Henry Tucker, 3, 637, 25, -, 63
L. A. Clay, -, -, -, -, 20
O. W. Harris, 18, 637, 100, 40, 160
H. Troup, 3, 637, 25, 5, 210
Andrew Harris, 25, 715, 100, 25, 190
Stephen Barnley (Burnley),- , 13, -, -, 55
Wm. Gibson, 15, 625, 150, 4, 60
Taylor Stewart, 40, 600, 250, 10, 147

W. Hanllen, 53, 907, 100, 150, 305
J. C. Baker, -, -, -, -, 200
A. P. Lloyd, 7, -, 50, 10, 100
L. A. Venters, -, -, -, -, 205
Wm, M. Roark, 5, -, 50, 10, 560
M. Ramsowers, -, 640, -, 1, 140
John White, 10, 50, 5, 70, -
Hugh Harper, 9, 651, 45, 10, 282
H. Murphy, 35, 505, 125, 10, 538
B. J. Doer, 6, 314, 9, 2, 162
Z. Doer, 19, 628, 60, -, -
Jno. Iswell, -, 320, -, -, -
D. K. Tannehill, 25, 935, 700, 125, 385
Jos. Knight, 35, 925, 300, 50, 255
Wm. H. Gibson, 12, 308, 150, 10, 246
Rezin Roberts, 37, 603, 300, 80, 335
Jno. Roberts, 10, 310, 70, -, -
Isaac Eades, 14, -, 70, 100, 228
Perry Malone, 6, 634, 150, 30, 220
Thos. Gavin, 15, 625, 150, 80, 255
Wm, Garvin (Gavin), -, 320, -, -, 80
Peter Harmerson, 30, 610, 300, 100, 1705
Jackson Harmerson, -, 320, -, -, -
Burrell Hunter, 25, 615, 250, 25, 410
A. R. Loveing, 25, 615, 125, 75, 413
Robt. Owen, 20, 300, 80, 50, 325
Jno. Rogers, 40, 1460, 250, 25, 173
Benj. House, 20, 620, 400, 25, 98
Shelton Lutrell, 20, 620, 60, 10, 155
Elizabeth Lutrell, 4, 636, 20, 3, 28
L. J. Hicks, 15, -, 75, 10, 308
E. T. Clary, 23, 617, 125, 25, 168
Frances Pearce, 14, 628, 70, 5, 190
J. Barkett (Bartlett), 11, -, 33, 40, 85
Jno. Youngman, 30, -, 200, 10, 260
Mathew Owen, 18, 320, 36, 35, 100
Jno. Wagner, 36, 1244, 144, 10, 350
Mary Sutton, 15, 301, 100, 5, 115
Sarah Sutton, 20, 620, 150, 5, 96
V. B. Sutton, -, 320, -, -, 95
L. T. Higgins, 30, 610, 200, 35, 205
Nancy French, 6, 634, 20, 3, 80
Oliver French, 10, 310, 100, 50, 340

Jas. French 2, 328, 100, 1, 90
Jesse Sutton, 20, 300, 100, 75, 164
E. C. Clary, 6, 634, 100, 60, 2300
Jno. W. King, 45, 1255, 500, 200, 555
Wm. King, 18, 622, 150, 10, -
A. G. King, 8, 312, 50, 10, -
E. Prickett, -, -, -, 140, 340
Thos. Wagner, -, -, -, -, 10
Jno. Hicks, 15, -, 130, 60, 380
Wm R. Loveing, 6, 634, 40, 5, 136
Wm. E. King, 30, 290, 200, 2, 50
Rhoda King, 15, 625, 400, 20, 195
Saml. K. Smith, 10, 640, 50, 5, 225
Jno. F. Holford, 55, 545, 400, 125, 1062
Jas. Wolden (Welden), 12, 698, 100, 10, 280
Wm. Welden, 30, 290, 150, 10, 265
Wm. Luttrell, 8, 632, 40, 10, 44
Jno. Hicks Jr., 8, -, 40, 10, 140
P. R. Higgins, -, 640, -, -, 63
Jno. W. Simmons, 45, 915, 400, 75, 220
Thos. D. Legan, 9, -, 150, 60, 257
Wm. H. Dickson, 75, -, 200, 150, 365
C. C. Dickson, 26, -, 200, -, 40
Jno. C. Leach, -, -, -, -, 80
U. Zumwall (Zumwalt), 10, -, 80, -, 121
Jno. House, 6, -, 100, 100, 232
Chas. Suggs, 2, -, 30, 2, 26
Jno. G. Smith, 10, -, 100, 30, 101
Delila King, 30, 610, 230, 50, 284
C. King, 8, 312, 75, 40, 228
Jno. H. King, 5, 315, 30, -, 78
Saml. Peglan (Peylon), 12, -, 60, -, 16
Saml Chowning, 7, -, 35, 30, 118
Jno. L. Higgins, 30, -, 200, 5, 53
John Ritler (Ritter), 35, 1265, 300, 150, 711
C. Ritter, -, 320, -, -, -
Wm. Ritter, 18, 302, 100, 3, 255
Mildred Bridges, -, 640, -, -, -

Wm. A. Bainbridge, 25, 297, 138, 50, 140
Elizabeth Haydon, 12, -, 100, 7, 117
Philoman Higgans, 16, -, 100, 100, 298
David Cox (Cook), -, -, -, -, 146
Washington Harmon, -, -, -, 80, 185
F. Allen, 4, -, 20, -, 65
John Payton, 25, -, 200, 15, 208
Josiah Ashlot, 30, 610, 250, 30, 210
Jno. Jackson, 25, 615, 200, 35, 407
Wm. B. Row, 2, -, 25, 29, 131
Wm. Miller, 16, -, 80, 50, 178
Jos. McCants, 26, 954, 150, 50, 156
J. W. Chowning, 20, -, 150, 60, 180
T. C. Willson, 6, 634, 100, 50, 278
Jno. B. Martin, 14, 626, 75, 20, 220
Thos. A. West, 40, 600, 250, 100, 556
Jacob Cook, 8, -, 100, 5, 147
Jno. M. Ragland, 20, 620, 125, 30, 200
Peter Teel, 40, 920, 250, 100, 1281
Mathew Jones, 8, 632, 100, 100, 185

Dewitt County Texas
1850 Agricultural Census

The Agricultural Census for Texas for 1850 was microfilmed by the University of North Carolina under a grant from the National Science Foundation and filmed from original records in the Texas Department of Archives and History.

There are some forty-six columns of information on each individual. Only the head of the household is addressed. I have chosen to use only six columns of information. These are shown below:

1. Name of Owner
2. Acres of Improved Land
3. Acres of Unimproved Land
4. Cash Value of the Farm
5. Value of Farm Implements and Machinery
13. Value of Livestock

Thus, the numbers following the names represent, 2, 3, 4, 5, 13.

The following symbol is used to maintain spacing where blank in a column: (-).

David Murfree, 45, 1450, 5000, 200, 800
America Aldridge, 50, 1000, 3000, 200, 480
Buckus Harris, 550, 3100, 5000, 1000, 300
Augustine Harris, 60, 500, 1000, 50, 300
James Houston, 60, 500, 1000, 50, 600
M. W. Pridgins, 90, 2500, 2500, 150, 1840
Arthur Barns, 60, 2300, 5000, 100, 1400
John Buchanan, 60, 2300, 5000, 100, 160
W. C. Thomas, 60, 2300, 5000, 100, 500
Danl. Friar, 80, 1520, 6000, 500, 1000
E. D. Wright, 30, 370, 800, 155, 400
Geo. A. Miscoll, 7, 600, 800, 100, 250
B. F. Low, 10, 11000, 1500, 100, 1300
T. C. Tomlinson, 20, 80, 250, 20, 200
Theofalis Petty, 30, 200, 500, 100, 150
Gipson Petty, 8, 312, 150, 100, 75
Wm, Smith, 8, 312, 150, 100, 160
Amos A. Hill, 7, 7, 300, 50, 200
Pepkin B. Taylor, 15, 385, 1000, 50, 260
S. Gaery, 15, 115, 700, 50, 1000
Isaac Read, 15, 115, 700, 50, 250
Rufus Taylor, 8, 600, 600, 100, 900
Elizabeth Taylor, 110, 860, 1200, 200, 3600
Mary McCrabb, 17, 183, 600, 30, 1700
Sally Marshall, 80, 950, 1100, 50, 1000
Wm. Morris, 10, 1100, 10, 300
Perry Davis, 8, 192, 400, 20, 600

Lewis J. Buzett, 20, 280, 600, 100, 650
James A. Law (Low), 20, 280, 600, 100, 75
Lewis Demoss, 35, 165, 350, 100, 900
John Jordon, 50, 200, 500, 125, 2000
John Archer, 50, 200, 500, 100, 600
James N. Smith, 10, 10, 200, 100, 400
W. C. Cavitt, 50, 400, 1000, 100, 250
Crockett Cordwell, 20, 590, 2500, 300, 1500
B. M. Odum, 40, 260, 1200, 150, 800
Wm. Means, 30, 260, 1200, 500, 1600
J. R. North, 250, 700, 7000, 1000, 4000
Wm. Prestley, 100, 700, 7000, 150, 7000
Geo. W. Dover, 45, 1555, 3200, 100, 1100
James Fonster, 4, 46, 200, 10, 225
Francis Buchanan, 50, 450, 1000, 50, 1200
Thos. Asher, 20, 130, 500, 150, 200
John Tomlinson, 20, 130, 500, 150, 400
James Walker, 20, 300, 600, 150, 200
Webb Waford, 27, 1200, 3000, 50, 2300
R. B. Waford, 260, 1800, 5000, 500, 3000
John Waford, 30, 2000, 10000, 100, 600
James Gibson, 8, 2000, 10000, 20, 400
James Piland, 5, 2000, 10000, 100, 800
Joseph Murphee, 15, 185, 250, 20, 400
Moses Powers, 21, 150, 250, 20, 1700
Elias Powers, 21, 200, 200, 20, 1650
Jacob Carroll, 130, 200, 1000, 200, 20000
Joseph J. May, 10, 890, 450, 50, 1300
James Lawey (Lawry), 10, 890, 450, 80, 400
James May, 35, 4428, 4428, 20, 1200
Charles Bradley, 10, 215, 700, 40, 300
Jasper Gilbert, 16, 334, 1000, 40, 600
W. Templeton, 40, 1000, 2200, 50, 1200
Jno. D. Barnhill, 75, 200, 500, 100, 750
Robt. B. Houston, 80, 1100, 2000, 20, 600
David E. Smith, 110, 360, 3000, 1000, 1000
Richd. Power, 25, 4400, 4428, 50, 450
Jno. T. Porter, 43, 500, 1000, 50, 500
Jno. Choat, 43, 150, 150, 100, 3300
Thomas J. Choat, 43, 150, 150, 200, 600
Albert Odum, 43, 150, 150, 200, 300
Maretz Rite, 20, 80, 200, 30, 200
Jno. H. King, 15, 720, 2000, 250, 780
Francis Hopper, 5, 15, 150, 20, 250
Andrew Sturn, 5, 10, 200, 10, 100
Joseph Lutaboe, 5, 10, 150, 10, 200
John Ufferback (Uffsback, Uppshock), 5, 10, 150, 10, 20
Ceaser Eckhart, 5, 11, 100, 10, 150
Wm. Rankin, 5, 11, 100, 10, 150
John Calahorn (Calahan), 40, 160, 1000, 50, 1200
Daniel McFarland, 12, 178, 400, 10, 300
Elisha Odum, 12, 450, 250, 80, 350
Dorothy Read, 12, 450, 250, 80, 300
Walter Anderson, 5, 195, 200, 100, 500

Charles A. Turlon (Turton), 15, 235, 500, 150, 1500
Wm. W. Wilkerson, 3, 1300, 350, 20, 300
John Keseah, 3, 1300, 350, 100, 200
Antonia Galin (Golia), 4, 96, 100, 10, 200
Wm. Jones, 10, 190, 200, 70, 800
J. McFall, 10, 100, 100, 70, 200
Lewis Reinhavett (Reinhardt), 8, 142, 150, 75, 200
Julius Stone, 10, 180, 2 00, 25, 200
Christolph Shurelts (Shewelts), 10, 350, 350, 75, 150
Jacob Shewells, 15, 185, 200, 80, 2000
Willhelm Shelemos, 97, 200, 100, 50, -
Edwd. Lockhousen, 20, 80, 150, 50, 250
Geo. Shervelle, 12, 88, 150, 25, 200
Henry Dyer, 10, 90, 150, 10, 150
Frederich Hausman, 6, 96, 150, 20, 100
Christian Teamer, 15, 185, 150, 20, 150
Christian Miller, 6, 14, 150, 20, 125
La___ Farzer, 12, 138, 150, 20, 100
Geo. Roosemoe, 5, 45, 150, 20, 100
Johan Lee Mears, 12, 88, 150, 40, 300
Peter Blurzell, 18, 282, 300, 30, 200
Christian Hoaf (Hurt), 10, 90, 150, 10, 100
August Rafter (Roaker), 6, 44, 150, 10, 200
Adolph Houn, 4, 21, 100, 10, 175
William Gown (Gower), 4, 21, 100, 10, 200
Martha Peller, 10, 450, 500, 50, 250
John F. Peller, 50, 2050, 2500, 200, 4200
Robert Kleburgh, 20, 230, 500, 100, 1400
Albert VonRaeder, 8, 2200, 2200, 200, 4200
Mary G. Bell, 23, 225, 500, 30, 2100
Palestian Brown, 12, 150, 200, 20, 40
Pheby Scott, 23, 175, 300, 100, 1000
Josiah Taylor, -, 380, 00, -, 1200
Lucretia York, 130, 200, 1000, 100, 3000
John Yow, 20, 480, 1000, 100, 1500
Joseph Tomlinson, 12, 1100, 1500, 100, 2100
James M. Elder, 9, 28, 150, 150, 600
Peter Metz, -, 10, 50, 150, 140
Henry Host, 12, 12, 100, 10, 120
Gibfans Hordsman, 3, 17, 150, 15, 80
Wyatt Anderson, -, 200, 260, 100, 300
William Rease, -, 200, 260, 1 00, 400
James Harrisworth, -, 200, 260, 100, 200
Charles Bauchell (Baukett), 25, 200, 260, 40, 100
James Cox, 15, 85, 200, 20, 600
W. B. Prater, 15, 85, 200, 100, 250
Wm. Cox, 50, 450, 100, 150, 4600
Clayton Blackwell, 50, 400, 400, 50, 300
Abm. Sumers, 50, 400, 400, 50, 450
Saml. Andrews, 80, 560, 640, 300, 6500
H. M. B. Pridgins, 300, 550, 4000, 60, 900
Jno. N. Uonson, (Nellionson), 300, 550, 4000, 60, 380
Margaret Brown, 30, 550, 4000, 60, 1100
Richd. Chisolm, 60, 4180, 10000, 100, 1300
A.G. Stephens, 25, 875, 1400, 150, 300
Wm. Stean, 10, 875, 1400, 50, 280
Wilson VanDyke, 10, 875, 1400, 250, 600
Sarah Blair, 18, 150, 200, 120, 450
Susan Doolittle, 15, 100, 175, 20, 250

Isaac J. Clark, 15, 100, 175, 20, 25
John G. Rice, 9, 100, 175, 20, 200
Wm. Rice, 15, 100, 256, 20, 256
John H. Clayton, 13, 500, 500, 75, 150
Joseph Stephens, 225, 1000, 2500, 1500, 2400
Elisha Stephens, 50, 1000, 2500, 200, 600
B. M. Craigg, 15, 1000, 2500, 150, 1000
Walter Houston, 21, 1000, 2500, 10, 650
James Kelsoe, 65, 1000, 2500, 10, 400
Tunver (Tunber) Barton, 80, 1000, 2500, 100, 1000
Isaac Stean, 12, 1000, 2500, 100, 200
A. J. Cloud, 12, 1000, 7500, 100, 700
N. R. McDonald, 15, 1000, 2500, 125, 300
John Harwood, 50, 550, 1000, 300, 1500
M. G. Jacobs, 10, 200, 300, 200, 700
Saml. Cunningham, 50, 500, 550, 300, 580
Wm. Averhart, 35, 500, 1000, 50, 250
August Morris, 15, 800, 600, 50, 300
James M. Baker, 60, 1050, 3000, 320, 1000
James Wallis, 60, 600, 600, 20, 150
James W. Crawford, 80, 1030, 2000, 400, 1600
Geo. E. Moore, 80, 350, 500, 10, 600
Maryann Burgett, 25, 300, 1500, 20, 1200
Harvey Neely, 25, 50, 50, 10, 200
Miles L. Bennett, 50, 1050, 1300, 100, 300
Carroll Spencer, 40, 1050, 1300, 100, 80
Robt. Peebles, 200, 6000, 150000, 5000, 3100
Michael Miller, 60, 450, 2800, 300, 1100
David Miller, 60, 450, 2800, 300, 1100
Tumer (Tomer), -, -, -, -, 1500
Jonathan Scott, 25, 325, 1400, 100, 1100
Rosana Scott, 20, 1500, 3000, 40, 700
Willie Duran, 10, 460, 400, 410, 400
J. B. Sample, 10, 600, 100, 410, 75
Geo. T. Blessill, -, -, -, -, 1500
James Billheng (Bilheny), 4, 96, 150, 10, 400

Ellis and Tarrant Counties Texas
1850 Agricultural Census

The Agricultural Census for Texas for 1850 was microfilmed by the University of North Carolina under a grant from the National Science Foundation and filmed from original records in the Texas Department of Archives and History.

There are some forty-six columns of information on each individual. Only the head of the household is addressed. I have chosen to use only six columns of information. These are shown below:

1. Name of Owner
2. Acres of Improved Land
3. Acres of Unimproved Land
4. Cash Value of the Farm
5. Value of Farm Implements and Machinery
13. Value of Livestock

Thus, the numbers following the names represent, 2, 3,4, 5, 13.

The following symbol is used to maintain spacing where blank in a column: (-).

E. R. Johnson, 32, -, 200, 27, 310
R. N. Walker, 40, -, 150, 5, 200
John M. Thomas, 22, 1078, 1400, 300, 330
Smith Gibbs, 9, -, 50, 100, 195
Lucy Vaughn, 20, -, 100, 75, 120
Joshua Brock, 20, -, 100, 25, 560
Wm. Phipps, 50, -, 300, 20, 665
Joseph Belb (Bell), 15, 424, 500, 75, 338
Wm. Balch, 25, 850, 1100, 150, 610
Robt. Bell, 18, -, 2000, 125, 160
C. H. Beeker, 20, 280, 300, 100, 380
Isaac Hurst, 15, 625, 500, 100, 445
Wm. T. Patton, 10, 690, 50, 60, 410
E. K. Balch, 15, 625, 160, 20, 490
M. T. Flaherty, 36, 364, 1000, 100, 4355
David P. Faris, 35, 875, 2000, 150, 278
Silas M. Durrett, 40, 4120, 4000, 20, 200
Sarah D. Mayfield, 12, 188, 300, 25, 355
Thomas Smith, 13, 500, 500, 200, 305
Thomas & W. U. R. Herron, 80, -, 500, 125, 1123
Harvey Herrol, 30, 670, 1000, 25, 514
E. H. Tarrant, 160, 7840, 6000, 200, 1740
Wm. Young, 20, 780, 480, 150, 425
Peter Apperson, 110, 2500, 1500, 300, 2045
E. W. Rogers, 75, 1325, 1500, 200, 570
Jonathan E. Prince, 21, 379, 400, 100, 245
Daniel Weaver, 10, -, 100, -, 120
Joseph H. Weatherspoon, 14, -, 100, 160, 272
Perry G. Garvin, 30, 610, 320, 500, 600
Norman Phillips, 35, -, 350, 150, 320
H. F. Hinckley, 20, -, 200, -,42
Wm. Hawkins, 20, -, 200, 100, 430
James L. Kelly, 20, -, 100, 5, 150

Edw. C. Bradford, 13, 307, 160, 125, 350
Josiah D. Munden, 10, 310, 320, 50, 185
Elbert C. Newton, 25, -, 300, 150, 381
Jordan Powers, 10, -, 100, 100, 300
Jas. P. Laughlin, 20, -, 200, 120, 222
Newton C. Laughlin, 30, -, 300, 100, 670
Dulany S. Gentry, 10,-, 100, -, 199
James S. Barry, 20, -, 200, 100, 285
James Billingsley, 20, -, 200, 100, 225
John R. Billingsley, 20, -, 200, 50, 250
Robt. M. Billingsley, 15, -, 300, 25, 142
Nathan S. Billingsley, 15, -, 300, 20, 110
James H. Boyd, 8, -, 200, 100, 220
Wm. Jasper Boyd, 10, -, 75, -, 65
Absoso Bowers, 40, -, 300, 150, 342
James Coldiron, 17, -, 200, 125, 70
Hugh Roberson, 27, -, 300, 100, 200
Joab Watson, 15, -, 150, 25, 185
Joel S. Davis, 2, 638, 600, 10, 505
Saml. Billingsley, 25, 615, 640, 100, 217
Geo. W. Younger, 40, 600, 640, 150, 370
Wm. Glasland (Geasland), 45, 595, 500, 105, 375
John Pace, 40, -, 200, 15, 130
Archibald Greathouse, 25, 615, 640, 125, 921
John Bell, 25, 375, 400, 25, 240
John C. Hatter, 18, -, 80, 15, 120
Josiah P. Woolsey, 20, -, 100, 50, 172
Nathan L. Douglass, 36, 604, 400, 100, 400
John Merleson, 40, 200, 240, 40, 153
Harrsion P. Crumb, 70, 1630, 1000, 250, 1710
Archd. M. Lavender, 15, -, 200, -, 540
Robt. A. Lemon, 35, 180, 215, 60, 345
Margaret Kirkland, 40, 600, 640, 50, 378
Geo C. Parks, 10, 470, 480, 100, 132
John Nuget, 20, -, 300, 10, 170
James J. Clayton, 23, 10, 30, 100, 214
Asa R. Newton, 40, 10, 40, 75, 280
Harman Hurst, 15, -, 75, 75, 120
David Evans, 30, 610, 640, 50, 520
Cynthia Hurst, 70, 180, 200, 80, 165
Faris E. King, 17, 683, 700, 80, 200
Wm. C. Billingsley, 20, 1260, 840, 50, 135
Wm. Downing, 45, -, 400, -, 270
James G. Hyden, 14, 626, 640, 10, 350
Wm. O. Neal, 12, -, 100, 15, 70
Larkin Barnes, 10, -, 100, 100, 290

Fannin County Texas
1850 Agricultural Census

The Agricultural Census for Texas for 1850 was microfilmed by the University of North Carolina under a grant from the National Science Foundation and filmed from original records in the Texas Department of Archives and History.

There are some forty-six columns of information on each individual. Only the head of the household is addressed. I have chosen to use only six columns of information. These are shown below:

1. Name of Owner
2. Acres of Improved Land
3. Acres of Unimproved Land
4. Cash Value of the Farm
5. Value of Farm Implements and Machinery
13. Value of Livestock

Thus, the numbers following the names represent, 2, 3, 4, 5, 13.

The following symbol is used to maintain spacing where blank in a column: (-).

Jas. Ventimer, -, -, -, 200, 1416
E. T. Pickett, 18, 111, 260, 50, 232
Robt. Balthrop, -, -, -, 80, 300
W. A. Teavis (Travis), -, -, -, -, 50
Saml. Williams, 12, -, 100, 6, 90
Jas. F. Terry, 40, 420, 230, 100, 245
C. P. Hensler, 90, 610, 800, 150, 565
Wm. Cox Jr., 35, 285, 320, 200, 318
M. Birch, 15, 329, 344, 5, 80
J. G. Thomas, 40, 280, 400, 80, 695
Jno. F. Hunter, 30, 610, 640, 200, 595
S. M. Hawkins, 45, 755, 400, 38, 240
Geo. W. Grant, 12, 148, 480, 100, 173
R. White, 50, 220, 540, 50, 370
Wm. Dulaney, 30, 100, 650, 40, 610
Jno. Dulaney, 30, 210, 480, 110, 600
J. J. Rogers, 40, 180, 440, 67, 416
Sarah A. Bush, 75, 565, 1280, 75, 800
Jno. T. Williams, 16, 224, 500, 150, 400

B. Brown, -, -, -, 10, 140
Azariah Brown, 25, 135, 360, 75, 325
Wm. Southwood, 70, 410, 720, 150, 800
J. C. Parish, 40, 200, 120, 235, 441
J. _. Roberts, 14, 16, 1000, 250, 855
Joel C. Fuller, 60, 988, 1096, 200, 549
Wm. Cox Sr., 55, 1125, 1500, 100, 630
H. Mouser, 30, -, 90, 5, 42
Thos. Lindsay, 80, 1160, 310, 150, 620
John F. Crawford, -, -, -, 15, 204
Robt. McPhail, 20, 300, 320, 10, 320
Isaac Deckrow, 10, 20, 40, 50, 60
James Gailey, 10, 40, 50, 60, 375
Burwell Cox, 60, 260, 560, 20, 870
H. Sylvers, -, -, -, -, 135
_. H. Pettigrew, 60, 580, 640, 100, 633
James A. Wood, 19, 841, 860, 20, 590

John H. Laster, -, -, -, 150, 112
H. B. Werner, -, -, -, 5, 86
Bailey Inglish, 130, 720, 15000, 150, 944
R. H. Lane, 35, 455, 600, 130, 300
Wm. Crenshaw, 100, 540, 1500, 205, 352
E. M. Nunn, 20, 200, 418, 110, 95
Jno. P. S_upersoul, 60, 500, 300, 100, 1090
Leavon Oliver, 25, 175, 500, 10, 392
A. Galbreth, 30, 610, 1000, 100, 180
Reese Bullit, 25, 135, 480, 80, 188
Wm. Jones, 30, 405, 880, 150, 140
James M. Lurasey, 7, 313, 400, 200, 397
R. H. Locke, 19, 301, 600, 5, 140
E. C. Rogers, 18, 302, 1600, 10, 276
B. F. Kane, 8, 312, 320, 10, 295
Wm. Humssince, 80, 140, 800, 110, 636
Jno. H. Cooper, 13, 331, 700, 100, 320
Joel M. Stinnett, 100, 740, 1500, 200, 865
Jas. Baker, 1, 199, 400, 80, 538
R. P. Baker, -, -, -, - ,30
J. R. Boone, 20, 57, 250, 70, 173
T. E. Everts, 80, 280, 100, 240, 468
Mo. McMewnausy, 18, 422, 800, 15, 390
J. A. McMewnausy, 20, 230, 500, 30, 354
W. W. McMinnaway, 7, 195, 200, 10, 181
Thos. Wyatt, 1, 211, 212, 5, 246
Jas. S. Dyer, 60, 350, 800, 100, 125
Thos. S. Smith, -, -, -, -, 381
O. Crocker, -, -, -, -, 100
Edmiston Cox, 40, 260, 600, 125, 310
Ed Farris, -, -, -, 50, 100
Danl. Morrison, -, -, -, -, 110
M. Meeker, 10, -, 200, 100, 440
Jas. Knappe, -, -, -, 90, 180

Wm. Morgan, 80, 560, 1200, 100, 360
D. Bachowan (Buchowan), 57, 269, 640, 100, 483
Wiley Bullix, 40, 790, 1200, 100, 310
Jas. B. Buchanan, 16, -, 160, 100, 176
A. E. Morris, 18, 322, 525, 50, 340
Elizabeth Edgeman, 48, -, 240, 5, 10
Wm. Warden, 20, 140, 120, 10, 345
Hezekiah Warden, 5, -, 75, 5, 50
Danl. Watkins, 8, 92, 100, 10, 110
Jno. Zachary Sr., 20, 771, 2500, 150, 1235
Wm. P. Chapman, 50, 150, 400, 65, 300
Geo. W. Smith, 25, 75, 400, 100, 1070
Jno. Blevins, 27, 195, 660, 110, 267
Jonathan Routh, 42, 353, 600, 190, 796
Jas. C. Watkins, 3, 197, 170, 25, 330
Martha Watkins, 8, 192, 150, 20, 300
Jno. F. Wright, 7, 33, 40, -, 178
Jno. Boutwell, 15, 361, 400, 18, 238
B. S. Davis, 70, 570, 960, 100, 288
Geo. W. Jones, -, -, -, 50, 130
Margaret Kirk, 30, 290, 320, 300, 420
Jas. H. Woods, 45, 679, 1100, 60, 391
Robt. P. Russell, 50, 690, 740, 10, 440
Jno. McKee, 16, 244, 390, 60, 348
Thos. Cowart, 65, 755, 1500, 150, 491
Wm. Driggers, 10, 70, 100, 3, 104
C. Bain, 70, 568, 1276, 100, 768
Thos. Hill, -, -, -, 25, 266
J. F. Duckworth, 15, 135, 150, 5, 75
A. P. Duckworth, 65, 206, 271, 50, 360
Evan Price, -, -, -, 60, 297
R. S. Cox, 40, 370, 600, 125, 150
Jno. _. Cox, -, -, -, 15, 285

Jas. Carpenter, 5, 35, 200, 10, 280
Thos. _. Finley, 10, 120, 250, 5, 84
Jas. Delsy, -, -, -, 5, 115
A. S. Bone, 28, 292, 320, 7, 238
T. O. Triplett, 12, 58, 100, 10, 120
S. K. McCrary, -, -, -, 140, 415
Anslum Terry, 38, 227, 700, 200, 1335
Isaac Morgan, 23, -, 200, 75, 574
K. C. Kensler, 18, 422, 310, 20, 265
W. M. Goar, -, -, -, 160, 890
Anna Nail, 60, 580, 1280, 50, 1100
Robt. Harrell, 45, 435, 800, 75, 380
Wm. Stone, 60, 260, 700, 100, 380
J. W. Walker, 40, 120, 400, 8, 225
Richard Harrill, 60, 900, 1200, 100, 925
Enoch Johnson, 22, 298, 500, 6, 330
John Mintin, -, -, -, 50, 170
Wm. English, 3, 172, 250, 55, 1220
Nachwell Bordens, 20, 280, 300, 110, 230
N. P. Lawson, 40, 280, 600, 10, 155
Jas. Chambers, 15, 94, 200, 40, 235
Jas. Davis, 20, 232, 252, 10, 220
F. McCown, -, -, -, 90, 470
C. B. Wilkes, 25, 475, 500, 60, 570
Thos. H. Skidwell, -, -, -, 15, 240
Albert McFarland, 10, 150, 240, 20, 310
A. Blankenship, 20, 140, 160, 50, 418
Giles Mackey, 6, -, 30, 50, 445
R.. R. Moore, -, -, -, 100, 400
Jno. M. Wood, -, -, -, 5, 50
Reuben Brown, 23, 297, 160, 45, 388
Ann Cannon, 25, 275, 150, 70, 272
Asa Blankenship Sr., 35, 135, 85, 80, 410
J. G. Lincoln, 34, 139, 300, 10, 137
Joel T. Hendricks, 8, 72, 40, 30, 110
Washington Sloan, 10, 70, 100, 110, 546
Jas. Cummins, 25, 175, 400, 10, 220
Hugh Bealy, 40, 440, 880, 100, 607

Jno. Loring, 70, 370, 1320, 150, 6270
Jas. C. Dillingham, 25, 315, 340, 75, 726
Benj. Bourland, 30, 420, 1000, 60, 332
Wm. Merrick, 8, 492, 500, 15, 330
Mary Lyday, 100, 1300, 700, 500, 1870
Isaac Liday, 100, 1300, 700, 150, 1165
E. Alexander, 12, -, 300, 100, 300
Geo. L. Bledsoe, -, -, -, -, 155
S. S. McCleary, 30, 300, 500, 50, 220
Wm. E. Hamilton, 4, 122, 200, 1, 80
S. W. McKee, 14, 154, 336, 50, 328
Jane McKee, 25, 305, 500, 250, 450
Morgan Mullins, 40, 300, 650, 50, 280
M. L. Bone, 20, -, 200, 5, 297
David Lane, 60, 260, 1600, 500, 1269
Rebecca McClure, 12, 146, 160, 5, 210
Jas. C. Tucker, -, -, -, 50, 160
P. W. Titus, 15, 490, 1280, 200, 129
Jesse Butler, 10, 310, 160, 25, 165
B. T. Bourland, 25, 295, 700, 12, 318
Franklin Wood, -, -, -, 50, 216
W. B. Merrill, 90, 530, 1600, 120, 1005
A. F. Merrill, 20, 300, 480, 40, 212
Howard Ethridge, 10, 90, 100, 3, 115
Jas. McFarland, 140, 1040, 1000, 100, 590
E. Sebastian, 6, 8, 30, 3, 43
Jno. C. Jackson, 12, 188, 200, 30, 132
T. D. Williams, 10, 90, 100, 5, 1125
Jackson McFarland, 75, 565, 1000, 215, 1138
John Pinel, 75, 565, 1000, 50, 130
Jasper McFarland, 10, 107, 89, 10, 112
Andrew White, 15, 146, 300, 10, 86

Thos. P. Ratten, 22, 163, 185, 70, 168
Geo. Reed, 5, 45, 50, 60, 285
Jno. McFarland, 30, 530, 560, 120, 430
Saml. Wall, 25, 295, 320, 30, 222
Burges Wall, 8, 38, 45, 5, 50
Jno. Ratten, 35, 790, 320, 15, 545
A. M. Self, 4, 634, 480, 125, 360
Geo. M. Smith, 200, 1080, 1920, 100, 1170
Jno. Lewis, 15, 305, 320, 150, 180
F. E. Johnson, 15, 305, 320, 150, 85
Benj. Johnson, 85, 333, 1500, 175, 841
J. W. Pettit, 20, 340, 540, 50, 390
Thos. M. Latta, 18, 82, 300, 30, 360
E. B. Sebastian, 10, 200, 200, 50, 170
S. Armstrong, 14, 316, 500, 25, 87
Jno. Gwaltney, 24, 616, 640, 10, 387
Jas. Isham, 30, 20, 800, 15, 435
Jno. Carr, 8, 92, 100, 10, 137
Jas. Wells, 8, 92, 100, 5, 112
H. S. Allen, 20, 300, 320, 100, 367
Chas. Lovelace, 80, 330, 470, 700, 1017
Henry Tibbles, 40, 160, 600, 150, 930
Jas. Fowler, 20, 119, 200, 50, 308
Jno. Fowler, 15, 85, 200, 5, 620
Jonathan Kilgore, 15, 85, 200, 30, 60
Wm. Woody, 4, 154, 160, 20, 120
Andrew Terry, 40, -, 400, 75, 460
David Wagoner, 20, 1780, 1800, 125, 887
Miles H. Davis, 9, 51, 60, 5, 68
Benj. Walker Sr., 30, 610, 640, -, 460
B. L. Walker, 20, 300, 320, 20, 42
Fred Highsaw, 6, 94, 100, 10, 85
Caleb Head, -, -, -, 5, 68
Thos. McCraw (McGraw), 10, 90, 100, 10, 150
J. M. Tucker, 27, 293, 480, 125, 122
Berry Page, 13, 48, 260, 110, 113
B. C. Bagby, 60, 453, 1300, 225, 2340
R. W. Madden, 20, 280, 700, 20, 623
Levil Yates, 30, -, 200, 10, 318
P. T. Bland, 7, 313, 200, 500, 75
Nancy H. Story, -, -, -, 50, 240
Thos. C. Baker, 25, 475, 800, 50, 412
A. A. McKee, -, -, -, 5, 62
Wm. R. Fitzgerald, 35, 165, 400, 100, 281
Jacob Frize, 15, 785, 800, 100, 325
George W. Fulcher, 16, 304, 320, 120, 153
Thos. Hobbs, 50, 470, 1560, 100, 589
B. J. Godsey, 25, 315, 300, 10, 180
David Dornnan, 35, 700, 1810, 125, 716
B. F. Wood, 10, 470, 1000, 60, 144
Saml. Ervin, 36, 604, 960, 50, 543
B. S. Walcott, 40, 430, 5000, 40, 380
Jno. T. Allen, 20, 450, 1500, 40, 100
E. J. Allen, 20, 130, 150, 6, 146
J. J. Morrison, 22, 138, 240, 50, 266
E. J. Pennington, 50, 214, 1000, 100, 350
Robt. B. Johnson, 67, 333, 500, 250, 860
A. McClellan, 20, 300, 640, 60, 250
G. Fitzgerald Jr., 21, 180, 600, 120, 330
Harrison Stanford, 80, 270, 1500, 100, 802
H. Stanford, 10, 197, 350, 15, 202
F. Weakes, 50, 350, 400, 100, 485
H. Crum, -, -, -, 5, 50
Wm. Charley, 10, 186, 20, 130, 370
Jno. Lee, 50, 131, 543, 100, 604
Geo. Stephens, 90, 442, 1064, 125, 774
Hugh Wallace, 22, 258, 500, 100, 474
L. P. Moore, 35, 146, 400, 110, 278
H. R. Stephens, 30, 170, 400, 100, 340

Jno. Helfer, 30, 120, 200, 100, 120
Jas. P. Cross, 80, 329, 818, 100, 2340
J. P. Spencer, 60, 680, 1280, 100, 406
John Stewart, 60, 340, 2000, 200, 246
Jno. Dial, -, -, -, 5, 50
S.W.Fitzgerald, 160, 4880, 1280, 150, 186
Thos.A. Dagley, 35, 179, 428, 140, 260
Wm.A. Provine, 45, 337, 1500, 100, 310
Jno. Sadler, 20, 117, 430, 100, 370
Jos.Stanford, 4, 26, 75, 10, 286
Jno. Whittenbury (Whittenburg), 70, 470, 810, 70, 8110
Wm. Yates, 4, 156, 160, 100, 178
E. H. Dodd, 200, 675, 2000,200, 890
Jonathan Cowart, -, -, -, 100, 65
Chas. Lee, 20, 124, 108, 85, 124
Wm. Reeder, 20, 140, 160, 10, 130
Geo Lackey, 30, 450, 500, 100,766
Anthony Brown, 80, 1920, 200, 100, 1270
Jno. H. Brown, 25, 175, 200, 10, 160
S.A.Stinnett, 30, 470, 300, 30, 190
Lewis Ra_ed, -, -, -, 10, 70
Wm. H. Hunt, 45, 55, 1000, 2, 2500
Jno. R. Garnett, 90, 1510, 2000,1 30, 1275
R. S. Hunt, 1, 9, 300, -, 10
Jas. H.Walters, 40, -, 1000, 50, 240
Harry Mouser, 20, 270, 217, 50, 345
Jas. G. Fitzgerald,-, -, -, -, 86
Joshua Cox, 40, 600, 640, 200, 540
A. P. Duckworth, 11, 123, 100, 100, 186
Paul Watson, 70, 250, 600, 250, 1313
Wilkes Fletcher, 65, 938, 1000, 300, 770
F. B. Toyne, -, -, -, 100, 45
Wm. T. Justes, 10, 90, 300, 25, 160
A. W. Brown, 45, 265, 800, 70, 406

Thos. Rose, 15, 628, 640, 100, 406
A. B. Hawking, 20, 60, 570, 1, 30
M.A. French, -, -, -, 20, 30
Wm. Crump, 15, 185, 200, -, 148
Geo. Shelly (Shelby), 6, 194, 100,3 , 30
Mary Hunter, 25, 136, 300, 10, 430
Patrick McClary, -, -, -, 5, 86
Delila Dawson, 20, 300, 320, 30, 665
T. P. Carmack, 12, 68, 40, 2, 69
Josiah Fowler, 10, 20, 100, 1,2 00
Jno. D. Waldmer, 10, 75, 85, 5, 60
Robt. A. Gibson, 32, 278, 500, 83, 155
Enos Coonsod (Coonrod), 3, 157, 160, 2, 55
Wm. Walasum, 20, 133, 229, 20, 170
James Coutwell, 14, -, 68, 5, 142
Wm, Cantwell (Coutwell), 5, -, 25, 35, 185
Chas. Spencer, 10, -, 80, 40, 131
Silas S. Coonrood, 1, 179, 180, 2, 38
Mary Coonrood, 60, 260, 380, 10, 195
Preston A. Payne, 18, 182, 350, 25, 160
A. McPhail, 10, 107, 223, 5, 559
Beach Winchester, -, -, -, -, 270
Cabet A. Gage, 8, 152, 160, 10, 170
Z. Hatchens, 1, -, 25, 2, 135
Elijah Beber, 10, -, 100, 80, 70
Thos. F. Boran, 58, 200, 550, 8, 244
Jno. M. Boren, 20, 100, 300, 8, 70
Jno. Savage, 4, 134 70, 10, 80
Wm. S. Carr, 20, 80, 160,10, 200
Danl. Dulany, -, -, -, 30, 156
B.W.Taylor, -, -, -, -, 105
William Carr, 17, 343, 250, 2, 120
Thos. R. Carmack, 10, 100,3 00, 5, 168
Jno. Carmack, 12, 64, 300, 30, 180
B. G. Pace, 30, 249, 1000, 250, 557
Jno. Bracherton (Brocheston), 15, 305, 320, 100, 400
P. S. Wells, 15, 24, 400, 80, 206
Wm. Harris, 45, -, 200, 40, 198

Isaac Todd, 25, -, 250, 100, 410
Jno. B. Compton, 25, 625, 640, 160, 785
Jno. D. Black, 150, -, -, -, -
Jas. M. Smith, 10, 306, 640, 10, 375
W. W. Brochestone, 50, 307, 1000, 105, 523
Wm. B. Onstott, 40, 3748, 5682, 100, 800
Mary A. Dougherty, 3, -, -, 5, 200
Aron Smith, 50, 590, 1280, 125, 589
Wm. F. Stewart, -, -, -, -, 100
Jno. E. L.Walls, 16, 84, 100, 1, 36
Nancy Stafford, 16, 84, 100, 70, 126
Wm. Gambell Jr., 8, 302, 600, 100, 80
Henry Cochran, -, -, -, -, 60
Curtis Moore, 80, 320, 400, 20, 490
L. A. Bledsoe, -, -, -, -, 70
C. H. Ellis, -, -, -, -, 60
B. M. Burleson, -, -, -, 80, 206
Jas. W. Scoot, -, -, -, -, 88
Wm.Stull, -, -, -, -, 20
Wm. C. Freeman, 32, -, 480, 30, 210
Jas. Moore, 10, 310, 500, 5, 236
Mable Gilbert, 150, 1130, 3200, 150, 1432
Saml. McFarland, 28, 42, 280, 50, 490
Colby Dennis, 10, 70, 160, 5, 196
L. Blanton, 120, 520, 2000, 100, 595
Jas. Justis Sr., 15, 364, 380, 20, 280
W. W. Kennady, 45, 100, 601, 40, 340
Jno. Patten, 35, 260, 1000, 20, 759
L. Stevens, 30, 210, 240, 100, 540
G. Cravens, 10, 630, 500, 125, 343
Wm. A. J. Finch, 14, -, 100, 75, 340
David Redwine, 10, 110, 200, 2, 76
Jno. Redwine, 50, 200, 700, 50, 305
Jas. Butler, 1, 159, 160, 100, 270
Thos. F. Garrison, -, -, -, -, 50
H. Cox, 50, 494, 500, 100, 927
Wm. Gambell Sr., -, -, -, 175, 481
H. Tackitt, 80, 320, 800, 200, 547
Moses Allen, 45, 75, 600, 60, 160
G. Kerr, 40, 31, 152, 60, 762
Peter Kirk, 40, -, 200, 35, 210
Robt. Withrow, 40, -, 240, 100, 65
Jas.H. McCarty, 75, 580, 200, 300, 770
Jno. Hampton, 70, 320, 1000,1 00, 465
Jas. Welch, 20, -, 100, 5, 22
Levy Richards, 120, 680, 4000, 250, 1158
Moses Damson, -, -, -, 100, 405
E. Peters, -, -, -, 2, 110
Jas. Mitchell, 20, 520, 540, 4, 193
G. T. T. Gray, 50, 1090, 1425, 10, 233
W. A. Piper, 20, 80, 300, 5, 106
D. Johnson, 20, -, 100, 130, 270
A. S. Yoakum, 65, 335, 1200, 200, 960
Jeremiah Ward Sr., 60, 580, 1000, 200, 430
Albert J. Yates, 7, 98, 105, 12, 100
M. L .Dallon (Dalton), 33, 230, 526, 100, 500
John Dennis, 23, -, 250, 75, 207
Wm. A. Allen, 70, 136, 40, 10, 278
C. C. Yoakum, 1, -, -, 80, 215
David Peaoler, 60, 388, 1300, 150, 1706
William B. Allen, 85, 332, 834, 150, 462
A. _. Nicholson, -, -, -, 20, 317
Julius Stapp, 40, 72, 224, 10, 111
Miles Holt, 8, 120, 127, 75, 230
Joseph Farmer, 5, 125, 130, 20, 181
Jesse F. Thomas, 24, 136, 500, 10, 300
Thos. E. Craddock, 20, 300, 320, 10, 65
Emily G. Williamson, 25, 445, 500, 2, 130
R. M. C. Self, 35, -, 750, 5, 38
Standman H. Allen, 20, 160, 180, 15, 154
Jno. W. Wrotesman, -, -, -, 80, 36
Wm. Ranebolt, 30, 370, 350, 10, 550

Ephram Choat, 30, -, 150, 10, 320
Horatio Jones, 60, 880, 640, 95, 230
Jas. C. Williams, 30, 610, 320, 60, 246
Danl. M. Morrison, 1,-, 32, 5, 225
Free L. Hart, 7, 113, 240, 8, 246
Rebecca Williams, 30, 570, 1200, -, 314
Elizabeth Milton, 35, 285, 200, 3, 280
Gibson May, 72, -, 400, 10, 70
Parris Green, 25, 295, 500, 100, 320
John Johns, 26, 74, 100, 35, 272
Ha_y Goigs (Gouigs), 12, -, 60, 50, 18
Thos. R. Williams, -, -, -, 50, 520
Moses, Hart, 3, -, 15, 10, 340
Silas Hart, 20, 620, 640, 10, 225
J. N. Hamil, 12, 192, 4008, 25, 238
David Y. Allen, 45, 295, 160, 10, 259
Jas. H. Morrison, 30, 250, 600, 20, 573
N. T. Myres, -, -, -, 70, 520
Nathan Walls, 30, -, 120, 5, 152
Wm. L. Martin, 20, 400, 520, 5, 193
T. D. Jones, 30, 190, 530, 100, 318
Nathan Johnson, 8, 152, 400, 100, 540
R. H. Taylor, 75, 230, 2000, 2 00, 1735
George Hodgkinson, -, -, -, 100, 130
John Reedy, 1, -, 40, 2, 22
Joseph Morrison, 10, -, 100, 30, 500
Eli Roberts, 23, 117, 300, 60, 550
Jos. B. Malugen, 24, 136, 160, 150, 340
J. B. R. Holleman, 20, 95, 200, 10, 167
Wm. Davenport, 18, 282, 1000, 20, 274
Joshua May, 37, 395, 600, 40, 335
Wm. Copplin, 5, 55, 60, 5, 90
Elizabeth Bell, 84, 366, 2230, 150, 454
Elibergh Cox, 5, 155, 160, 70, 346

John Ketchings, -, -, -, -, 127
Wm. McDonnald, 88, -, 500, 30, 170
Isham Davis, -, -, -, 100, 70
John Case, -, -, -, 20, 65
Danl. Fowler, 40, -, 500, 10, 140
John Price, -, -, -, 85, 250
Wm. E. Wiley, 75, 1000, 1025, 3, 175
Saml. Johnson, 70, 982, 1500, 45, 565
Alonzo Larkin, 100, 611, 355, 75, 465
Thos. Cassidy, 15, -, 45, 25, 278
T. S. Keene, 10, 210, 220, 12, 120
Robert O. Reeves, 78, 142, 160, 10, 282
James Roland, 25, 1392, 2200, 64, 230
Louisa Sowell 140, 1560, 800, 50, 390
Danl. Waters, -, -, -, 45, 106
Hardin Logsden, 30, 70, 200, 10, 103
John Spoon, 15, -, 45, 26, 230
Jonathan Hart, 40, 376, 418, 75, 1020
B. R. Houghton, 14, 306, 160, 50, 205
Thos. Watson, 130, -, 600, 100, 700
Jno. Hart, -, -, -, 2, 130
Rachel Baker, 30, 610, 320, 50, 152
Miles Goar, -, -, -, 5, 140
Heirs of A. Hampton, 20, 200, 110, -, -
Thos. Hart, 30, -, 90, 150, 240
Jno. S. Pace, 20, 620, 640, 150, 1050
A. E. Pace, 175, 465, 1920, 200, 2780
Thos. Jouett, 30, 1446, 7380, 15, 195
S.D. Nunnellee, 105, -, 600, 20, 1100
R. R. Peal, 300, 2496, 8988, 300, 5970
Henry Grindstaff, -, -, -, -, 58
Wm. D. Milam, 70, -, 420, 30, 50
Isaac M. Slack, 1, 949, 950, 40, 290
Hubbard Short, -, -, -, 250, 642

Susannah Dagley, 80, 980, 3180, 30, 740
Henry Talley, 45, 300, 150, 30, 510
Lewis Richards, 20, 300, 150, 30, 740
Perry C__gast, 18, 92, 100, 4, 336
James Watson, -, -, -, -, 100
M. G. Cagle, 35, 179, 214, 60, 395
Thompson Stovell (Stansel), 50, 590, 1000, -, 350
Nathan Cox, 17, 33, 50, 10, 445
Haince Bingham, 4,-, 20, 5,95
Jesse Cox, 40, -, 300, -, 106
Chas. Castrell (Cantrell), -, -, -, 100, 197
Allen Lovelace, 16, -, 80, 100, 115
H. W. Lorton, 15, 35, 50, 85, 90
Jno. Shaffer, 36, 540, 1000,1 00, 230
Moses Short, -, -, -, 200, 400
Edward Cochran, -, -, -, 25, 120
Wm. W. Crawford, 25, 150, 400, 100, 213
Jos. E. Pace, 120, 240, 800, 30, 821
Wm. B. Degraffenreid, 50, 50, 100, 251, 240
Ira Durham, -, -, -, 100, 125
James Moor (Moon), -, -, -, 200, 780
Wm. S. Sandrews (Sanders), 20, 400, 250, 5, 170
Jno.Roberts, -, -, -, 5, 340
Bastin Olive, 130, 505, 1400, 20, 380

Mary Rowlet, 12, 38, 25, -, 340
Jno. A. Ndms (Adams), -, -, -, -, 80
G. A. Evuts (Evats, Evnts), 20, 60, 280, 10, 165
Jas. R. McKee, 80, 560, 1280, -, 140
M. A. Dixon, -, -, -, 100, 237
R. A. Barney, 35, 605, 1000, 100, 307
L. C. Alexander, -, -, -, -, 260
R. W. Lee, -, -, -, 250, 561
James _. Doss, -, -, -, -, 296
W. B. Crocker, -, -, -, -, 60
Thos. Shanklen, -, -, -, 100, 36
W. C. Pamles (Parmle, Parnles), -, -, -, 65, 15
H.G. Hendricks, -, -, -, -, 155
Z. Sapehson, -, -, -, 50, 52
Campbell Seals, -, -, -, 75, 40
E. S. Panwell, -, -, -, -, 170
Elihu Bomong, 6, 154, 200, 150, 186
Thos. M. Allen, 25, 55, 100, 75, 200
A. E. Pace, -, -, -, -, 188
W. B. Senser, -, -, -, -, 937
T. G. Mobley, -, -, -, -, 20
S. Hyatt, -, -, -, -, 190
Jas. A. Degraffenreid, -, -, -, 60, 250
E. T. Isbell, -, -, -, -, 50
G. Fitzgerald, -, -, -, 120, 440
Joseph Hearn, -, -, -, 200, 585
Grant Clutter (Chilters), 15, 145, 160, 10, 290

Fayette County Texas
1850 Agricultural Census

The Agricultural Census for Texas for 1850 was microfilmed by the University of North Carolina under a grant from the National Science Foundation and filmed from original records in the Texas Department of Archives and History.

There are some forty-six columns of information on each individual. Only the head of the household is addressed. I have chosen to use only six columns of information. These are shown below:

1. Name of Owner
2. Acres of Improved Land
3. Acres of Unimproved Land
4. Cash Value of the Farm
5. Value of Farm Implements and Machinery
13. Value of Livestock

Thus, the numbers following the names represent, 2, 3, 4, 5, 13.

The following symbol is used to maintain spacing where blank in a column: (-).

Wm. J. Hill, 240, 2800, 5000, 1000, 2100
Jacob C. Gilmer, 4, 210, 1200, 75, 900
Mrs. Jonah Brown, 50, 420, 1500, 10, 800
Mrs. E. Carnes (Cornell), 50, 375, 1200, 100, 800
N. Trummell, 30, 115, 600, 100, 380
Wm. Favoni, 40, 264, 1500, 175, 1000
Wm. Sedloon (Sidloan), 150, 450, 4000, 1000, 900
Thomas G. Sedloan, 50, 350, 1000, 100, 300
Wm. Herrald, 27, 273, 1000, 100, 600
M. Moad, 35, 400, 1500, 50, 650
James Robinson, 30, 380, 2000, 150, 330
Wm. Primer, 200, 4517, 30000, 300, 3000
A. Bandeldon, 50, 1050, 1000, 120, 3000
Jonathan Runbson (Dumbson), 48, 450, 400, 50, 450
James Ward, 28, 330, 150, 70, 350
Ible Smith, 16, 300, 800, 120, 800
Wm. Chriswell, 21, 200, 500, 80, 900
Jerry Chriswell, 40, 300, 1200, 100, 850
John Chriswell, 13, 13, 500, 35, 300
George Qutle, 35, 350, 700, 200, 700
Wm. Menifee, 75, 1020, 3000, 800, 2500
_. Duff, 20, 200, 1000, 100, 700
S. Seallorn, 40, 415, 450, 70, 600
L. Fitzgerald, 50, 340, 1500, 100, 800
H. R. Cleveland, 12, 90, 200, 10, 300
C. Fitzgerald, 40, 253, 900, 20, 480
Thomas Secnis, 20, 180, 400, 20, 500
G. Desmucko, 40, 460, 500, 25, 400
James Cunningham, 11, 100, 500, 25, 200
G. Brazile, 12, 300, 500, 25, 150

Wm. Fitchett, 20, 260, 500, 20, 250
Agnes Buncks, 15, 260, 700, 15, 200
Privitt Byons, 50, 200, 1000, 40, 1365
Wm. Bridges, 35, 245, 300, 20, 300
Wm. B. Anderson, 12, 232, 900, 25, 450
George Taylor, 80, 3100, 3200, 125, 1760
Jassee Chadouent, 0, 130, 150, 40, 500
Wilson Simpson, 18, 300, 1000, 25, 500
George Haleman, 50, 550, 1200, 130, 3700
Thomas Maxwell, 50, 449, 1000, 190, 710
James Callerser (Callerson), 25, 375, 600, 50, 250
Jasper Burnerms (Barnerson), 75, 925, 8000, 800, 2910
E. H. Morrison, 13, 172, 600, 20, 1680
John T. Haleman, 75, 400, 1750, 400, 5225
Thomas Slacks, 60, 440, 2000, 130, 350
John S. Smith, 20, 180, 700, 25, 400
Charles Mellins, 30, 377, 2000, 75, 2796
John M. Dancy, 180, 1820, 5000, 150, 1120
M. Q. McKins, 150, 325, 3000, 300, 1400
J. Edwards, 55, -, 300, 125, 500
R. Sanders, 40, 150, 1500, 100, 570
R. H. Barkly, 24, 142, 1200, 10, 900
H. Hubbs, 30, 50, 1000, 60, 340
W. Young, 40, 460, 2500, 10, 455
D. J. Young, 75, 365, 2000, 120, 1125
G. Sides, 50, -, 500, 120, 780
W. Hunt, 30, 170, 1000, 140, 800
J. A. Daniels, 23, 195, 1200, 100, 340
G. B. Conway, 30, -, 300, 40, 165

A. Drake, 21, 165, 1000, 5, 420
G. C. Ragero, 60, 560, 3000, 100, 800
John Rabb, 100, 84, 2000, 75, 550
Wm. Rabb, 75, -, 10704, 70, 750
B. Phillips, 17, 300, 1500, 140, 800
B. Smalley, 25, 482, 1500, 110, 560
S. Danlen (Darlin), 18, 175, 1000, 70, 350
Robert Corlin (Contin), 100, 700, 4000, 1200, 900
James Sonay, 20, 83, 250, 15, 300
J. H. Moss, 140, 840, 4000, 800, 2300
James Hundley, 15, 70, 200, 20, 700
E. L. Moore, 28, 60, 800, 55, 450
A. Crownover, 200, 700, 2000, 100, 2000
Joseph Nail, 45, 110, 1000, 100, 500
W. J. Russell, 100, 100, 2000, 200, 800
Mrs. L. Robinson, 30, 165, 600, 125, 350
John Haynie, 50, 100, 1000, 50, 595
W. Halsey, 50, 200, 1000, 200, 760
Mrs. Jane Hayden, 8, -, 400, 100,3 00
James Haynie, 66, 100, 2500, 50, 1750
Henry Keys, 50, 400, 50, 400
Isaac Killougly, 30, 370, 1500, 200, 1600
G. W. Davidson, 20, 130, 800, 125, 500
W. F. Hodges, 40, 287, 1500, 20, 615
W. D. Lafferty, 27, 185, 1000, 234, 580
R. H. Furgesson, 20, 90, 700, 30, 740
J. J. Young, 25, 125, 1000, 10, 1150
James Ross, 30, 3000,4 000, 125, 1200
James Farquah, 50, 200, 2000, 175, 1000

Edward Manton, 130, 270, 4000, 200, 900
J. Pope, 25, 105, 500, 25, 200
G. Boon, 12, 298, 700, 10, 150
W. Falken, 40, 110, 500, 25, 450
John Baydon (Banlon), 60, 750, 4200, 50, 750
U. Gragory, 45, 207, 1200, 175, 350
E. Doom, 18, 85, 400, 20, 300
H. Miceka, 25, 275, 700, 50, 150
R. Eslingen (Eslinger), 9, 56, 400, 5, 150
J. Lineson (Sineson), 25, 421, 1500, 150, 250
J. Mayon (Megan), 30, 170, 500, 140, 250
C. Stabel, 10, 105, 300, 12, 100
A. Munot, 35, 105, 200, 20, 150
A. Grayhunsd, 32, 125, 500, 60, 300
R. Andrews, 150, 100, 2000, 300, 500
W. Baylon (Baylor), 44, 960, 3000, 20, 450
Mrs. Mary Sanson, 13, -, 100, 50, 175
A. Howletoro, 35, -, 100, 20, 300
J. Blackson, 15, 185, 100, 150, 600
F. Heller, 18, 180, 1000, 25, 150
B. Sherrill, 27, 1000, 2000, 100, 700
J. Bigle, 40, 360, 800, 160, 1100
R. H. Jones, 17, -, 150, 35, 325
John Payne, 50, 250, 2000, 1000, 900
H. Mantell, 60, 340, 2000, 25, 250
Thomas Perry, 60, 284, 1000, 100, 425
S. K. Sirdis, 60, 944, 3000, 200, 2400
W. Estill, 20, 130, 700, 20, 500
C. Brown, 16, 50, 200, 15, 200
J. Burckhurst, 29, 71, 600, 32, 500
W. Monboyer (Monbagen), 25, 80, 200, 15, 80
H. Bremested (Bremston), 17, -, 170, 10, 300
C. Brown, 15, 45, 200, 10, 150

H. Thomaso Earthmoso, 41, 260, 900, 75, 260
J. Eanes, 100, 580, 3000, 100, 598
G. Ethington, 13, 137, 300, 75, 400
H. R. Mick, 40, 400, 1100, 140, 1100
Mrs. Prucilla Williams, 125, 275, 2000, 100, 715
Alen Williams, 85, 915, 1200, 1000, 1200
John Ingram, 50, 400, 2000, 150, 910
Mrs. E. Inglish, 75, 25, 500, 100, 500
C. M. Schults, 40, 225, 1500, 25, 700
John Shultz, 10, 12, 100, 5, 100
Mosley Sutton, 25, 25, 300, 50, 400
C. R. Mitchell, 50, 200, 250, 20, 400
Hugh White, 25, 350, 1500, 500, 725
Mrs. P. Jones, 40, 150, 1000, 20, 200
C. Hemakle, 20, 140, 800, 50, 300
C. Surmann, 12, 155, 500, 25, 150
H. Strewald, 20, 260, 700, 50, 150
S. Townsend, 40, 350, 2000, 104, 1000
John Hippa, 10, 17, 100, 5, 80
N. P. Breedling, 30, 100, 300, 100, 500
Nins M. Milton, 27, 175, 800, 10, 200
A. Corsis Thens, 14, 486, 1000, 10, 300
L. Hinnss, 22, 78, 300, 10, 200
G. Buckhunse, 19, 129, 300, 10, 125
Wm. Riesenberg, 60, 290, 450, 10, 180
C. Teamann, 18, 178, 330, 10, 150
H. Couck, 14, 70, 148, 3, 300
J. M. Robinson, 100, 1400, 3500, 300, 700
Robert Sellers, 40, 160, 400, 25, 600
Neill Robinson, 35, 115, 800, 55, 1000
Wm. Murry, 8, 292, 800, 5, 200
A. Irwin, 20, 30, 200, 10, 250
A. Atkison, 16, 184, 800, 150, 350
A. Millham, 18, 82, 300, 10, 100

B. A. Alvis, 70, 80, 300, 10, 150
E. H. Hatch, 32, 422, 1000, 10, 478
J. R. Alexander, 15, 105, 1000, 20, 200
C. M. Jones, 20, -, 150, 80, 125
Nins M. Harrison, 35, 125, 800, 10, 300
John Kuller, 20, 230, 1500, 100, 125
John Dipple, 15, 235, 1000, 100, 400
Lev Waggenor, 6, 94, 250, 5, 150
W. T. Cole, 75, 425, 1700, 25, 300
H. Ledbetter, 140, 1325, 7500, 200, 2990
C. Taylor, 150, 2850, 5000, 300, 2000
J. R. Robinson, 800, 2100, 2500, 100, 750
John Bell, 15, 180, 600, 125, 150
Wm. Eblin, 8, 92, 150, 10, 100
Wm. Sutle, 100, 316, 2000, 100, 550
J. S. Hill, 40, 571, 2600, 175, 1000
Silas Woods, 25, 780, 800, 20, 300
S. Sengst (Sirget), 35, 65, 300, 10, 150
Otto VonRader, 200, 2800, 9000, 250, 1200
H. Mann, 20, -, 200, 20, 100
S. Gillmore, 15, 60, 200, 15, 150
J. McMillin, 8, -, 80, 10, 350
F. Ernst, 18, 107, 700, 50, 300
C. Graves, 15, -, 150, 20, 100
Wm. Graves, 16, 84, 300, 10, 250
P. Sear (Lear), 6, 38, 200, 5, 1000
C. Franks, 12, 88, 300, 20, 150
A. Isenburg, 20, 55, 400, 40, 300
B. Herrald, 16, 234, 1000, 125, 2500
Wm. James, 17, 32, 200, 120, 1200
C. F. Haswell, 15, 105, 1000, 10, 750
J. V. Breeding, 18, 132, 1000, 25, 860
R. L. Breeding, 35, 342, 500, 25, 300
R. B. Jarman, 170, 940, 3500, 100, 2380
N. Kuykendall, 90, 1850, 4000, 20, 1850
R. Wade, 25, 175, 800, 10, 150
Wm. Wade, 12, 100, 300, 125, 300
Wm. P. Smith, 35, 465, 1800, 75, 1850
P. Chandler, 18, 282, 900, 10, 200
John Izard, 40, 138, 700, 125, 650
John Knipchus (Knipchun), 19, 383, 500, 50, 237
_. M. Clark, 23, 150, 400, 50, 390
A. Rhinehans, 20, -, 200, 5, 75
John Meyer, 60, 293, 2000, 40, 600
J. M. Hill, 30, 634, 2500, 350, 1050
Wm. Lyons, 12, 102, 400, 5, 395
James Reynolds, 30, 95, 600, 125, 754
H. P. Monday, 75, 260, 1600, 200, 1015
J. Tadlock, 21, 931, 1000, 25, 305
G. Sewell, 16, 134, 300, 75, 200
John Anderson, 40, 235, 1200, 150, 310

Fort Bend County Texas
1850 Agricultural Census

The Agricultural Census for Texas for 1850 was microfilmed by the University of North Carolina under a grant from the National Science Foundation and filmed from original records in the Texas Department of Archives and History.

There are some forty-six columns of information on each individual. Only the head of the household is addressed. I have chosen to use only six columns of information. These are shown below:

1. Name of Owner
2. Acres of Improved Land
3. Acres of Unimproved Land
4. Cash Value of the Farm
5. Value of Farm Implements and Machinery
13. Value of Livestock

Thus, the numbers following the names represent, 2, 3, 4, 5, 13.

The following symbol is used to maintain spacing where blank in a column: (-).

J. E. Bundick, 20, 610, 901, 12, 900
A. W. Masgourin, 40, 530, 600, 270, 520
Daniel Williams, 100, 800, 3000, 400, 4000
T. C. Tumbleson, 75, 216, 1000, 800, 560
J. H. Fenn, 50, 450, 1250, 25, 860
J. D. Watters, 1050, 850, 3000, 800, 390
T. J. Boone, 150, 850, 3000, 800, 390
John Keggins, 23, 100, 690, 50, 2200
Susan Hall, 30, 470, 900, 50, 2000
Daniel Perry, 35, 1073, 1050, 100, 1355
Absolem Reece, 26, 280, 600, 50, 3000
E. Byne, 50, 850, 1500, 1000, 760
R. Carlous, 15, 1089, 180, 70, 300
John Walker, 23, 4405, 690, 40, 630
H. M. Thompson, 27, 273, 500, 35, 481

Hillard Sewell, 100, 256, 3000, 400, 500
F. G. Secrest, 40, 150, 1200, 150, 1240
Jacob Ratcliff, 300, 400, 9000, 1500, 3140
J. M. F_ost, 200, 1047, 3000, 200, 2000
R. C. Campbell, 170, 380, 5100, 600, 1300
William Nibbs, 60, 140, 1800, 400, 600
Martin M. Maherson, 30, 70, 1000, 50, 1000
E. Brush, 40, 60, 1200, 70, 600
John Echols, 30, 500, 900, 100, 450
John Patton, 30, 32, 900, 120, 1019
William Willborn, 140, 300, 4200, 700, 1520
Thomas Pratt, 70, 730, 2100, 150, 1900
William Sparks, 30, 44, 900, 300, 735

W. B. Bonas, 40, 200, 1200, 100, 540

J. M. Briscoe, 100, 3600, 3760, 1000, 4235

Hudson Gaston, 255, 525, 7650, 650, 3228

Do. (Ditto)On Rives (River) Place, 170, 937, 4000, 500, 1000

T. J. Mason, 130, 1340, 3000, 200, 3730

J. D. Andrews, 230, 1243, 4600, 500, 1665

Jesse Jones, 150, 1850, 3000, 700, 3730

Mary Jarmin, 200, 200, 6000, 500, 2320

Churchel Fulcher, 250, 2450, 5000, 1200, 9600

John Miller, 20, 160, 300, 40, 1200

E. Walker, 75, 225, 600, 150, 600

William Baine, 70, 430, 1200, 300, 3000

Larkin Martin, 30, 470, 900, 130, 234

John Kaiser, 40, 190, 1500, 800, 3230

G. W. Pentacost, 100, 225, 3000, 150, 1910

Ira Fuller, 14, 400, 280, 12, 700

J. M. Little, 17, 412, 510, 120, 350

J. Kuykendall, 180, 2034, 15400, 2230, 4560

J. W. Sansberry, 60, 540, 1800, 450, 1500

Wm. Clemmons, 400, 3 00, 12000, 1500, 1765

John Huntess, 250, 1150, 6250, 700, 11700

E. Varney, 125, 435, 3750, 1000, 1680

William Rustin, 340, 960, 7300, 4000, 3300

John Crump, 15, 700, 480, 200, 600

C. Campbell, 500, 500, 15000, 1500, 820

W. H. Secrest, 100, 809, 2500, 200, 2900

Archey Hoogue, 55, 1145, 1650, 200, 2585

William Murry, 20, 500, 600, 30, 400

B. G. Marshall, 120, 400, 3600, 350, 2720

H. E. Harlradge, 12, 100, 350, 200, 455

Matthew Williams, 350, 4094, 10500, 5000, 5500

Jim Taylor, 22, 50, 360, 100, 185

H. B. Panpelt, 20, 50, 360, 100, 160

E. T. Pilant, 55, 500, 1650, 100, 2600

William Little, 37, 223, 710, 200, 650

Thomas Howard, 150, 500, 3000, 1400, 1410

James Johnson, 20, 545, 200, 50, 360

Dansill Roark, 100, 50, 300, 10, 166

A. E. Hodge, 70, 630, 2100, 150, 2245

Jesse Kirkland, 250, 2450, 5000, 1200, 1800

G. D. Parker, 30, 230, 300, 100, 455

John Thomason, 150, 324, 1500, 50, 900

E. H. Kemp, 124, 350, 2400, 125, 1000

T. & J. Simonton, 500, 1000, 10000, 1200, 2880

W. Peyon, 140, 2800, 2800, 900, 7460

G. L. Foster, 80, 820, 1000, 50, 600

W. Dyer, 26, 300, 500, 40, 260

O. H. Randell, 70, 330, 2000, 60, 700

Jane H. Long (Lang), 115, 3700, 700, 200, 3000

Jesse Thompson, 150, 150, 2000, 100, 2000

Randol Jones, 80, 200, 2000, 100, 2500

James B. Miller, 46, 131, 670, 20, 2300

P. P. Boscien (Boscren), 55, 142, 3000, 60, 1020

T. M. Grey, 70, 4318, 5000, 100, 5500

Adam Flagan, 30, 120, 3000, 150, 900

T. H. Pickins, 90, 640, 4000, 40, 2000

James Jones, 20, 1093, 12000, 200, 1600

William Stapels, 20, 280, 800, 900, 800

L. S. Jenings, 18, 100, 900, 75, 1000

Robert Hodges, 18, 700, 950, 50, 500

Samuel C. Douglass, 50, 290, 700, 100, 4500

R. B. Durst, 18, 52, 600, 25, 1130

John Smith, 20, 6620, 18000, 50, 450

R. J. Caulder, 35, 365, 1000, 100, 4000

Johnathan Kemp, 20, 80, 300, 70, 900

Martha Durst, 20, 300, 260, 50, 300

William Johnson, 20, 157, 320, 60, 200

Joseph Slack, 12, 200, 540, 130, 800

David Ramson, 250, 9038, 17500, 790, 8350

Arnold Miller, 23, 230, 660, 50, 600

William Davis, 12, 230, 300, 20, 480

William T. D. Battle, 50, 220, 900, 30, 360

David Austin, 40, 280, 1200, 30, 340

Henry Jones, 200, 3478, 8000, 500, 8530

William Little, 40, 760, 1200, 60, 1140

Greenbery Goyan (Gagan), 16, 894, 350, 100, 1149

Sam Pharr, 30, 340, 1000, 50, 2750

P. James, 27, 375, 710, 20, 486

William Pilant, 30, 370, 600, 100, 1000

D. Emanuel, 30, 430, 900, 100, 300

Galveston County Texas
1850 Agricultural Census

The Agricultural Census for Texas for 1850 was microfilmed by the University of North Carolina under a grant from the National Science Foundation and filmed from original records in the Texas Department of Archives and History.

There are some forty-six columns of information on each individual. Only the head of the household is addressed. I have chosen to use only six columns of information. These are shown below:

1. Name of Owner
2. Acres of Improved Land
3. Acres of Unimproved Land
4. Cash Value of the Farm
5. Value of Farm Implements and Machinery
13. Value of Livestock

Thus, the numbers following the names represent, 2, 3,4, 5, 13.

The following symbol is used to maintain spacing where blank in a column: (-).

Martin Dunman, 40, 4260, 4000, 100, 26000
Wm. Reeves, 10, 310, 400, 25, 1800
J. H. Fredenburgh, 10, rented, rented, 55, 260
Wm. Allen, -, -, -, -, 280
Chas. R. Patton, 5, 175, 300, 20, 850
Wm. Dossett, 5, 395, 400, 30, 900
Nathl. Holbrook, 6, 124, 300, -, 250
Sol. Bryan, 5, 495, 600, 25, 2500
Saml. D. Parr, 24, 4420, 3500, 120, 300
Jas. Adkins, 3, 300, -, -, 300
Wm. Smith, 5, rented, rented, -, 130
Thos. Bostic, 5, rented, rented, -, 75
Alexander Farmer, 15, 3400, 3000, 50, 3350
George Cook, 6, 418, 1000, 25, 1950
Guster Schmidt, 20, 180, 500, 20, 1800
G. Tompkins, 10, 90, 600, 30, 500
Herman Bensi, 20, 150, 700, 45, 2800
Jean Pleansants, 40, 260, 800, 30, 2500
Leander Westall, 6, 634, 1200, 40, 1300
Josiah Hoffman, 10, rented, rented, 25, 200
Allen Cowherd, 23, 500, 1850, 100, 3650
John Darrien, 8, 500, 850, 30, 3500
Jacob Thomas, 15, 125, 200, 200, 2100
Margt. Rick (Rich), -, -, -, -, 300
Richd. Williams, 2, rented, rented, -, 1050
P. S. R. Ridgeway, 5, 435, 950, -, 1300
John Derrick, 20, 620, 1600, 50, 1200
Chas. B. Underhill, 6, 24, 150, 10, 550
Godfred Miller, 8, 292, 300, 10, 2100
Bigham Henry, 30, 610, 1200, 30, 1500

Henry Wilcox, 5, 172, 300, 20, 2300
John Delosderrier, 2, 18, 1300, 10, 300
Benj. Barras, 35, 45, 1000, 25, 640
Jacob Jovenstein, -, -, rented, rented, -
C. C. O'Coner, 10, 10, 600, 15, 220
Jonathan Higgs, 12, 8, 1000, 25, 360

Henry Humberg, 20, rented, rentd, 20, 1750
John Henry Weyres, 7, 13, 1000, 30, 1200
J. Leduce (Leduc), 10, 8, 1000, 25, 1200
John Butler, 10, 10, 800, 20, 380
Conrad Middleberger, 3, rented, rented, -, 130

Gillespie County Texas
1850 Agricultural Census

The Agricultural Census for Texas for 1850 was microfilmed by the University of North Carolina under a grant from the National Science Foundation and filmed from original records in the Texas Department of Archives and History.

There are some forty-six columns of information on each individual. Only the head of the household is addressed. I have chosen to use only six columns of information. These are shown below:

1. Name of Owner
2. Acres of Improved Land
3. Acres of Unimproved Land
4. Cash Value of the Farm
5. Value of Farm Implements and Machinery
13. Value of Livestock

Thus, the numbers following the names represent, 2, 3, 4, 5, 13.

The following symbol is used to maintain spacing where blank in a column: (-).

It would appear that in columns 4, 5, 13 that the last two digits may in fact be preceded by a period, for example, 300.00. This may indicate $300 and not $30,000. Please keep this in mind.

William Mogford, 40, 680, 100400, 2500, 15000
Henry Miller, 20, -, 10000, 3500, 17500
Frederic Pape (Passe), 10, 140, 50000, 5000, 14200
William Cramer, 20, 10, 30000, 2000, 7500
Edward Cramer, 10, 20, 30000, 1500, 7500
Jacob Roeder, 15, 15, 40000, 5000, 12500
Frederic Keesy, 40, 20, 80000, 6000, 25000
Math___Bonn, 30, 30, 60000, 5000, 12500
John Loganfuker, 20, 160, 120000, 7000, 30000
Jacob Fiddler, 10, 25, 30000, 3500, 14000
Francis Peterman, 10, 25, 70000, 3500, 14600
Jacob Luekenback, 15, 25, 50000, 8000, 18500
Philip Bluener (Kluner), 10, 10, 30000, 1000, 14000
Nicholas Schmidt, 15, 145, 30000, 2500, 8000
Adolphus Scheldkent, 15, 320, 60000, 7000, 20000
John Kline, 30, 220, 50000, 10000, 32500
Charles Feller, 30, 280, 50000, 10000, 35000
Louis Walsmund, 10, 300, 12000, 10000, 20000
Louis Martin, 30, 90, 150000, 12000, 15000
Frederich Loehthe, 20, -, 20000, 6000, 20000

John Blanck, 14, 10, 15000, 8000, 12500

John Weaver, 10, 10, 10000, 2000, 15000

Peter Poetch, 12, 10, 15000, 13000, 250

Antone Minges, 20, -, 10000, 10000, 10000

John A. Keller, 10, -, 5000, 7500, 12000

Frederich Ellbracht, 10, 90, 15000, 500, 20000

Frederich Harburg, 40, 10, 35000, 5000, 15000

Ferdinand Kneeder, 40, 20, 20000, 4000, 15900

Earasmus Frandtzer, 12, 1, 20000, 2000, 25300

Albert Maynard, 20, 20, 15000, 7500, 12500

Daniel Arshaylzel, 10, -, 20000, 11000, 12500

Golfreid Trebs, 17, 3, 30000, 7200, 16000

Jacob Wunheirman, 20, 20, 50000, 8000, 30000

Christopher Fenge, 32, 295, 60000, 8000, 33500

Henry Thiale, 20, 1300, 32000, 12000, 22500

Henry Vesterling, 20, -, 10000, 1000, 22500

Lyman Wright & Co., 1150, 2000, 630000, 27000, 163200

Lyman Wright & Co., 300, 2500, 280000, 15000, 132200

Lyman Wright & Co., 50, 600, 70000, 7500, 122200

Guadaloupe County Texas
1850 Agricultural Census

The Agricultural Census for Texas for 1850 was microfilmed by the University of North Carolina under a grant from the National Science Foundation and filmed from original records in the Texas Department of Archives and History.

There are some forty-six columns of information on each individual. Only the head of the household is addressed. I have chosen to use only six columns of information. These are shown below:

1. Name of Owner
2. Acres of Improved Land
3. Acres of Unimproved Land
4. Cash Value of the Farm
5. Value of Farm Implements and Machinery
13. Value of Livestock

Thus, the numbers following the names represent, 2, 3,4, 5, 13.

The following symbol is used to maintain spacing where blank in a column: (-).

Thomas H. Duggan, 45, 271, 2000, 350, 3137
Blackstone Hardiman, 35, 285, 500, 100, 850
John Bother, 6, 594, 500, 125, 2400
Michael Ramnal, 4, 121, 450, 70, 215
George H. Henderson, -, 240, 500, 140, 810
Bonapart B. Nicholson, -, -, -, -, 130
George Davill, 21, 900, 600, 50, 1235
James Manfard, 1, 284, 500, 100, 870
Robert B. Johnson, 16, 184, 4000, 65, 283
Asa Wright, 35, 965, 2000, 75, 950
William T. Jones, 60, 500, 2580, 700, 9640
John C. Boon, 50, 400, 1500, 100, 950
Jonas G. Cartwright, -, -, -, -, 810
John D. Ragsdale, 20, 380, 1000, 60, 1280
Frederich W. Happle, 35, 515, 1650, 50, 660
John Makay, -, 400, 800, 100, 270
Edward C. Pettus, 30, 2600, 4500, 350, 1260
George W. Kersey, -, -, -, -, 139
Levina Winser, -, -, -, -, 689
Roberson Waller, 15, 185, 1000,2 5, 525
Arthur Swift, 80, 300, 4000, 150, 1386
William Torn (Tom), 40, 655, 2100, 40, 980
Jordon Irvin, 40, -, 400, 130, 1950
John F. Torn (Tom), 12, -, 120, 10, 2715
John Winsett, -, 80, 200, 80, 966
John Mays, 120, 750, 3500, 100, 700
Harmann Fisheh, 7, 120, 450, 180, 318
Andrew J. Beard, 23, 27, 600, -, 373
George W. Louis, -, -, -, -, 200
Robert H. Hunter, 20, 142, 810, 50, 720

Charles A. Smith, 40, 310, 1500, 100, 865
William S. Turner, 10, 40, 200, 25, 695
Otto Rhodiour (Rhodious), 75, 420, 4000,1 00, 1440
John C. Sheffield, 110, 1365, 4000, 200, 910
Alfred M. Grenage, 175, 225, 4000, 250, 875
John W. Nichols, 4, 150, 1200, 100, 810
George W. Nichols, -, 40, 500, -, 100
Henry C. Brewer, 25, 109, 1000, 75, 750
Augustus Dietz, 30, 520, 1650, 100, 370
John Halin, 50, 52, 400, 200, 546
George Weber, 20, 177, 590, 100, 266
Charles Bush, 18, 177, 585, 40, 143
Henry Heleus, 30, 80, 300, 150, 460
Christian Davis (Dover), 20, 80, 300, 300, 140
Christian Stinemier, 5, 15, 60, 30, 54
Christian Willig, 8, 19, 50, 25, 66
Christian Specht, 5, 11, 100, 40, 60
Henry Vulcher, 230, 700, 2800, 200, 2195
Charles Blumberg, 15, 10, 300, 100, 155
Michael Backels, 12, 13, 300, 25, 176
Augustus W. Shurmann, 32, 2768, 600, 15, 224
Adolph Lachlaer, 14, 11, 300, 45, 84
Frederick Rudluff, 10, -, 100, 56, 114
Julious Bernts, 7, 18, 300, 50, 158
Christof Maurer, 18, 7, 350, 20, 176
John Lindamann, 8, 17, 200, 30, 114
William Knacht, 14, 11, 200, 50, 210
John Leisner, 13, 12, 300, 25, 210
Charles Kissell, 13, 12, 300, 25, 230
Daniel Kissell, 6, 6, 150, 30, 77
Augustus Hoffman, 8, 2, 150, 50, 78

Conrad Erben, 13, 12, 200, 30, 134
Joshua W. Young, 200, 2300, 7500, 500, 1114
John V. Sowell, 1, -, 100, -, 282
Frederich Mahfeld, 12, 88, 600, 86, 429
David Thompson, 6, 44, 400, 12, 130
Michael Erskine, 190, 26358, 19000, 500, 4370
Samuel N. Hall, -, -, -, 25, 250
Andrew N. Erskine, -, -, -, 30, 420
Mariah Nash, 25, 975, 3000, 25, 348
Clairborn West, 125, 1075, 3000, 400, 2127
Alfred J. Smith, 12, 358, 370, 30, 110
George W. Day, 55, 1052, 1000, 100, 422
Aaron L. Oden, 6, 144, 150, 15, 1505
Hartwell C. Fountain, -, -, -, 300, 830
Peter D. Smith, 10, 167, 700, 100, 832
Arnold W. Lay, 35, 152, 800, 50, 2062
Wilson Randle, 20, 280, 3000, 75, 474
Josa. Anto. Navarrow, 55, 6587, 8142, 150, 2704
Luciano Navarrow, 15, 2199, 2214, 200, 370
Edward Krochman, 35, 270, 1500, 20, 400
Thomas Hibden, -, -, -, 100, 1445
Hordce Neely, 15, 935, 500, 20, 590
Thomas J. Perryman, 70, 930, 4000, 300, 3410
John A. Starcetz, 40, 717, 1500, 120, 295
John Schertz, 12, 88, 100, -, 136
Sabastian Schertz, -, -, -, 40, 163
Peter Engleman, 5, 7, 80, 5, 141
George Hild, 25, 75, 150, 35, 383
Lawrance Stalmet_, 4, 21, 120, 30, 116

Justus D. Plarmestill, 15, 833, 850, 30, 200
Frederich Zhue, 6, 99, 170, 70, 190
John Shoulmier, 7, 75, 80, 10, 110
Frederich Sower, 4, 96, 300, 20, 160
Christop___ Munk, 7, 43, 100, 60, 200
Corts Fages, 10, 40, 100, 15, 130
John H. Shultze, 10, 40, 100, 80, 190
William Leiner, 15, 85, 100, 60, 240
Joseph M. Brown, 40, 60, 800, 181, 520
William E. Jones, 75, 1908, 6324, 250, 740
Thomas D. James, 10, 102, 600, 100, 524
Thomas D. Spain, 5, -, 500,-, 292
Asa J. L. Sowell, 8, 38, 800, 70, 310
French Smith, 30, 500, 3000, 300, 4746
Paris Smith, 71, 149, 1650, 100, 730
John B. Morgan, -, -, -, 50, 330
Henry Klossing, 4, -, 150, 20, 63
John Horton, -, -, -, 10, 180
James F. Saunders, -, -, -, 100, 175
Joseph F. Johnson, 160, 450, 18000, 700, 3700
Jonathan Douglass, 18, 14, 600, 150, 678
Isaac Allen, -, -, -, 100, 455
Henry B. King, 20, 32, 550, 75, 337
Solomon W. Brill, -, -, -, 500, 1055
Henry Blumer, 5, -, 200, -, 117
Phineas R. Oliver, 110, 1400, 4000, 300, 1955
William G. Smith, 12, -, 100, 155, 282
Henly G. Henderson, 10, 650, 1000, 100, 287
James P. Hector, 30, 970, 5000, 100, 365
Jeremiah S. Calvert, -, 220, 500, 600, 1350
Henry E. McCulloch, 16, 358, 1700, 375, 910
Abraham Bylen (Byler), 10, 150, 525, 500, 5430
James Dimitt, -, -, -, -, 403
Green H. Barns, -, -, -, 100, 114
James J. Thornton, -, -, -, -, 100
Andrew Neill, 50, 5000, 2500, 250, 951
James M.Day, 11, 15, 1000, 50, 792
John G. King Jr., -, 200, 200, 100, 670
David McClellen, 60, 490, 1000, 60, 228
James M. Fostor, -, 640, 680, 300, 4390
Nelson Holland, -, 2, 57, 275, 371
William C. Baxter, 1, 281, 1000, -, 282
John A. M. Boyd, 6, 100, 1000, 30, 690
John R. King, 6, 457, 800, 20, 405
Wm. S. King, 25, 500, 1800, 150, 360
John Cambell, -, -, -, -, 3270
Augustus Pharr, -, -, -, 200, 1300
Joseph H. Bolley, 80, 1277, 5000, 350, 6241
Eleazar Potts, -, -, -, -, 375
Charles A. Stewart, 400, 1200, 2500, 1200, 770
Charles Dittman (Pittman), 15, 320, 1500, 130, 320
Frances Henderson, -, -, -, -, 1725
Hosa M. Cardenas, -, 446, 700, 30, 360
Michael Moss, 3, 3,3 700, 20, 100
Wm. H. Gordon, 3, 200, 500, 200, 135

Goliad County Texas
1850 Agricultural Census

The Agricultural Census for Texas for 1850 was microfilmed by the University of North Carolina under a grant from the National Science Foundation and filmed from original records in the Texas Department of Archives and History.

There are some forty-six columns of information on each individual. Only the head of the household is addressed. I have chosen to use only six columns of information. These are shown below:

1. Name of Owner
2. Acres of Improved Land
3. Acres of Unimproved Land
4. Cash Value of the Farm
5. Value of Farm Implements and Machinery
13. Value of Livestock

Thus, the numbers following the names represent, 2, 3, 4, 5, 13.

The following symbol is used to maintain spacing where blank in a column: (-).

Joseph C. Hall, 40, -, -, 100, 3000
John Page, 10, -, -, 75, 1300
J. M. Stoddart, 50, 30, 3000, 400, 2300
M. S. Hunt, -, -, -, -, 600
Benj. Adorn (Adam), 28, 52, 1500, 100, 178
Wm. Miller, -, -, -, -, 200
W. Whelber, 2, 2, 400, 60, 800
Jesse Hord, 3, 130, 750, 100, 375
C. A. Ballard, 5, 20, 500, 50, 525
B. L. Bridge, 12, -, -, 100, 700
Eliazer Kerry, 80, 18, 500, -, 500
Danl. Loyal, 14, -, -, 100, 2000
Edy Fowler, -, -, -, -, 300
Jno. F. Kersey (Keney), 100, 1180, 6000, 150, 1270
W. L. McCampbell, -, -, -, 500, 1200
Bazel Barnes (Burnes), 35, 36, 1000, 250, 700
Jno. C. Brightmore (Brightman), 50, 66, 2000, 250, 1500
Joseph Campbell, -, -, -,-, 600

J.T. Hillyer, 15, 635, 1000, 425, 1576
J. A. Robins, -, -, -, 300, 2020
Wm. Read, -, -, -, -, 2200
Nancy Loony, 55, -, -, 75, 2200
James Hughes, 50, -, -, 300, 700
Hugh Arbuckle, -, -, -, 100, 250
Robt. W. Lott, -, -, -, -, 1700
W. S. Gorman, 150, 810, 600, 500, 2800
John Teppen, 55, 600, 500, 150, 950
A. C. Jones, 40, 320, 320, 150, 4000
Wm. Wrinn, -, -, -, -, 2000
J. J. Barnes, 15, 110, 150, 20, 175
W. H. Moore, 20, 38, 800, 30, 800
John Moore, -, -, -, 75, 300
Benj. Moore, -, -, -, 50, 300
H. H. Brockman, 35, -, -, 400, 1100
David Robins, -, -, -, -, 150
Barton Peck, 100, 1280, 1286, 200, 1700
Jno. W. Hodges, 75, 2925, 3000, 150, 1100

Robt. Hill, 30, -, -, 56, 600
G. W. Rhymes, 8, -, -, 20, 45
L. R. Watts, 60, -, -, 250, 1200
T. P. C. Lott, 175, 1300, 3000, 600, 3050
Michael Fox, 25, 4400, 2000, 20, 1700
Martin Foley, -, -, -, -, 150
John Caragan, 30, 4400, 2500,1 00, 250
Janus Shultz, 12,-, -, 75, 200
Wm. Farmer, -, -, -, -, 200
Joseph Hawk, 8, -, -, 10, 100
R. E. Sulton (Sutton), 30, 970, 10000, 40, 600
Joseph A. Bernard, 8, 4424, 4500, 75, 1700
John Edmondson, 18, 382, 600, 160, 600
Frederick Dopske (Dosske), -, 800, 400, 50, 200
J. N. Brown, -, 700, 700, 150, 900
H. G. Davis, 15, 1460, 1477, -, 100
Henry Peace, -, 100, 100, 100, 500
Sarah Reynolds, 16, 150, 160, 20, 350

Gonzales County Texas
1850 Agricultural Census

The Agricultural Census for Texas for 1850 was microfilmed by the University of North Carolina under a grant from the National Science Foundation and filmed from original records in the Texas Department of Archives and History.

There are some forty-six columns of information on each individual. Only the head of the household is addressed. I have chosen to use only six columns of information. These are shown below:

1. Name of Owner
2. Acres of Improved Land
3. Acres of Unimproved Land
4. Cash Value of the Farm
5. Value of Farm Implements and Machinery
13. Value of Livestock

Thus, the numbers following the names represent, 2, 3, 4, 5, 13.

The following symbol is used to maintain spacing where blank in a column: (-).

Wm. Raup, 15, 600, 1000, 200, 1500
James Yerry, 5, 300, 200, 120, 1200
Wm. Murry, 10, 300, 800, 100, 50
John Pratt, 30, 800, 1000, 300, 4000
Alfred Kelso, 40, 7000, 2000, 500, 4000
Eliga Mayfield, 5, 50, 200, 150, 1000
Harrison Askey, 20, 150, 2 000, 200, 3000
Green McCoy, 10, 3000, 300, 200, 2500
Joseph McCoy, 20, 3000, 400, 250, 3800
Wm. Matthews, 500, 25000, 1000, 500, 7075
Wm. Henry, -, 200, 20, -, 500
George Grunn (Guenn), 10, 1000, 1000, 150, 2500
Wm. Putman, 10, 200, 200, 150, 2000
Jeremiah Bailey, 4, 1600, 1000, 100, 300
Howard Bailey, 8, 300, 400, 25, 400

Larkin West, -, 200, -, 500, 50
Quince Gray, -, 200, 400, 200, 4000
Michael Patman, 30, 300, 500, 400, 2500
Thomas W. Hunt, -, 1280, -, 100, 250
Thomas J. Pilgrim, 132, 8000, 1500, 150, 450
J. Helderbrand, 5, -, 100, -, 60
J. B. Patrick, 10, 1460, 200, 10, 150
Thomas Lambert, -, 3000, -, -, 150
Wm. Hescue, 10, 1500, 300, 110, 200
T. S. Lee, 30, 15, 150, 50, 200
Mary Coon, 4, 48, 100, 25, 150
S. Boykin, 30, 50, 400, 20, 400
Samuel Barrow, 50, -, 600, 500, 1000
Moses Hescue, 50, 1000, 1000, 200, 1000
Wm. Kelley, 50, 1000, 1000, 200, 1000
Jane Caldwell, 40, 60, 500, 50, 500

Pleasant Barnet, 50, 40, 1000, 400, 4000
John Eldridge, 40, 100, 500, 50, 500
Adam Zumalt (Zumwalt), 100, 2000, 2000, 750, 9000
Charles Kelley, 50, 100, 500, 200, 1000
Wm. Burnham, 75, 1000, 4000, 150, 2000
Wm. Tumblison, 4,-, 100, 100, 400
Wm. Blackwell, 20, 100, 500, 100, 400
Parson Stringer, 20, 200, 300, 200, 300
H. W. Turner, 15, 400, 300, 50, 200
Thomas Pruitt, 30, 500, 600, 100, 600
John Steen, 50, 500, 600, 150, 875
D. Willis, -, -, -, 200, 1070
J. L. Miller, 20, -, 100, 130, 155
Sarah Dewitt, 20, 26500, 300, 30, 1000
H. B. Glover, 75, 308, 500, 150, 600
John Law, 5, 250, 600, 50, 450
Henry C. Ives, -, 134, 134, 40, 550
George C. Mally, 4, 100, 200, 40, 200
J. A. Barber (Barker), -, 100, 300, 700, 550
Benjamin Weed, 5, 500, 300, 30, 640
David Bunting, 40, 400, 800, 175, 500
John Wood, 16, 40, 100, 100, 220
Nathaniel Boon, 20, 726, 1000, 100, 400
Nedum Freeman, 50, 1038, 285, 100, 350
Crislian (Cristian) Chilley, 6, 50, 100, 50, 25
Catherine McCoy, 20, 4425, 100, 50, 480
Russel Jones, 80, 800, 5000, 400, 870
T. J. Landers, 2, 100, 50, 36, 45
Augustus Jones, 150, 25000, 3000, 500, 5000

J. G. Jones, 180, 4000, 5000, 200, 1000
Gerod Townsend, 10, 300, 150, 75, 100
Stepthan H. Dawden, 130, 1150, 3500, 125, 1250
James M. McCalister, 200, 1080, 4000, 500, 1830
Elisha Stevens, 38, 748, 600, 165, 592
Barnabus Stevens, 10, 158, 150, 75, 217
Joseph Gaiton, 5, 150, 50, 100, 410
Charles Braches, 50, 7240, 1000, 210, 4870
John Moony, 110, 3223, 1500, 500, 1072
Thomas Polk, 12, 3498, 250, 50, 910
Alexandrew Venhan, 20, 1700, 300, 75, 690
G. Y. Cobb, 75, 800, 375, 125, 496
Robert T. Pettit, 50, 1030, 900, 300, 1954
Milbern Harrell, 8, 92, 200, 50, 825
Beverly Stewart, 10, 140, 300, 10, 522
Joshua Stewart, 4, -, 8, 50, 120
Joseph F. Wilson, 30, 300, 500, 50, 1300
Nancy Blanton, 30, 170, 200, 100, 150
W. H. H. Baldridge, 30, 4626, 600, 250, 2600
John Burlison, 100, 200, 1000, 200, 8505
James Burlison, 9, 100, -, 50, 520
Adam Zumwalt, 15, 37, 500, 150, 1142
Ira Mullin, 100, 1000, 500, 700, 1640
Wm. Porter, -, 100, 200, 10, 190
Jonithan Burlison, 20, 80, 150, 10, 185
Thomas Zumwalt, 10, 1500, 150, 20, 190
Wm. Green, 8, 140, 100, 50, 295

Allin Love, 30, 395, 400, 50, 1030
Isaac Zumwalt, 8, 911, 200, 90, 385
Asia Aplin, 4, 50, 25, 20, 62
R. Plummer, 30, 1100, 300, 100, 500
S. Y. Reams, -, 1200, 100, 100, 305
Winfield Alford, 6, 5458, 200, 150, 1180
A. J. Hart, 8, 240, 150, 450, 1680
J. S. Brown 100, 6000, 4000, 200, 525
Wm. Hickcock, -, -, 450, -, 110
B. B. Peck, 13, 9000, 100, -, 200
Wm. H. Stewart, 25, 3100, -,100, 850
C. C. Dewill (Dewitt), 40,5641, 4000, 5150, 1600
Ealiza Gipson, -, 1200, -, -, 100
Patrick McKenny, -, 400, 300, 150, 300
James Ramseay, 2, 505, 150, 200, 350
John Gaft (Goft), 3, 600, 400, 100, 745
Edmond Bellinger, 50, 5000, 500, 500, 1200
J. S. Beaumont, -, -, -, -, 100
H. C. Conner, 3, 18, 34, 500, -, 200
Horrace Eggleston, 65, 6000, 200, 3000, 810
H. W. Munroe, -, -, -, -, 150
John S. Stump, -, 640, -, -, 35
J. Gue_bold, -,1600, -, -, 25
W. V. Collins, -, 900, -, 300, 400
C. G. Brown, 275, 2200, 8000, 1000, 4050
Jorden R. Bass, 35, 1720, 5000, 150, 3065
Josiah Townsend, 15, -, 200, 110, 300
Robert Heter, -, 900, 200, 200, 800
Easter Clark, 25, 6612, 500, 50, 400
Eli Mitchel, 120, 500, 500, 200, 1000
James T. Matthews, -, 965, -, -, 150
Felix Chenawlt, -, 8000, -, -, 450

John T. Tinsley, 5, 8078, 3000, 100, 1060
C. E. Dewitt, -, 4000, -, -, 570
D. S. H. Durst, -, 2900, -, -, 180
O. F. Renick, 8, -, 100, -, 60
Deto Miller, 2, 50, 150, -, 40
G. W. O'Neill, -, -, -, 100, 2000
David Raup, 10, 300, 200, 100, 500
Howard Bailey, 6, 900, 250, 20, 250
Charles Canby, 15, 800, 150, 10, 300
Jerry Bailey, 5, 850, 200, 10, 250
Sarah Davis, 30, 2150, 500, 20, 600
James Foster, 40, 600, 1000, 150, 4000
Partran Dilworth, 20, 300, 300, 100, 1200
Soliman Nicles, 10, 320, 500, 50, 200
O. Daniels, 10, 500, 500, 100, 600
James Raimey, -, 320, -, -, 225
A. G. King, 100, 10000, 5000, 3000, 8000
J. S. Miller, 125, 3000, 5000, 1000, 3000
Ralle M. Davis, 90, 7000, 1500, 75, 500
Baalus Nations, 20, 1100, 100, 150, 500
Rachel Dickinson, 20, 1100, 110, 20, 500
Wm. J. Nash, 16, 44414, 500, 150, 36000
Thomas Gay, -, -, -, 300, 6000
Hugh Coon, 6, 200, 1000, 200, 500
M. H. Baty, 30, 400, 200, 200, 700
John Dunham, -, -, -, 50, 50
W. C. Bryon, -, -, -, 1000, 150
John McGinnice, -, -, -, 150, 500
Wm. Foster, 40, 800, 500, 100, 500
Isaac T. Conn, -, -, -, -, 600
Jams Suffield, -, 160, -, 100, 320
Michael Shuffield, -, 160, -, 100, 425
John C. Cooksey, 120, 1000, 3800, 150, 2500
J. Oliver, -, 1760, -, -, 200
Pit Coe, 50, 1500, 3000, 1000, 20000

Wm. Towns, -, 150, -, 200, 2000
Robert Hall, 100, 12000, 4000, 2000, 10000
Joseph Price, 200, 12000, 30000, 1200, 12000
M. G. Dikes, 50, 1200, 800, 1000, 4000
Wm. M. Phillips, 60, 3000, 10000, 800, 10000
John S. Hodges, 100, 4000, 8000, 500, 3800
E. C. Fryby, 250, 20000, 3500, 2000, 5130
Thomas Hodges, 150, 3000, 15000, 1200, 3833
James Breeding, -, -, -, 100, 200
Isham Smith, 30, 1000, 2000, 325, 900
David Hodges, 40, 12000, 4000, 1000, 3050
James Hodges, 251, 6000, 3100, 2000, 5100
Benjamin Duncan, 200, 1200, 40000, 1000, 14460

Grayson County Texas
1850 Agricultural Census

The Agricultural Census for Texas for 1850 was microfilmed by the University of North Carolina under a grant from the National Science Foundation and filmed from original records in the Texas Department of Archives and History.

There are some forty-six columns of information on each individual. Only the head of the household is addressed. I have chosen to use only six columns of information. These are shown below:

1. Name of Owner
2. Acres of Improved Land
3. Acres of Unimproved Land
4. Cash Value of the Farm
5. Value of Farm Implements and Machinery
13. Value of Livestock

Thus, the numbers following the names represent, 2, 3,4, 5, 13.

The following symbol is used to maintain spacing where blank in a column: (-).

Jno. W. Curtis, 15, 625, 640, 10, 216
Jesse Thomas, -, -, -, -, 24
Sarah McKenney (McKinsey), 50, 270, 640, 150, 875
Caral (Caval) McKenney, 45, 605, 500, 100, 330
Wm. Creager, 53, 1647, 1700, 60, 310
Polly McKenney, 30, 2252, 2302, 80, 562
M. S. McKenney, -, -, -, -, 235
Jno. Wellburne, 20, 520, 540, 100, 377
J.Willburne, 10, 90, 100, 25, 30
Jno. Francis, 15, 35, 1000,3 00, 691
Nicholas Maddox, 42, 398, 2000, 130, 375
Isabel Worthy, -, -, -, -, 54
H. Warden, 16, 944, 3500, 20, 330
E. Paris, 16, 2330, 500, 73, 335
A. Templeton, -, -, -, 150, 252

Jno. H.Wilson, 80, 280, 3000, 200, 1150
Allen Jimerson, 19, 381, 400, 125, 500
Richard Morris, 20, 430, 450, 50, 196
Henry Lacky, 27, 423, 530, 100, 467
Richd. Corus (Corees), 20, 480, 500, 60, 172
Mary Craig, 27, 293, 320, 15, 50
A. B. McCaskle, -, -, -, -, 55
Jos. Stephens, 12, 88, 100, 50, 120
D. P. Moss, 60, -, 400, 80, 400
Wm. Lasler (Laster), 20, -, 100, 80, 265
Thos. Langley, 18, -, 100, 20, 400
Hiram Blair, 100, 600, 700, 150, 650
D. Willaby, -, -, -, 110, 310
A. Thomas, 8, 532, 540, 30, 230
Geo. B. Daniel, 8, 142, 150, 45, 198
Mary Savage, 40, 720, 760, 45, 600

Luke W. Savage, 40, 720, 760, 45, 600
M. Pitman, 22, 177, 450, 75, 179
Hiram Savage, 8, 108, 116, 65, 320
Isaac Simmons, 11, 489, 1000, 50, 608
D. P. Simmons, 13, 307, 500, 100, 93
E. M. Jones, 50, 450, 1000, 50, 1245
Geo. W. Vernon, 31, 269, 600, 80, 295
M. Farris, 10, 290, 100, 65, 147
B. F. Proctor, -, -, -, -, 124
Thos. S. Patterson, -, -, -, 40, 160
A. Bledsoe, 12, 156, 150, 5, 93
Jno. Farris, 20, 397, 417, 125, 354
S. B. Savage, 8, 202, 400, 10, 304
S. Scoot, 10, 120, 130, 10, 190
Richd. Morrow, 12, 168, 400, 10, 93
E. S. Milam, 18, 474, 492, 20, 466
Y. S. McKinney, 20, 423, 700, 100, 410
B. M. Carr, 30, 570, 1800, 100, 675
Susan Manafee, -, -, -, -, 190
V.S. Wallace, 20, 260, 300, 125, 186
R. A. Fitch, 5, 315, 320, 70, 344
Jos. Lackey, 18, 291, 309, 100, 230
P. T. Andrews, 8, 618, 800, 150, 405
Wm. N. Savage, 7, 393, 400, 5, 230
Geo. Shields, 10, 120, 500, 100, 355
Alex. Martin, 10, -, 200, 75, 175
Chas. Carter, 10, 132, 500, -, 65
H. Harris, 40, 600, 640, 150, 890
J. M. B. Smith, -, -, -, -, 315
Geo. R. Reeves, 12, 148, 350, 50, 285
Jane Chafin (Chapin), -, -, -, 75, 821
Jno. Jennings, 65, 255, 1280, 300, 486
Sterlin Wood, -, -, -, 50, 105
Wm. Skinner, 45, 355, 500,1 00, 118
Josiah Watson, 15, 345, 540, 10, 145
M. Watson, -, -, -, 8, 216
Jno. A. Fitch, 20, 150, 500, 10, 229
H. Jennings, 15, 305, 500, 75, 425

Wm. Allington, 12, 123, 200, 30, 255
Jno. P. Mafus, 15, 170, 300, 100, 261
E. L. Harris, 15, 125, 200, 10, 166
S. Martin, 7, 193, 260, 5, 195
Jos. Mitchum, 10, 190, 200, -, 90
Jonathan Johnson, 10, 90, 150, 25, 144
Jno. L. Burris, -, -, -, -, 330
Geo. C. Derger (Dugan), 100, 540, 980, 100, 797
J. L. Atcherson, -, -, -, 50, 600
Mark Perdue, 6, 314, 320, 10, 208
F. W. Davis, 22, 618, 640, 30, 600
P. M. Davis, 22, 618, 640, 10, 490
B. F. Lindsey, 17, 143, 500, 10, 255
Jno. R. Barris, -, 640, -, -, 26
John Henderson, 25, -, 250, 200, 720
A. Hilburns, 27, 185, 1000, 90, 838
Wm. Jackson, 12, 68, 120, 60, 250
Jacob Buller, 22, 266, 800, 100, 395
Bluford Clements, 55, 345, 1200, 75, 614
Silas C. Blair, 7, 403, 230, 5, 30
Wm. W. Wheat, 35, 405, 1000, 150, 672
Russel Smith, 20, 258, 500,1 00, 710
Page Stanley, 36, 304, 640, 150, 691
Michael West, 15, 625, 640, 50, 125
Wm. Boils, 4, 316, 320, 60, 250
Saml. Pruett, 6, 634, 320, 1, 61
__el. D. Fox, 16, 624, 640, 100, 481
M. C. Stanley, -, -, -, -, 19
Jno. Medus, 20, 620, 640, 150, 315
Coleman Watson, 37, 1114, 1151, 400, 1335
Jno. P. Ferguson, 10, 630, 640, 50, 94
Aaron Haining, 25, 295, 320, 75, 120
Jno. H. Hiller, 5, 635, 300, 10, 27
Fred Homillens, 10, 630, 320, 5, 82
Harris Stanley, 9, 639, 640, 2, 103
H. Campbell, 17, 627, 640, 25, 472
Jno. Haining, 37, 603, 640, 32,368
Anderson White, 20, -, 100, 100, 175

Wm. C. Davis, -, -, -, -, 175
Saloman De Spain, 50, 450, 500, 250, 780
Isaac V. Stark, 10, 339, 340, 2, 89
Jos. W. Hayhurst, 20, 620, 640, 60, 230
Wm. C. Wilson, 20, 620, 640, 5, 0
David Wilson, 12, 628, 640, 30, 263
Alex Wilson, 25, 295, 320, 5, 145
David C. Wilson, 20, 620, 640, 5, 138
Levauder Gibson, 11, 629, 320, 2, 14
Elizabeth Paxton, 11, 629, 640, 8, 220
A. Cartwright, 34, 606, 640, 150, 244
Thos. Whaley, 10, 630, 640, 10, 200
David Arnspekey, 15, 625, 640, 50, 23
Saml. Whitaker, 15, 625, 640, 50, 23
Wm. Blumendall, 15, 455, 352, 100, 225
S. H. Scott, 8, 170, 300, 5, 260
Wm. Barris, 10, 150, 160, 25, 280
Jas. Washburn, 6, 100, 106, 5, 180
Jno. Ashley, -, -, -, 5, 70
Mary Washburn, 18, 300, 318, 50, 315
Allen Crocker, 8, 230, 300, 100, 165
Thos. J. Shannon, 200, 2000, 4000, 200, 1350
Jas. Moody, 12, 118, 200, 25, 200
E. Everhart, 44, 116, 800, 100, 450
B. F. Savage, 10, 190, 100, 5, 235
R. E. Black, 30, 466, 1000, 40, 528
Robt. Allen, 20, 310, 640, 2, 30
Wm. A. Lindsay, 20, 480, 750, 164, 930
Wm. P. Buruis, -, 320, 160, 10, 77
Joshua West, 7, 73, 80, 5, 95
Wm. Bradley, 25, 285, 320, 7, 96
H. Black, 20, 620, 640, 25, 180
John Hendrix, 40, 600, 960, 175, 405
R. Henderson, 10, 630, 640, 3, 170
Danl. Boon, -, -, -, 40, 30
B. G. Borin, -, -, -, 12, 130

Saml. Blagg, 40, 600, 2360, 230, 390
A. W. Adams, 8, 312, 320, 3, 13
Geo. W. Cochram, -, -, -, 100, 235
W. C. Caruthers, -, -, -, 40, 970
Wm. Martin, 8, 992, 1000, 60, 370
Robt. Atcherson, 100, 540, 640, 130, 1380
Sol. Bostick, 20, 42, -, 10, 130
Wm. Menarth, 25, 614, 640, 125, 258
Saml. Gilman, 10, 630, 320, 75, 130
H. Gilman, 10, 310, 160, 2, 50
Sol. Hatcher, 32, 608, 640, 30, 237
Danl. Strickland, 26, 614, 160, 10, 165
Saml. M. McKay, 1, -, 50, 80, 190
N. P. Pierce, 14, 626, 320, 20, 230
Thos. M. Pierce, 4, 636, 320, 8, 90
Jas. O. Hill, 50, -, 1500, 10, 255
Jos. Robinson, -, -, -, -, 41
Jas. O'Neal, 15, 625, 480, 10, 57
Robt. Shannon, 25, 615, 320, 10, 338
E. D.Webster, 12, 638, 640, 18, 158
Jno. Scrackenburg, 20, 670, 640, 10, 200
Meredith Blue, 10, -, 50, 2, 128
Wm.Blue, 50, -, 100, 100, 480
Richd. McIntire, 30, 370, 800, 200, 7264
Chas. C. Quillin, 30, 610, 640, 100, 1280
Jas. Harbolt, -, -, -, 10, 95
L. Painter, -, -, -, 5, 50
E. Hartzog, 30, 610, 960, 80, 390
Josiah Hartzog, -, -, -, 10, 70
D. M. Bruce, 20, 670, 640, 20, 180
Isaac B. Walker, 20, 570, 270, 10, 100
Levi Deshane, -, -, -, 50, 270
G. McCarty, 60, 580, 1280, 125, 900
Jas. M. Francis, -, -, -, 10, 50
Jonathan Barefoote, 5, 315, 320, 100, 155
G. Skidmore, 10, 310, 320, 1, 300
Wm. A. Garrison, -, -, -, 40, 410

Jno. W. Hightown, 10, 390, 400, 5, 50
Jas. P., Morrison, -, -, -, 35, 220
Joshua Peters, 100, 540, 1540, 100, 728
Ervin Curtis, 8, 492, 500, 115, 255
K. McKinzey, 12, 628, 648, 15, 120
Allan Elkston, 36, 604, 640, 15, 265
Jno. Duke, -, -, -, 20, 1030
Hugh Courer (Conner), 20, 620, 640, 10, 178
S. C. Inman, -, -, -, 3, 75
David Jones, 15, 625, 640, 10, 180
G.W. Jones, 12, 310, 320, 28, 370
R. Allen, 20, 190, 640, 35, 365
Thos. J. Hill, -, -, -, 10, 140
Jno. Miller, 25, 616, 320, 10, 175
Henry Marshall, 8, 312, 320, 10, 178
Sol Huffstutter, 14, 626, 640, 30, 360
Jas. H. Faust, -, -, -, 100, 175
Wm. S. Reeves, 78, 1527, 1900, 150, 1446
Wm. Q. Reeves, 5, 315, 320, -, 50
Jas. Ingram, 18, 622, 640, 75, 128
Jane Bishop, -, -, -, 5, 54
Hiram Coffee, 66, 1076, 1640, 250, 1190
Jno. Steel, 18, 93, 222, 60, 130
C. Megerheim, 14, 306, 400, 30, 260
Jno. Ward, -, -, -, 100, 280
Wm. Pearce, -, -, -, 100, 554
Jno. Hall (Hull), 10, 310, 260, 65, 220
Wm. H. Brogden, 25, -, 220, 100, 230
Jas. Brown, 8, 632, 320, 50, 178
Jas. G. Thompson, 100, 407, 3000, 200, 3490
Hardy Martin, -, -, -, 5, 115
R. Alexander, -, -, -, -, 34
C. M. Boyd, -, - -, -, 20
Jos. Sewell (Jewell), 20, 620, 640, 400, 811
G. N. Butt, 180, 1296, 1476, 1500, 1665
Jesse Myers, 40, -, 300, 100, 460

David Vance, 102, -, 1020, 8, 75
Jas. A. Biles, 5, 45, 150, 5, 15
Jno. Grimes, 20, 620, 640, 55, 190
Jas. Inglish, 5, -, 50, 2, 170
C. Jennings, -, -, -, -, 87
Jno. Slamps (Stamps), 80, -, 1000, 50, 100
L. Kern, 15, 85, 300, 7, 310
T. J. Shannon, 100, 700, 24300, 250, 982
Jas. _. Moss, 100, -, 1000, 50, 770
H. A. Ingram, -, -, -, -, 90
Wm. H. Johnson, 35, 285, 300, 75, 460
Wm. B. Smith, 20, -, 100, 10, 93
Robt. Bean, 30, 290, 320, 40, 250
Robt. Beatty, 30, 590, 640, 75, 220
Wm. S. Moss, -, -, -, 75, 150
Jno. A. Burns, 20, 180, 500, 10, 210
Wm. P. Lankson, 60, 1416, 1476, 350, 610
David Hanbolt, 14, 146, 160, 10, 104
Wm. McGlothlin, 8, 312, 320, 10, 320
Andrew Moody, -, -, -, 15, 200
A. Bacon, 70, 250, 1000, 150, 158
U. Burns, 12, 300, 160, 10, 250
S. Deanes, 10, 310, 320, 5, 86
Thos. Allen, 8, 312, 320, 10, 56
A. Stinson, -, -, -, -, 35
A. Carter, -, -, -, -, 85
Jno. Deane, 15, 625, 640, 41, 550
A. D. Kendall, -, -, -, -, 65
Jas. S. Coffee,-, -, -, 50, 140
Jas. Vaden, 10, 720, 280, 110, 780
Jno. Martin, 6, 734, 740, 40, 438
Jas. Jennings, 35, 165, 200, 75, 700
Jesse Shelton, -, -, -, 100, 290
Jno. Brandded, 30, 370, 400, 100, 360
A. H. Drake. 10, 310, 160, 5, 230
Jno. Blagg, 12, 308, 160, 5, 230
Jno. McConnel, -, -, -, 120
David Edwards, 45, 150, 300, 80, 190

Jno. Glover, 40, 718, 1516, 100, 1130
Jno. V. Terly, -, -, -, 130, 180
G. Lankford, 15, 305, 640, 10, 100
Jno. B. Lankford, 6, 154, 160, 20, 195
H. W. Ryburn, 40, 600, 1500, 20, 220
Richd. Davul, -, -, -, 130, 172
Jno. Carpenter, 30, 820, 2530, 120, 520
Jas. Purdon, 25, 1375, 4200, 120, 570
H. H. Davis, 20, 440, 460, 100, 628
M. Harris, 10, 630, 320, 10, 25
R. Allred, 50, 374, 424, 200, 2162
Jas. Everhart, 50, 270, 1000, 50, 350
Danl. Dugan, 90, 2985, 1200, 15, 330

J. Lacky, 20, 620, 600, 10, 290
John Gillam, 5, 315, 800, 250, 265
Wm. Bean, -, -, -, -, 248
R. P. Murrey, -, -, -, -, 170
J. P. Bailey, -, -, -, 50, 485
M. B. Reynolds, -, -, -, 100, 130
Alex Morrison, -, -, -, 3, 50
A. M. Alexander, -, -, -, 200, 504
Jno. P. Turney, -, -, -, -, 104
F. Richards, -, -, -, -, 60
Jno. R. Bean, 10, 130, 300, 50, 220
M. Rulon, -, -, -, -, 40
S. M. McGlothlin, 5, 530, 500, 130, 75
B. W. Bradley, 25, 503, 800, 185, 657
F. G. Beasley, -, -, -, 200, 334
R. L. Bullock, -, -, -, -, 50

Grimes County Texas
1850 Agricultural Census

The Agricultural Census for Texas for 1850 was microfilmed by the University of North Carolina under a grant from the National Science Foundation and filmed from original records in the Texas Department of Archives and History.

There are some forty-six columns of information on each individual. Only the head of the household is addressed. I have chosen to use only six columns of information. These are shown below:

1. Name of Owner
2. Acres of Improved Land
3. Acres of Unimproved Land
4. Cash Value of the Farm
5. Value of Farm Implements and Machinery
13. Value of Livestock

Thus, the numbers following the names represent, 2, 3, 4, 5, 13.

The following symbol is used to maintain spacing where blank in a column: (-).

Elisha Floyd, 70, 480, 2000, 200, 730
John Graves, 160, 330, 3330, 150, 1100
G. M. Morrison, 8, 32, 400, 20, 510
O. P. H. Wood, 22, 155, 200, 150, 500
J. S. Black, 60, 140, 1000, 150, 3700
Wm. M. Mitchell, 90, 90, 800, 225, 1500
O. P. H. Hill, 100, 600, 1800, 175, 1500
F. W. Magee, 10, 180, 600, 10, 390
John Couch, 50, 102, 1000, 150, 650
Saml. McGown, 22, 31, 250, 100, 2530
E. B. Davis, 50, 520, 5000, 200, 770
Henry Fanthorp, 150, 937, 4000, 150, 2100
James Lawrence, 100, 736, 3000, 200, 875
E. W. Goodrich, 40, 1037, 2000, 50, 250

R. W. Bennett, 25, 150, 530, 125, 728
H. B. Kelly, 100, -, 400, 200, 280
Edward Hobbs, 60, 140, 800, 125, 430
Hardy Jones, 30, 220, 400, 15, 350
G. B. Read, 4, 46, 150, 10, 660
McJ. D. McKepacte, 120, 580, 3500, 500, 1200
B. H. Holsted, 30, 1 40, 170, 80, 220
T. H. M. Rogers, 60, 190, 2500, 100, 1320
Wm. Berryman, 20, 2400, 5000, 100, 1315
B. B. Goodrich, 23, 12, 600, 100, 830
John King, 70, 258, 1642, 100, 410
John Sprouse, 55, -, 150, 200, 800
L. S. Mooring, 160, 160, 1500, 40, 1978
James M. Gilbert, 30, 290, 900, 60, 280

A. G. Perry (Terry), 50, 127, 1000, 200, 1480
H. W. Raglin, 20, 156, 575, 75, 700
S. M. Garvin, 47, 114, 800, 80, 1380
Jesse P. Gray, 25, 586, 600, 15, 500
Geo. M. Patrick, 200, 400, 2500, 200, 2110
J. M. Moody, 105, 860, 4000, 35, 550
D. C. Dickson, 60, 117, 1500, 40, 380
J. N. Scott, 100, 2114, 4000, 50, 750
A. G. Henson, 30, 290, 640, 50, 575
W. C. Moody, 30, 410, 1500, 50, 1170
M. P. Clary, 20, 58, 250, 100, 370
Sidney Barrett, 30, 170, 1500, 150, 470
Hasa Bullock, 40, 600, 640, 100, 750
William Muldow, 45, -, 225, 5, 180
Alfred Howell, 65, 330, 1500, 125, 1200
F. L. Smith, 10, 169, 500, 80, 660
John H. Dunham, 75, 268, 1750, 175, 650
Jas. (Jos.) H. Dunham, 115, 1092, 5000, 150, 750
Joseph Knott, 25, 225, 350, 200, 538
J. C. White, 60, 202, 800, 125, 807
James B. Muldrew, 125, 375, 2000, 400, 860
W. B. Jackson, 20, 450, 1500, 200, 995
Delila Walker, 40, 163, 400, 20, 850
T. J. Whitesides, 80, 552, 1000, 15, 730
W. B. Loftin, 100, 982, 2400, 120, 1190
M. B. Lawrence, 160, 540, 2000, 20, 350
John Gibany, 50, 150, 1000, 150, 850
E. P. Johnson, 30, 75, 1000, 320, 630
T. B. Stephenson, 35, 145, 500, 100, 1175
James B. Stephenson, 40, 2400, 1500, 50, 430
James Stephenson Sr., 65, 300, 2000, 75, 820
James Wood, 180, 292, 1416, 300, 2430
F. M. Clary, 25, 725, 800, 50, 380
R. F. Wood, 75, 225, 2400, 150, 1330
Jesse Clay, 40, 2788, 2500, 150, 1950
Benn_ah Jones, 40, 1788, 1828, 100, 1290
C. Crenshaw, 30, 250, 300, 140, 1030
F. P. Greenwood, 20, 620, 300, 280, 1180
B. C. Ogletree, 25, -, 125, 50, 440
J. G. Wilson, 40, -, 200, 125, 225
P. W. Walton, 100, 150, 900, 110, 935
L. J. Gosopen (Gosoper, Goispen), 27, -, 135, 20, 230
John Ogg, 40, 280, 160, 60, 260
Wm. Bearson, 80, 97, 531, 200, 1045
Bryant Stonam, 50, -, 500, 150, 700
P. H. McCullock, 23, 175, 800, 20, 340
P. J. Whitesides, 80, 2609, 5370, 180, 2030
Edward Ray, 60, 517, 2000, 150, 730
Joseph Marshall, 70, 30, 1000, 400, 1240
W. A. Woodard, 12, 895, 1095, 15, 193
E. Vantaw, 40, 160, 700, 15, 464
Jesse Grimes, 80, 3814, 9000, 75, 1956
Robt. McIntire, 30, -, 300, 30, 1160
Mrs. Camp, 45, -, 485, 85, 595
T. C. Bradberry, 50, 127, 334, 150, 1210
R. C. Niblett, 200, 1100, 6000, 800, 1245

Henry Micklebrough, 110, 743, 1200, 125, 1150
J. W. Ringgold, 120, 200, 3000, 200, 2440
J. Pearce, 65, 145, 1800, 125, 725
M. J. Duke, 100, 700, 1200, 40, 660
D. D. Green, 100, 960, 1060, 130, 785
Wes Renfroe, 40, 100, 400, 100, 200
A. Reethen, 24, 26, 150, 35, 135
Ira M. Camp, 110, 720, 2000, 100, 1296
E. A. Spruance, 29, 1078, 1107, 15, 202
Samuel Rooker, 20, 180, 400, 100, 345
O. Brown, 30, 310, 2000, 150, 425
Mrs. McGuffin (McGoffin), 105, 2000, 2000, 50, 340
D. White, 70, 130, 600, 160, 725
Wm. C. Roe, 45, 78, 246, 15, 228
Sela Rogers, 200, 300, 2000, 250, 730
Mrs. Ellington, 30, 170, 600, 50, 325
Ephram Fuqua (Fugua), 45, 3373, 4000, 100, 965
James Lawson, 90, 550, 1000, 125, 1990
Jacob Johnson, 10, -, 100, 15, 363
W. W. Arrington, 100, 1000, 2500, 100, 1508
James White, 130, 650, 780, 300, 1125
Mrs. Hanes, 60, 140, 400, 60, 410
G. R. A. Whiting, 28, 180, 500, 100,3 60
D. H. Field, 100, 240, 1200, 300, 927
James R. Bennett, 100, 250, 1250, 100, 230
D. P. Badley, 70, 430, 1000, 150, 1000
Willis J. Roan, 240, 570, 5600, 600, 2425
J. R. Edwards, 85, 315, 680, 25, 770
T. J. R. Rucker, 25, 160, 400, 25, 100

Joseph Bookman, 60, 165, 300, 15, 294
Daniel Bookman, 100, 740, 1680, 200, 775
William Hoke, 25, 275, 350, 75, 240
Robt. Barker, 24, 300, 350, 130, 1470
Felding Ruble, 35, 242, 426, 150, 1490
Jesse Bookman, 50, 350, 1000, 125, 772
J. H. Dunn, 170, 400, -, 150, 568
S. Neely, 35, 168, 800 25, 225
J. E. Mann, 30, 800, 830, 100, 210
N. K. Sulston, 40, 280, 640, 100, 1855
Thomas Gillmore, 60, 2900, 3000, 100, 850
A. Winbourn, 22, 78, 200, 25, 400
William McCoy, 20, 330, 800, 10, 500
William Stewart, 50, 232, 423, 100, 1200
Daniel Stuckey, 18, 851, 800, 15, 295
A. M. Darby, 12, 140, 150, 15, 458
F. Pfannce, 6, 44, 150, 15, 183
C. J. Davis, 80, 193, 600, 100, 860
A. Bryne, 45, 1100, 1000, 85, 620
Moses Scott, 40, 125, 350, 10, 120
S. P. Hadley, 25, -, 125, 25, 312
D__ McIver, 120, 620, 2960, 120, 1870
Joseph McIver, 25, 250, 300, 10, 507
Peter Keer, 20, 4408, 2214, 75, 3250
Daniel McMahan, 25, 1975, 1000, 20, 3500
John Neely, 40, 193, 600, 100, 762
C. Davis, 40, 506, 1092, 15, 256
Warren Brown, 20, 580, 400, 8, 151
John D. Dizrants, 95, 520, 1400, 95, 555
Levy (Lexy) Moran, 30, 270, 300, 15, 255
J. C. Thomas, 48, 920, 900, 150, 847

William Cobb, 25, 2239, 2414, 25, 1580
James Burney (Barney), 20, 180, 300, 100, 1200
William Harris, 8, 292, 300, 10, 217
William Keer, 40, 160, 300, 15, 782
Mrs. Batson, 28, 2214, 1107, 50, 1565
Eli Batson, 8, -, 40, 20, 1560
Stephen Rogers, 150, 2064, 2214, 25, 1895
A. C. Bullock, 18, 4410, 2214, 60, 490
John McIver, 38, 195, 400, 120, 2765
Samuel Fouler, 4, 316, 320, 10, 605
J. P. Hutchinson, 8, 41, 45, 5, 337
W. W. Byres, 15, 1600, 800, 100, 655
M. Arriolla, 16, 164, 280, 20, 214
A. Maxamilian, 35, 145, 240, 100, 500
A. Rivers, 20, 2094, 1500, 175, 1700
Thos. P. Plaster, 50, 590, 640, 100, 1730
Thomas Davis, 23, -, 100, 8, 702
Daniel McIver, 43, 593, 640, 40, 800
John Manning, 60, 240, 660, 140, 600
Thos. Davis Jr., 55, 145, 200, 100, 495
William McDonald, 125, 372, 1000, 490, 1752
Wm. Stone, 35, 182, 219, 50, 575
David S. Files, 65, 135, 750, 50, 2002
J. B. Calender, 50, 450, 600, 100, 412
J. R. McWhorter, 35, 165, 600, 20, 420
A. B. Dodson, 25, 150, 750, 25, 550
Andrew McWhorter, 50, 480, 580, 100, 400
A. McBride, 20, 980, 500, 10, 405
Jeremiah Lee, 20, 180, 200, 70, 900
Chester S. Gabet, 30, 720, 750, 100, 3150
N. B. W. McWhorter, 30, 370, 400, 15, 292
F. S. Chaney, 35, 285, 400, 100, 1920
Isham Davis, 25, 295, 320, 150, 370
Eliab Durham, 9, 791, 400, 15, 1180
Benj. Stuckey, 11, 629, 320, 20, 400
(Miss) Kellum, 70, 1037, 2800, 25, 650
W. D. Dodd, 40, 360, 600, 20, 647
James Thomas, 45 95, 250, 100, 687
Charles Barton, 10, 170, 300, 12, 152
T. L. Collins, 35, 576, 910, 30, 300
Mrs. Kennard, 40, 600, 960, 120, 850
Asa Kennard, 60, 664, 1448, 150, 1475
T. J. Hanie, 100, 430, 2000, 225, 569
Wm. Kelly, 100, 13, 1000, 1000, 360
M. M. Kennard, 70, 1360, 4290, 250, 910
Wm. R. Bowen, 120, 618, 3000, 200, 768
A. M. Wamack, 200, 540, 5000, 300, 1300
James Scott, 300, 3140, 6880, 800, 1985
M. N. Taylor, 30, 370, 1200, 135, 664
R. Gillett, 25, 530, 1000, 250, 1745
Francis Sadler, 150, 450, 828, 200, 862
W. J. Taylor, 60, 124, 184, 70, 585
George Stonam, 700, 600, 15000, 2650, 3225
K. P. Sanders, 175, 525, 3725, 125, 494
William Smith, 34, 300, 350, 120, 224
Mrs. Brumfield, 50, 350, 2500, 60, 347
Mary Manning, 75, 825, 4000, 300, 1970

Aaron Shannon, 225, 1700, 3760, 350, 1950

Henry Griggs, 375, 912, 7500, 300, 1975

Lewis Dupser (Dasser), 250, 350, 1000, 450, 1200

James K. King, 70, -, -, 20, 527

A. M. Deveraux, 300, 1465, 6025, 200, 2630

J. L. Green, 400, 850, 7000, 350, 2125

Isam Baker, 800, 100, 10000, 600, 2870

J. M. Evans, 25, 150, 400, 35, 462

Henry Jackson, 100, 600, 700, 40, 615

E. O. Oliver, 50, -, -, 35, 375

Guy W. Morrison, 40, 160, 400, 150, 1878

J. H. Morrison, 70, 130, 1000, 200, 639

S. &. J. Buff, 70, 270, 500, 100, 320

George Stonum Jr., 225, 1150, 6500, 500, 920

James W. Barnes, 200, 700, 3500, 350, 3305

Harris County Texas
1850 Agricultural Census

The Agricultural Census for Texas for 1850 was microfilmed by the University of North Carolina under a grant from the National Science Foundation and filmed from original records in the Texas Department of Archives and History.

There are some forty-six columns of information on each individual. Only the head of the household is addressed. I have chosen to use only six columns of information. These are shown below:

1. Name of Owner
2. Acres of Improved Land
3. Acres of Unimproved Land
4. Cash Value of the Farm
5. Value of Farm Implements and Machinery
13. Value of Livestock

Thus, the numbers following the names represent, 2, 3,4, 5, 13.

The following symbol is used to maintain spacing where blank in a column: (-).

This county had some who claimed rental property.

James Curry, 20, rented, 150, 100, 200
Chas L. Clark, 25, 15, 400, 100, 600
Henry Steward, 12, 88, 300, 20, 300
J C. May, 2, -, 1000, 100, 373
G.W. Frasier, 25, 275, 600, 50, 250
David Harris, 30, 120, 1500, 50, 300
Enoch Brenson, 30, 170, 1000, 100, 2000
Saml. Passman, 15, rented, 300, 30, 350
Sam Harris, 10, rented, 150, 10, 125
W. B. Beasely, 15, 110, 625, 100, 500
Mrs. M. Morris, 30, 3200, 1500, 80, 1050
George Gains, 2, 200, 200, -, 1000
Wm. Darbee, 5, rented, 50, 75, 250
Jas. Morgan, 40, 960, 5000, 200, 8500
P. Killermann, 2, 100, 300, 20, 100
C. Habermehl, 12, 100, 1000, 100, 400
Emily Folk, 25, 152, 1500, 75, 325
T. Patching, 18, 132, 1000, 75, 700
S. Brooks, 10, 90, 200, 20, 200
Jas. Forbes, 60, 210, 2000, 75, 650
D. G. Burnet, 15, 264, 2000, 25, 720
John Rundell, 60, 215, 2400, 800, 1200
Wm. Bloodgood, 22, 78, 700, 100, 2800
Josiah Shoak (Shoat), 12, 68, 800, 20, 400
S. Hagerman, 50, 50, 1000, 50, 500
A. Baker, 10, 90, 300, 100, 550
Danl. H. Evans, 5, 195, 500, 10, 150
Harvey Whiting, 60, 140, 400, 150, 500
Gilbert Brooks, 10, 190, 400, 50, 400
John Marks, 4, 15, 100, 10, 600
Ashbel Smith, 110, 190, 3000, 500, 800

Wag__ Smith, 5, rented, 100, 10, 75
F. Chevalier, 4, 46, 50, 10, 40
Jas. P. Magee, 10, rented, 100, 75, 240
J. H. Hed, 5, rented, 75, 10, 200
S. L. Spaulding, 10, rented, 150, 5, 27
Geo. W. Lambert, 10, rented, 100, 10, 250
Rebecca Walton, 1, 46, 100, 5, 250
John R. Rhea, 10, 190, 1000, 25, 250
Elisabeth Smith, 3, 195, 300, 25, 560
Jeremiah Proctor, 3, 34, 200, 10, 350
John W. Brown, 3, 97, 200, 50, 175
John Rabb, 5, 11, 100, -, 60
August Fralik, 5, 15, 20, 5, 100
Jesse Whiting, 35, 65, 500, 50, 600
Jesse Whiting, 25, -, 500, 50, 600
Jas. Strange, -, -, -, -, 450
Henry White, 10, 490, 700, 25, 550
Thos. Macomb, 10, 40, 150, 50, 1440
Wm. White, 10, 140, 750, 40, 750
Est. Geo. White, 30, 1184, 2000, 25, 700
Leonard White, 5, -, 100, 10, 500
Christiana White, 10, 190, 500, 150, 1600
John R. Rickets, 30, 70, 500, 25, 800
Geo. W. Clark, 9, 246, 250, 20, 1060
Abijal Clark, 6, rented, 100, 20, 2400
John M. Simms, 10, rented, 120, 10, 1350
Arch E. Clark, 20, rented, 100, 60, 4000
Saml. Davies, 7, rented, 150, 15, 350
Crawford Brown, 15, rented, 100, 17, 325
Levi Payne, 20, rented, 150, 20, 700
Emanuel Dunkes, 15, 135, 150, 25, 675
David Huffman, 8, 292, 300, 75, 650
Saml. May, 15, 185, 600, 25, 1050
Susan Huffman, 20, 180, 600, 60, 1200
L. B. Weeden, 16, 161, 200, 25. 850
Polly Dunman, 25, 275, 500, 50, 1150
Carl Schmidt, 5, rented, 50, 5, 425
D. P. Penn, 68, 432, 1250, 200, 700
W. Singleton, 10, rented, 100, -, 700
A. W. Singleton, 8, 192, 200, 25, 470
Wm. H. Johnson, 5, rented, 100, 10, 210
Jas. W. Singleton, 25, 375, 400, 20, 1400
Peter _. Duncan, 9, 41, 200, 50, 580
Jas. H. Spellmace (Spellman), 10, 1836, 300, 150, 200
Fredk. Notshee, 10, 130, 250, 10, 135
Carl Darnman, 8, 42, 75, 150, -
John P. Jones, -, -, -, -, 750
H. S. Bololes, 10, rented, 50, 15, 1400
Jas. W. Oats, 16, 310, 1000, 200, 500
H. G. Panerele, 30, 220, 800, 200, 700
F. P. Morey, 50, 150, 1000, 50, 220
Johann Eppes, 15, 85, 500, 50, 450
Jones Coalthe, 30, 147, 1000, 125, 925
M. Higginbotham, 15, 110, 400, 25, 500
Wm. Jacobs, 60, 240, 1000, 150, 1050
A. F. Basson (Barron), 30, 708,1000, 100, 700
James Cooper, 20, 718, 1000, 75, 1280
S. J. Rickhow, 20, -, 200, 50, 328
John Keller, 15, -, 100, 5, 60
W. A. March, 50,1 50, 600, 150, 1700
Simon Wellke, 12, 88, 150, 50, 120
Levi Gastend, 10, -, 50, 10, 60
Wm. Miller, 25, -, 250, 20, 50
Gotleib Meyer, 36, 20, 250, 80, 100
Edmund Osborn, 25, 105, 500, 25, 450
Saml. Bailey, 5, -, 40, 5, 50
G. M. Rydern, 20, -, 200, 10, 300

Ford Copes, 15, 70, 160, 25, 120
Jacob Baker, 12, 70, 100, -, 65
Jacob Mettler, 23, 62, 100, 15, 150
John Auchenbach, 20, -, 100, 80, 350
Wm. Kruger, 10, -, 50, 5, 30
George Sherer, 12, 68, 100, 60, 220
B. _. Fatche, 15, 75, 100, -, 60
Armilles Sellers, 20, 80, 300, 100, 500
David Choate, 35, -, 460, 50, 278
George Roberts, 50, 1050, 3300, 150, 500
Conrad Kleb, 10, 30, 100, 10, 125
Martin Weaver, 7, 48, 100, 8, 85
August Freleo (Freko), 10, -, 50, 5, 75
Ernest Waggand, 15, 60, 200, 25, 200
Hannah Garrett, 35, 165, 400, 50, 1100
Wm. Garrett, 10, -, 50, 10, 270
Geo. C. Neile, 10, 359, 300, 100, 450
Wm. Slade, 35, 90, 300, 50, 460
Ransome House, 60, 449, 550, 200, 6000
Napoleon LeDoux, 1, 360, 300, 5, 700
Mumford House, 35, 334, 500, 100, 2000
Wm. Mitchell, 50, 444, 1000, 250, 1100
Otto Hagee, 25, -, 75, 10, 50
Thos. James, 20, -, 100, 25, 600
Hugh Chandler, 30, -, 150, 50, 1100
Jacob Cline, 8, 169, 200, 25, 160
John Cholewsenski, 4, -, 20, 2, 75
John Baden, 5, -, 25, 4, 60
Ford Herk (Hesk), 5, -, 50, 5, 150
Andreas Kakee, 5, 15, 50, 5, 160
August Kakee, 5, -, 25, 3, 45
Edward Dillegist, 25, 520, 300, 50, 600
John Pollman, 5, -, 20, 2, 50
Peter Huffman, 5, -, 20, 30, 60
John Subbee, 5, 20, 5, 60, -
Harry Roths, 5, -, 20, 2, 55

Woodfry Jeoskle, 5, -, 20, 5, 120
Danl. Huffman, 5, -, 20, 2, 65
Godfry Freatick, 5, -, 20, 1, 12
Carl Frelik, 5, 5, 50, 5, 48
George Hirzj, 5, 5, 50, 3, 65
S. A. Chambers, 10, 167, 500, 25, 850
Christian Frelch, 5, -, 20, 3, 50
Michael Poe, 5, 5,20, 3, 61
Adam Subtlee, 5, -, 10, 1, 20
Andrew Preska, 5, -, 15, 2, 20
Michael Lasser, 5, -, 10, 2, 20
Frank Haberlock, 20, -, 40, 5, 190
John Owens, 25, -, 50, 5, 100
W. K. Hamblin, 80, 920, 3000, 100, 450
Alex Burnet, 20, 1087, 1000, 100, 800
Eliza Simmons, 30, 70, 400, 20, 800
George Schmidt, 5, 25, 200, 5, 178
James Lang (Long), 10, 40, 150, 10, 150
Edward R. Dowdle, 10, 40, 200, 10, 300
David Cole, 20, 380, 400, 100, 2600
Sol Cole, 10, -, 30, 5, 570
Michael Burkhardt, 20, 180, 400, 50, 70
Martin Einholt, 10, 267, 300, 20, 50
A. R Woodward, 30, 970, 750, 200, 1100
Margt. Wrightman, 10, 670, 500, 50, 120
Thos. R. Plowman, 6, 104, 110, 30, 600
Tyler Owens, 7, 43, 200, 75, 300
Wm. Freame, 20, 130, 500, 100, 300
Hal Owens, 20, -, 100, 5, 420
Austin Burnet, 20, rent, 100, 10, 200
Augustin Mathieu, 10, 90, 100, 10, 350
Eugene Pillot, 20, 30, 250, 100, 500
Claude U. Pillot, 55, 1225, 500, 180, 550
John H. Thaise, 24, 126, 150, 50, 200

Emil Gerard, 15, 185, 200, 25, 150
John Caruthers, 20, 157, 250, 60, 1100
H. B. Longley, 10, 90, 100, 10, 200
Stephen Simmons, 20, 480, 500, 150, 1400
Hiram Ritchie, 6, 44, 100, 5, 150
G. M. Dougle, 25, 444, 200, 200, 850
C. G. Wincher, 8, rent, 50, 5, 100
Jas. Simmons, 10, 500, 1000, 25, 250
Joseph Ritchie, 10, rent, 150, 5, 125
Wm. Ritchie, 3, 637, 200, 7, 180
Jacob E. Harman, 22, 198, 200, 50, 525
Seborn Robbinett, 4, 316, 200, 10, 125
Jas. Ritchie, 6, -, 60, 5, 75
R. E. Morgan, 8, 1468, 500, 60, 1000
Peter Debkenan, 15, 1161, 588, 60, 800
Henry Darman, 8, 92, 100, 20, 1200
John Slatece, 25, 75, 100, 25, 150
Jas. Danman, 35, 457, 500, 50, 1500
W. B. Adams, 14, 626, 500, 50, 600
John B. Jones, 6, rented, 60, , 75
Geo. S. Garner, 20, 280, 300, 70, 850
_. B Whitesides, 60, 840, 1000, 150, 750
James Berry, 25, 475, 500, 150, 900
F. Montagnie, 10, 167, 200, 50, 450
M. Mays, 6, 4, 200, 75, 110
A. L. Lowdens, 23, 212, 750, 150, 1000
Geo. T. Dunn, 15, 35, 600, 100, 200
C. C. Dibble, 20, 180, 1000, 150, 700
Lemuel G. Yates, 25, 125, 1000, 100, 350
D. W. C. Harris, 20, 480, 2000, 100, 350
S. Skidmore, 20, 480, 2000, 100, 400
Robt. F. Housele, 10, 140, 250, 10, 350
Dobie Hoso, 100, 835, 1500, 100, 3000
John Thompson, 40, 137, 500, 100, 1000
Thos. E. Cheshire, 10, rent, 60, 5, 50
John Owens, 15, 162, 500, 10, 1750
John R. Malone, 20, rented, 100, 10, 150
John Andrews, 8, rented, 40, 5, 210
F. R. Lubbock, 50, 370, 2000, 200, 8000
John Kuklmann, 25, 475, 1000, 125, 1200
Fred Bodenstein, 6, -, 100, 32, 120
John Brause (Krause), 5, 20, 50, 55, 80
John Behnik, 5, 45, 100, 45, 150
Harry Henning, 5, 20, 100, 35, 55
F___ Paases, 5, 45, 50, 42, 150
William Hotop, 4, 46, 50, 50, 0
Jacob Wilheim, 7, 43, 100, 55, 290
August Birkendorh, 5, 20, 100, -, 60
Fred Lend (Lener), 4, 16, 520, 75, 250
George Kuhlman, 5, 95, 200, 50, 140
Henry Kukleman, 5, 95, 200, 50, 135
J. B. Tabeskice, 5, 45, 100, 50, 250
Ed Walker, 8, 70, 200, 50, 140
John Ivy, 15, 36, 500, 75, 100
Saml. Joving, 5, 365, 1500, 50, 200
John B. Flores, 5, -, 50, 10, 35
Manuel Baketas, 5, 10, 100, 10, 50
Antonio Berat, 4, 9, 100, 15, 90
Jas. Moore, 15, 30, 200, 50, 140
Matthias Bingham, 25, 20, 500, 450, 100
Joseph Kifer, 4, 6, 100, 10, 30
C. L. Battje, 20, 2195, 2250, 125, 1200
Theresa Waby, 20, 620, 500, 40, 250
Harman Niceman, 0, 66, 300, 50, 225
Henry Voliver, 12, 98, 250, 75, 800
Antone Brugeman, 11, -, 50, 50, 450
Henry Meice, 5, 25, 100, 10, 52
Louis Hillendahl, 5, 5, 250, 20, 250

Henry Lendage, 11, 89, 300, 80, 260
Bernard Ahrensbeck, 4, 21, 150, 50, 200
Mina Proetsel, 4, 86, 150, 20, 190
Henry Appe, 6, 14, 60, 30, 150
Fred Loock, 10, 21, 50, 40, 250
Wm. Miller, 4, 21, 50, 14, 225
Jacob Schraeder, 10, 13, 100, 50, 350
Carl Kolbe, 5, 20, 100, 40, 200
Fred Brandt, 2, 20, 32, 35, 120
Wm. Rummele, 2, 48, 62, 40, 110
Hiram Lee, 10, -, 50, -, 300
Christian Streipe, 12, 88, 150, 35, 180
Louis Grosedke, 10, 140, 200, 60, 250
Wm. Goreppsby, 5, 45, 100, 75, 150
Christian Meier, 5, 25, 70, 10, 45
John Cock, 5, 172, 150, 25, 112
Elizabeth Wheatin, 200, 800, 1500, 75, 550
Laurener Habermacher, 5, 364, 520, 125, 140
Casper Habenmacher, 33, 67, 1000, 100, 650
Stephen Habenmacher, 12, 138, 200, 75, 175
Marvel McFarland, 15, 1265, 750, 25, 1000
Thos. Qual, 10, 60, 120, 20, 175
C. Scneider, 12, rent, 60, 10, 400
Harriet George, 50, 250, 1150, 50, 1100
Thos. McGowan, 10, 40, 500, 50, 800
Mina Meiers, 5, 45, 150, 10, 45
John Rhowudue, 7, 43, 200, 25, 130
C. L. Dell, 30, 390, 800, 125, 800
W. W. Stiles, 20, 370, 1500, 100, 400
J. S. Sherman, 20, 126, 500, 100, 550
S. F. Nobles, 25, 164, 1000, 120, 600
Geo. Stevens, 15, 20, 800, 100, 300
Fred Tegge (Legge), 5, -, 13, 10, 75
S. L. B. Sweeney, 25, 125, 800, 100, 650
Sam. Basson (Barron), 20, 60, 800, 100, 450
Moses M. Baker, 10, 11, 100, 90, 250
Robt. Kierkendall, 15, 25, 400, 120, 700
Moses G. Wilson, 10, 25, 800, 100, 1800
Henry Coffrey, 5, 15, 100, 10, 150

Harrison County Texas
1850 Agricultural Census

The Agricultural Census for Texas for 1850 was microfilmed by the University of North Carolina under a grant from the National Science Foundation and filmed from original records in the Texas Department of Archives and History.

There are some forty-six columns of information on each individual. Only the head of the household is addressed. I have chosen to use only six columns of information. These are shown below:

1. Name of Owner
2. Acres of Improved Land
3. Acres of Unimproved Land
4. Cash Value of the Farm
5. Value of Farm Implements and Machinery
13. Value of Livestock

Thus, the numbers following the names represent, 2, 3,4, 5, 13.

The following symbol is used to maintain spacing where blank in a column: (-).

A. D. Lester, 800, 1100, 7000, 250, 2030
J. James, 200, 338, 2152, 125, 1195
M.H. Collier, 75, 550, 2300, 225, 315
B. L. West, 400, 600, 2300, 75, 335
A. West, 23, -, 100, 25, 488
S. Coleman, 16, 150, 150, 25, 325
J. E.Finley, 200, 410, 3075, 150, 925
N. Bearden, 27, 291, 1000, 125, 185
L. E. Lester, 200, 950, 5800, 100, 1780
J. F. Williams, 100, 400, 2500, 250, 600
W. T. Taylor, 450, 3200,2 400, 200, 500
J. Taylor, 15, -, 250, 10, 250
E. C. Beageley, -, -, -, -, 75
G. W. Young, 3, 17, 100, 5, 250
E. Cater, -, -, -, -, 100
C. Curtis, 100, 120,1 300, 400, 440
T. A. Paletto, -, -, -, -, 175

J. M. Henderson, 40, 600, 1000, 60, 300
T. H. Henderson, -, 360, 4000, -, -
J. F. Wetherspoon, -, -, -, -, 150
H. F. Wetherspoon, 200, 500, 2100, 50, 550
V. M. Dubose, -, -, -, -, 40
G. C. Rauson, -, -, -, -, 120
J. M. Freeman, 40, 2060, 3350, 150, 300
W. Evans, 175, 2275, 4000, 100, 940
J. C. Hawley, 5, 3, 2000, 150, 440
B. F. Young, 40, 1240, 1280, 100, 350
A. J. Payne, 47, 69, 1000, 15, 410
J. R. Mahone, 12, 128, 1500, 20, 300
J. Coleman, 25, 130, 1000, 25, 500
O. T. Bolware (Bolivar), 60, -, 2000, 30,890
R. P. Brown, 60, 325, 3000, 150, 300
E. H. Kelsey, 30, 28, 1200, 10, 250
J. Mason, 260, 1150, 10000, 1200, 1500

J. McCowan, 550, 2850, 15000, 450, 2855
J. W. Johnston, 60, 660, 3500, 150, 800
K. H. Austin, 300, 700, 3600, 200, 1000
J. N. Thompson, 265, 575, 4000, 200, 2000
J. Granberry, 210, 612, 3288, 300, 680
J. Kellam, 120, 1080, 480, 130, 800
J. B. Long, 30, 200, 1280, 30, 460
L. Segar, 330, 290, 3200, 400, 1000
K. Cole, 150, 460, 1800, 50, 435
D. H. Cole, 100, 357, 2185, 75, 538
N. M. Good, 75, 125, 1000, 12, 300
J. L. Sherrod, 400, 1100, 10000, 300, 1500
A. Parker, 90, 710, 3200, 150, 560
J. T. Hunter, 15, -, 75, 10, -
T. W. Thompson, 20, 180, 900, 25, 178
J. Erwin, 40, 60, 500, 150, 230
J. P. Gillmer, 125, 325, 2500 300, 720
E. F. Copeland, 40, 174, 800, 25, 340
J. Wile, 10, 140, 600, 10, 140
K. Montgomery, 30, -, 400, 15, 180
C. Ellis, 55, 370, 1600, 50, 1150
E. M. Welder, 320, 900, 7200, 350, 1410
J. Y. Collier, 300,1 200, 4500, 300, 1695
F. B. Scott, 20, 107, 800, 20, 400
A. McDonald, 100, 540, 3840, 50, 628
G. Stringer, 25, 105, 150, 25, 280
T. J. Bell, 15, -, 180, 20, 100
J. Elrod, 20, 30, 250, 10, 175
R. Board, 40, 240, 800, 25, 770
L. R. Henderson, 25, 41, 150, 150, 400
N. V. Board, 35, 1045, 2200, 50, 850
J. D. Moore, 15, 326, 400, 75, 100
E. T. Craig, 220, 1000, 2224, 100, 1000

J. M. Long, 45, 275, 300, 25, 450
H. E. Slaughter, 15, 85, 400, 20, 178
E. Slaughter, 25, 80, 520, 20, 260
W. N. Jones, 40, 200, 1000, 10, 350
J. H. Harvey, 100, 770, 1740, 30, 1100
H. B. Braziel, 200, 600, 3200, 250, 1000
H. Cooper, 75, 750, 750, 200, 670
S. Harrison, 23, 300, 700, 20, 270
G. W. Martin, 70, 590, 1306, 30, 550
E. Harrison, 20, 150, 340, 15, 200
W. Taylor, 25, 322, 720, 10,150
R. Stuart, 15, 75, 400, 10, 150
J. W. Roberts, 20, 147, 187, 15, 70
R. Sanders, 70, 180, 1000, 80, 500
J. Cooley, 20, 267, 500, 10, 125
W. Core (Cox), 150, 430, 3540, 100, 700
E. Blackwell, 40, 260, 300, 60, 240
T. Finley, 40,-, 200, 25, 100
C. J. Rodgers, 26, 287, 990, 20, 300
J. W. Lee, 15, -, 75, 6, 80
J. F. Rosebrough, 175, 465, 3000, 550, 1100
W Sanders, 120, 357, 1500, 25, 820
M. Henderson, 80, 240, 1920, 125, 800
W. Dobson, 60, 140, 2000, 125, 800
D. K. Fisher, 50, 562, 1836, 100, 660
A. F. McLerin, 55, 345, 380, 100, 400
W. Davenport, 200, 630, 5780, 350, 1500
E. Carstarphen, 35, 125, 600, 10, 310
M. L. Wood, 140, 630, 17581, 130, 1125
J. W. Fields, 40, 184, 1120, 100, 500
J. K. Arnold, 35, 163, 1000, 50, 440
S. B. Price, 40, 110, 604, 20, 300
W. Claunch, 13, -, 130, 100, 385
P. Lindsey, 30, 450, 500, 20, 200
J. Rodgers, 43, 109, 608, 100, 210
P. D. Golend, 20, -, 200, 10, 150
W. Adams, 75, 255, 100, 125, 250
J. Rain, 90, 2350, 3000, 150, 800

H. Ware, 275, 1125, 11200, 250, 1650
E. Garrison, 17, 200, 1000, 10, 212
T. Gamage, 170, 294, 2800, 150, 930
J. Taylor, 130, 930, 2800, 300, 625
M. J. Hall, 200, 350, 3500, 350, 1300
L. Richardson, 400, 3000, 17000, 700, 3000
J. Webb, 200, 650, 5700, 550, 1700
J. F. Taylor, 250, 493, 3715, 585, 1390
R. P. Watson, 120, 200, 1280, 100, 668
J. B. Hall, 170, 190, 1675, 130, 700
W. Hall, 110, 160, 620, 150, 650
W. Dolahite, 65, 235, 1500, 20, 200
H. Tincher, 30, 210, 210, 20, 225
K. P. Taylor, 40, 200, 600, 150, 260
J. F. Powell, 35, 105, 575, 100, 175
A. H. Price, 20, 138, 800, 50, 300
R. T. Craig, 40, 80,600, 200, 300
W. Crouch, 30, 280, 100, 25, 400
E. Murrel, 160, 540, 2800, 3500, 700
R. Crane, 50, 1490, 3000, 275, 1320
J. Talbert, 10, 90, 150, 10, 70
F. Smith, 18, -, 90, 10, 50
A. J. McDonough, 28, 272, 900, 25, 325
J. W. Rodgers, 200, 680, 800, 250, 10000
A. P. Vincent, 30, 260, 240, 8, 200
C. Piles, 30, 590, 1860, 10, 110
E. Skiles, 28, 75, 400, 50, 275
J. Breedlove, 36, -, 180, 80, 300
W. B. Wasington (Washington), 70, 44, 800, 100, 600
A. James, 50, 190, 1200, 100, 310
T. W. Clark, 200, 1236, 5428, 200, 1600
E. Forrest, 31, 291, 100, 125, 222
J. G. Brome, 50, 150, 500, 100, 200
C. C. Chilicoate, 20,88, 600, 10, 150
T. King, 70,140, 650, 175, 520
R. A. Poole, 30, -, 300, 20, 212
R. Poole, 60, 220, 2530, 50, 700
B. Carroll, 90, -, 450, 175, 500
M. Harper, 25, -, 130, 125, 275
B. Kimberling, 140, 180, 2560, 100, 560
J. Anderson, 16, 61, 150, 20, 250
A. Russell 40, 250, 870, 250, 430
L. Landers (Sanders), 130, 220, 1500, 150, 680
J. D. Scott, 120, 520, 1880, 150, 590
W. J. Parchman, 45, 260, 225, 75, 238
W. W. Pridgeon, 500, 2400, 15000, 100, 4500
F. M. Scott, 75, 183, 1400, 50, 520
M. W. Taylor, 30, 170, 600, 60, 230
F. Hall, 125, 753, 940, 30, 695
J. H. Boone, 100, 900, 40000, 125, 600
J. W. Parchman, 36, 164, 600, 75, 236
W. C. Wood, 65, 135, 1000, 90, 360
W. Fore (Fox), 45,-, 270, 75, 260
S. Stinson, 70, 173, 1725, 60, 265
J. Harris, 100, 100, 4000, 400, 600
E. A. Lary, 25, 209, 1515, 100, 250
W. M. Taylor, 300, 740, 5043, 600, 1200
J. Brewer, 100, 200, 2400, 100, 1130
C. H. Brooks, 41, 170, 430, 10, 250
O. F. Williams, 50, 1150, 800, 125, 380
M. L. Ersery, 70, 1082, 5760, 125, 350
J. J. Speed, 60, 310, 1000, 75, 340
M. Hodges, 40, 337, 2000, 200, 200
C. Hodges, 50, -, 250, 100, 150
R. C. Garrett, 100, 620, 2880, 200, 435
W. Bell, 115, 350, 1800, 100, 375
A. J. Bell, 70,2 50, 1000, 40, 205
W. Starnes, 160, 740, 5400, 195, 1000
S. Graves, 40, 600, 1500, 100, 370
J. Graves, 120, 100, 7000, 400, 1070
J. R. McCarty, 100, 400, 2000, 125, 746
W. Stone, 50, -, 250, 20, 150

B. Long, 350, 650, 5000, 300, 1550
W. Pierce, 40, 60, 400, 25, 325
J. Miller, 20, 180, 600, 207, 250
J. Nolen, 100, 260, 1400, 125, 1175
T. Nolen, 100, 100, 1000, 135, 700
W. Davis, 12, 68, 400, 20, 250
W. P. Sparks, 125, 519, 1500, 200, 520
F. Mitchell, 50, 280, 700, 100, 480
P. Chucks, 300, 200, 1600, 100, 1100
J. Lowe, 100, 380, 1920, 125, 550
W. H. Jones, 60, -, 360, 75, 440
B. Coil, 100, 200, 1200, 150, 720
T. D. Wilson, 900, 1100, 10000, 500, 3250
T. Poland, 150, 1070, 1600, 150, 540
W. R. Harris, 90, 230, 3200, 100, 470
T. Reeves, 200, 600, 2800, 300, 700
J. B. Vaughan, 25, 93, 500, 150, 725
J. S. Powell, 250, 1450, 10200, 600, 1400
T. D. Powell, 350, 100, 8400, 500, 1600
W. C. Lary, 400, 2000, 7200, 175, 1478
A. H. Coleman, 130, 406, 2144, 300, 690
J. Pogue, 160, 150, 2400, 450, 920
S. McCowan, 200, 900, 5500, 500, 1250
W. P. Harrison, 90, 120, 400, 300, 490
E. Harrison, 350, 600, 100, 800, 1500
R. Ramsay, 120, 300, 1500, 100, 520
M. Powell, 133, 511, 1800, 150, 500
H. Hodges, 200, 220, 1260, 200, 240
C. Davenport, 150, 210, 1800, 250, 900
W. H. Wilson, 30, 290, 1 000, 10, 160
J. Fields, 135, 2425, 7000, 400, 880
R. S. Hightown, 110, 800, 4000, -, -
J. Cole, 42, 154, 888, 25, 400
V. H. Vernin, 50, 950, 300, 100, 360
J. D. Parchman, 40,160, 1000, 75, 380
D. F. McCarty, 125, 275, 1000, 100, 520
E. H. Smith, 70, 4329, 4400, 75, 438
G. W. Grissom, 50, -, 150, 100, 525
G. D. Roberts, 80, 560, 2560, 150, 500
G. Nance, 50, 590, 2560, 140, 485
T. Woodley, 50, 170, 640, 200, 490
T. D. Mathews, 45, -, 225, 75, 400
W. D. Mathews, 45, -, 225, 75, 350
B. S. Mangum, 130, 482, 2440, 200, 500
B. C. Timmons, 100, 700, 2400, 30, 1050
B. Anderson, 150, 490, 3200, 300, 1950
E. Harris, 30, 550, 4000, 50, 550
J. S. Spencer, 50, -, 500, 50, 340
M. R. Martin, 36, -, 180, 135, 140
E. Smith, 150, 1540, 12000, 300, 2050
H. Anderson, 65, 515 1000, 50, 450
M. H. Rattinger (Ruttiger), 20, 300, 1280, 25, 280
F. M. Campbell, 50, 270, 1060, 50, 400
W. R. Downs, 80, 340, 1060, 90, 290
G. W. Mitchell, 50, -, 250, 20, 461
J. Field, 240, 820, 4400, 400, 825
O. Respass, 140, 500, 2560, 350, 1200
W. W. Mitchell, 50, -, 250, 100, 250
R. Deer, 25, -, 125, 25, 180
J. Mandin, 150, 490, 2500, 300, 900
B. Mitchel, 40, 600, 640, 30, 225
D. L. Harvy, 65, 255, 1000, 150, 600
H. Stricklan, 75, 225, 600, 50, 420
S. L. Gound, 55, 585, 2560, 125, 500
A. McKoy, 100, -, 500, 50, 450
D Shaw, 210, -, 1050, 450, 1100
W. R. Spencer, 300, 1200, 4500, 500, 1600

J. W. Boisaw, 110, 220, 960, 150, 300
W. A. Oliver, 45, 380, 1050, 150, 530
J. W. Grady, 60, 290, 800, 50, 375
F. Ornal, 90, 760, 2460, 175, 725
J. Campbell, 75, 245, 640, 200, 610
P. Mitchell, 45, 140, 600, 150, 450
Miss S. Shaw, 200, -, 1000, 150, 835
W. D. Howell, 42, 108, 600, 25, 260
T. E. Howell, 40, 60, 400, 150, 570
S. Hodge, 130, 230, 1440, 225, 500
Z. Scott, 110, 530, 2600, 150, 900
T. M. Veowie (Veowin), 50, -, 300, 30, 302
J. Lott, 120, 748, 5208, 130, 915
F. C. Vanzandtt, 150, 250, 1600, 100, 510
W. B. Long, 70, -, 350, 60, 330
J. Mann, 20, -, 100, 50, 250
S. R. Perry, 125, 195, 1200, 100, 678
M. Parchman, 65, 145, 1000, 130, 700
W. Young, 160, 360, 2000, 200, 590
H. Hunter, 60, -, 300, 60, 715
J. J. Kennedy, 50, 270, 1300, 125, 410
C. M. Hall, 35, 376, 1640, 150, 285
J. C. Wells, 70, 354, 2500, 250, 785
W. McKinney, 70, 680, 3000, 150, 350
J. Franklin, 29, 160, 736, 100, 382
S. P. Hed, 100, 540, 5000, 400, 1250
A. B. Sims, 25, 125, 900, 150, 175
J. Livingston, 130, 396, 1200, 100, 586
M. Beck, 70, 250, 1280, 150, 325
B. Vanderslive, 20,, -, 100, 25, 175
W. Smith, 25, 156, 360, 20, 180
R. Walker, 45, 190, 1125, 25, 340
S. Vanderlive, 50, 270, 960, 150, 300
G. B. Thompson, 70, 310, 1345, 150, 530
J. C. Quillin, 30, 130, 480, 25, 300
J. Walters (Watters), 40, 280, 800, 100, 200
J. Whitentune, 120, 680, 1200, 400, 640
J. W. Mann, 90, 160, 1080, 50, 500
S. Hudsbeth, 50, 190, 232, 150, 300
W. C. Wakelund, 12, 388, 400, 100, 370
H. Hays, 15, 64, 158, 75, 500
E. Dayton, 18, 302, 640, 10, 200
K. Mason, 33, 1767, 1800, 150, 180
W. P. Barret, 15, 205, 300, 20, 140
J. Greer (Green), 25, 270, 300, 20, 250
J. Wamack, 50, -, 150, 10, 275
J. Fergerson, 40, 1330, 1400, 150, 350
W. Hadly, 20, 30, 100, 20, 200
J. Doffell, 20, 30, 100, 15, 325
J. Russell, 90, 410, 750, 350, 750
C. Blaylock, 10, 310, 320, 25, 250
J. Russell, 15, 124, 139, 50, 200
J. Myrick, 10, 160, 225, 10, 300
B. Simmons, 28, 172, 225, 5, 280
C. Hicks, 20, 242, 400, 10, 175
J. H. Finch, 25, 125, 400, 45, 200
G. Thacker, 40, 700, 740, 100, 250
D. Grantham, 40, 60, 200, 10, 275
W. O. Stanfield, 42, 450, 1000, 10, 175
A. Montgomery, 40, 280, 960, 150, 200
T. Clark, 45, 145, 800, 20, 320
V. Mallary, 175, 325, 3000, 400, 500
W. T. Scott, 1000, 1000, 8000, 1000, 3075
R. R. Rose, 230, 130, 200, 500, 1350
R. Newton, 30, 470, 1250, 10, 205
J. M. Gill, 150, 250, 2500, 175, 700
G. Wilson, 60, 240, 1500, 80, 375
A. Thompson, 160, 350, 2000, 300, 800
D. C. Moore, 100, 300, 1200, 150, 700
S. Olford, 300, 250, 4200, 100, 850
W. Parker, 50, 270, 1320, 50, 278
D. Lipscomb, 25, 5, 200, 75, 400
A. Aikin, 80, 423, 300, 400, 695

J. B. Aikin, 9,-, 90, 85, 165
A. F. Davis, 60, 200, 100, 150, 300
W. A. Reeves, 35, 615, 2000, 200, 150
A. B. Wright, 200, 440, 3200, 300, 820
N. Jones, 200, 650, 3880, 100, 1190
B. H. Martin, -, -, -, 10, 100
T. Moseley, 600, 680, 3840, 300, 900
T. L. Merriwether, 200, 120, 1200, 400, 1400
S. N. Daniels, 90, 210, 1248, 100, 380
J. S. Wilson, 300, 340, 2560, 400, 1325
E. T. Batt, 250, 390, 3200, 200, 870
M. A. E. Armstrong, 60, 143, 812, 100, 260
A. B. Stone, 300, 980, 3840, 350, 900
S. Wadlington, 170, 470, 1920, 100, 500
J. C. Dunn, 80, 530, 3000, 100, 460
B. D. Bullard, 00, 408, 4540, 400, 1500
S. Terry, 35, 495, 2080, 125, 770
S. G. Alexander, 45, 275, 1360, 150, 520
R. Young, 25, -, 125, 500, 175
J. Linton, 60, 160, 100, 100, 350
S. L. Stephenson, 50, 50, 400, 25, 440
O. Thompson, 125, 275, 2000, 400, 950
J. A. Price, 30, 178, 100, 25, 250
M. Ghelborne, 35, 5, 150, 100, 360
S. F. Alston, 200, 210, 2100, 350, 950
O. Knox, 30, 140, 850, 50, 400
W. H. Winston, 325, 205, 2500, 150, 1100
W. Ellet, 50, 190, 1200, 150, 600
A. J. Brightwell, 110, 500, 2000, 300, 1010
G. Smith, 250, 150, 2400, 500, 500

J. L. Smith, 100, 100, 800, 150, 360
G. C. Dial, 270, 530, 5000, 500, 1650
W. L. Wheat, 100, 540, 1920, 125, 560
J. Cain, 20, 250, 1200, 800, 525
C. B. Paine, 12, 318, 960, 25, 150
J. Beaty, 30, 210, 720, 150, 640
O. Trimmer, 16, 161, 177, 100, 140
R. J. Nesbit, 150, 1130, 1840, 250, 850
J. Beaty, 20, 310, 640, 50, 510
W. H. Jackson, 20, 340, 360, 40, 300
Lic Mathews, 60, 260, 1600, 60, 570
J. W. Overstreet, 145, 495, 3200, 680, 1100
J. Favers, 60, 260, 1000, 50, 400
D. Alexander, 40, 280, 640, 25, 200
M. Windsor, 20, -, 100, 25, 200
J. F. Whitford, 20, 300, 640, 25, 175
C. Richardson, 20,3 00, 640, 20, 180
S. Shoat, 25, 295, 640, 15, 140
A. Shoat, 25, 295, 640, 25, 200
P. Haskins, 20, 300, 640, 100, 300
L. H. Snowden, 160, 160, 160, 600, 1040
M. Draper, 30, 290, 320, 50, 240
J. Thomas, 12, 228, 320, 20, 230
W. Sullivan, 40, 290, 320, 25, 300
J. Cole, 200, 640, 1220, 400, 1400
W. Cooper, 45, -, 135, 75, 380
S. Galson, 12, 188, 500, 50, 400
S. M. Fisher, 20, 320, 320, 50, 100
W. Taylor, 120, 450, 2280, 200, 680
E. Leming, 35, -, 152, 50, 326
J. Smith, 40, 290, 640, 100, 275
A. Thompson, 20, 76, 190, 50, 150
J. W. Smith, -, -, -, -, 40
T. Sanders, 50, 50, 200, 50, 450
H. Watters (Walters), 30, 130, 160, 25, 250
V. A. Davis, 30, 290, 320, 25, 325
G. Tumore (Turmox), 18, -, 90, 15, 120
J. Lagrone, 30, 290, 450, 30, 200
C. Harmon, 27, 293, 1000, 100, 275

C. Sanders (Landers), 85, 229, 600, 120, 325
T. G. Sanders, 20, 280, 600, 20, 295
J. Ford, 60, 100, 480, 75, 580
J. Lagrone, 30, 290, 140, 30, 200
W. K. Medams, (Medows), 50, 225, 2005, 150, 560
W. D. McAdams, 20, 500, 320, 10, 175
W. Ford, 30, 130, 480, 125, 180
T. L. Bass, 200, 1400, 4800, 525, 900
S. Schooler, 15, 75, 220, 200, 287
T. J. Richardson, 30 290, 320, 50, 225
J. Smith, 25, 615, 640, 100, 350
H. Davis, 85, 655, 1280, 100, 290
A. Howard, 100, 540, 2000, 250, 200
T. Naraman, 40, 640, 320, 25, 475
J. Morris, 20,6 0,80, 15, -
J. Starr, 20, 300, 200, 100, 500
J. Taylor, 15, 375, 250, 5, 175
J. Chadd, 12, 448, 730, 6, 128
E. Spencer, 60, 440, 100, 150, 560
P. Medkiff, 15, 275, 300, 50, 600
H. Kennedy, 40, 120, 160, 50, 220
W. Thomas, 40, 280, 640, 80, 500
G. Thomas, 100, 940, 1040, 100, 650
F. Flint, 30, 100, 150, 50, 225
W. Miller, 75, 905, 980, 100, 430
J. Jackson, 40, 600, 650, 125, 300
A. J. Sowder, 80, 560, 900, 100, 790
M. Allen, 30, -, 150, 20, 300
L. Ward, 15, -, 100, 15, 200
J. Brothers, 60, 560, 1240, 40, 490
C. Hanahan, 20, 200, 440, 25, 225
R. Mauldin, 12, 318, 640, 20, 268
A. D. Massie, 40, 280, 480, 60, 425
S. J. Taylor, 220, 400, 2800, 400, 1600
A. D. Burress, 160, 610, 12000, 200, 800
H. Martin, 100, 400, 2000, 200, 500
E. Frazier, 170, 850, 5000, 400, 1100
J. Wortham, 40, 160, 900, 150, 600
W. Barrett, 70, 200, 1000, 125, 350
H. Patton, 300, 300, 2400, 400, 1500
J. Aiken, 100, 240, 960, 200, 780
D. Lester, 50, 130, 720, 100, 400
K. Jatt, 20, -, 100, 80, 110
D. Burriss, 16, -, 100, 50, 75
V. Gorman, 150, 850, 5000, 400, 1100
J. _. Farley, 28, -, 168, 8, 250
W. Gruder, 30, 240, 980, 100, 400
M. Pugh, 200, 440, 2500, 350, 750
J. Wells, 120, 380, 2400, 150, 650
N. Smith, 220, 1060 3840, 150, 900
W. Adair, 300, 780, 4320, 200, 940
J. K. Taliferro, 200, 1500, 2000, 200, 780
R. N. Walton (Watton), 20, -, 500, 200, 600
N. D. Daindridge, 120, 250, 2000, 1500, 330
J. B. E. Taylor, 75, 758, 3146, 240, 870
J. Laster, 70, 730, 2400, 100, 400
J. Smith, 100, 539, 1917, 100, 360
D. Fanderburke, 50, 450, 1500, 60, 210
A. M. Roach, 195, 405, 2400, 150, 650
B. Willeford, 26, -, 200, 100, 200
C. C. Mills, 200, 1900, 8400, 350, 950
B. G. McCoy, 150, 906, 2654, 250, 775
J. Blankenship, 122, 214, 1200, 250, 800
E. Peek, 10, 30, 120, 50, 100
T. Walker, 23, 165, 320, 80, 250
M. Thomas, 70, 670, 200, 100, 400
S. J. Arnett, 40, 254, 728, 200, 550
W. J. Morgan, 130, 420, 1100, 200, 578
S. M. Davenport, 70, 673, 2100, 1500, 470
A. W. Walker, 150, 506, 3936, 100, 1000
J. G. Roberts, 120, 1110, 2640, 400, 1060

S. Martin, 230, 1875, 4400, 400, 1000
F. P. Harris, 130, 290, 960, 125, 300
B. Briggs, 100, 3 00, 800, 50, 240
D. Vaswile, 45, 100, 300, 25, 200
C. K. Andrews, 240, 349, 3500, 500, 1150
J. M. Hagerty, 1100, 3686, 20650, 1200, 4560
W. Ingram, 60, 250, 340, 50, 600
P. H. Barret, 100, 100, 1000, 100, 400
W. F. Baldwin, 115, 185, 1500, 100, 650
A. H. Ramsay, 49, 10, 350, 50, 330
L. Walton (Watton), 145, -, 725, 130, 300
R. Hope, 300, 700, 5000, 400, 2500
C. M. Cotton, 100, -, 500, 175, 200
R. Fitzpatrick, 400, 400, 4000, 400, 1425
J. E. Browning, 40, 60, 500, 150, 400
J. Hilliard, 100, 220, 1600, 250, 800
W. M. Lisle, 100, 350, 1800, 150, 450
C. W. Batter, 80, 241, 2500, 75, 550
M. Masie, 100, 600, 2800, 25, 330
W. R. Hargeson, 200, 120, 1920, 200, 1130
W. J. Blocker, 200, 440, 3200, 400, 1500
J. Perry, 190, 130, 2560, 175, 1020
L. Perry, 600, 680, 10240, 300, 1900
W. A. Freeman, 250, 380, 5400, 250, 1320
J. M. Swanson, 180, 1560, 7360, 100, 956
A. Swanson, 550, 3450, 22750, 400, 5200
F. H. Blades, 75, 364, 3200, 25, 400
T. W. Winston, 149, -, 745, 60, 500
G. E. Wheeler, 60, 340, 1200, 30, 360
H. Hood, 450, 699, 4588, 458, 1420
W. Patterson, 60, 200, 1000, 50, 345
W. Dubose, 19, 79, 500, 450, 425
J. Harkins, 100, 220, 2560, 300, 840

S. N. Daniels, 80, 240, 1200, 50, 275
S. R. Montgomery, 80, 140, 1200, 100, 310
J. D. Kenreck, 70, 250, 1200, 100, 560
B. Rouse, 20, 300, 900, 25, 550
R. Knox, 100, 620, 2160, 150, 740
B. Smith, 45, -, 225, 25, 300
J. Smith, 75, 245, 1280, 150, 900
F. Lester, 200, 120, 1780, 200, 960
W. C. Swanson, 300, 1200, 7700, 400, 2000
A. Perry, 80, 560, 3200, 150, 400
J. D. Perry, 400, 240, 3140, 400, 1580
W. P. Perry, 350, 570, 5520, 400, 2000
W. Britt, 200, 440, 3840, 350, 1300
J. J. Webster, 1000, 2571, 16596, 800, 3700
J. B. Webster, 160, 840, 4000, 200, 1000
D. Moseley, 120, 520, 2560, 100, 540
W. Moseley, 140, 500, 2560, 100, 675
E. P. Moseley, 300, 200, 5000, 150, 1270
J. H. Fife, 150, 250, 1200, 100, 900
H. Dial, 70, 500, 570, 50, 600
C. Coleman, 50, -, 250, 25, 200
T. Wagner, 80, 120, 500, 25, 550
J. Edwards, 40, -, 200, 400, 400
Harwell, 175, 258, 1728, 150, 400
D. Wealton, 200, 700, 3200, 300, 600
W. T. Wethersby, 100, 400, 1880, 150, 400
S. Connell (Conwell), 100, 350, 1350, 150, 325
J. Horton, 125, 1525, 3200, 50, 300
S. Hardson, 110, 530, 1920, 150, 500
J. H. Lee, 90, 226, 1200, 100, 552
M. Livingston, 180, 1000, 2500, 700, 1000

C. Gorman, 200, 1200, 4200, 350, 1300
J. Fife, 200, 1500, 3400, 300, 900
B. S. Smith, 50, 476, 1561, 700, 500
W. P. Cotton, 40, -, 200, 100, 200

H. M. Arnesberg (Arnesbrenz), 300, 340, 3840, 350, 1430
B. S. Smalley, 300, 200, 2500, 200, 800

Hays County Texas
1850 Agricultural Census

The Agricultural Census for Texas for 1850 was microfilmed by the University of North Carolina under a grant from the National Science Foundation and filmed from original records in the Texas Department of Archives and History.

There are some forty-six columns of information on each individual. Only the head of the household is addressed. I have chosen to use only six columns of information. These are shown below:

1. Name of Owner
2. Acres of Improved Land
3. Acres of Unimproved Land
4. Cash Value of the Farm
5. Value of Farm Implements and Machinery
13. Value of Livestock

Thus, the numbers following the names represent, 2, 3,4, 5, 13.

The following symbol is used to maintain spacing where blank in a column: (-).

Thos. Magehee, 85, 5300, 14000, 200, 1117
Thos. A. Lancaster, 20, -, 200, 20, 300
John D. Pitts, 40, 1202, 1600, 350, 3000
Zachariah McDonald, 6, 44, 150, 158, 610
Clerment R. Johns, 105, 475, 4000, 400, 1400
Edmund Y. Johns, 35, -, 1000, -, 500
Clareborn Kyle, 30, 2360, 5000, 150, 2340
Philip J. Allen, 15, 2185, 150, 150, 600
William Cannon, 10, 640, 400, 125, 300
Wiley Bagley, 7, 123, 500, 800, 230
U. A. Young, 24, -, 800, 25, 1000
H. Cheatham, 100, 300, 4000, 1000, 1400
W. P. Owen, 14, 111, 700, 115, 370
Thos. Durham, 34, -, 3000, 200, 450
Wm. Lindsey, 48, 25000, 6000, 200, 400
Thos. D. Faylon, 21, -, 600, 400, 1000
James W. Moore, -, -, -, 70, 900
R. V. Allen, 10, 20, 100, 10, 100
Edward Burlison, 35, 1700, 6940, 200, 2900
D. T. Merriman, 50, 600, 2000, 150, 1000
E. Wm. W. Moore, 12, 33, 300, 700, 720
William C. Pitts, 12, 44, 400, 10, 400
J. L. Labenski, 15, 285, 2000, 75, 800

Henderson County Texas
1850 Agricultural Census

The Agricultural Census for Texas for 1850 was microfilmed by the University of North Carolina under a grant from the National Science Foundation and filmed from original records in the Texas Department of Archives and History.

There are some forty-six columns of information on each individual. Only the head of the household is addressed. I have chosen to use only six columns of information. These are shown below:

1. Name of Owner
2. Acres of Improved Land
3. Acres of Unimproved Land
4. Cash Value of the Farm
5. Value of Farm Implements and Machinery
13. Value of Livestock

Thus, the numbers following the names represent, 2, 3,4, 5, 13.

The following symbol is used to maintain spacing where blank in a column: (-).

A. J. Hunter, 35, -, 400, 300, 475
Israel Spikes, 40, 30, 200, 100, 135
Jarred Erwin, 8, -, 50, 440, 125
James Rawson, 40, -, 700, 450, 143
W. Wilson 28, 72, 250, 300, 400
R. L. Mathews, 10, -, 100, 150, 250
James N. Baudain, 14, -, 280, 125, 125
W. L. Gossett, 23, 5, 100, 300, 2000
W. Abrenskjold, 32, -, 300, 200, 550
G. J. Walters, 8, 1, 75, 80, 1000
Asa Balton, 12, 3, 160, 110, 243
Samuel Huffer, 11, -, 150, 60, 100
J. M. Manners, 11, 8, 200, 175, 200
James C. Guilland, 25, -, 200, 100, 250
C. Shoat, 30, -, 200, 200, 600
Geo. Clark, 20, 10, 100, 180, 200
D. J. Thompson, 16, -, 150, 150, 250
E. Holland, 16, -, 150, 100, 150
W. Steel, 10, -, 175, 275, 700
Lewis Hobbs, 12, -, 150, 200, 250
James C. Fancher, 9, -, 150, 50, 150
J. M. Sherman, 8, -, 100, 200, 400
W. W. Sherman, 18, 10, 200, 275, 600
Moss Cavatt, 21, -, 300, 300, 500
L. Mims, 17, 4, 150, 150, 300
J. Buchan, 6, -, 100, 150, 200
J. A. Melchan, 9, -, 250, 50, 350
James Hanner, 9, -, 250, 50, 350
F. Metshane, 15, -, 300, 125, 500
J. P. Thompson, 18, -, 100, 80, 100
Joseph Martin, 65, -, 800, 550, 560
M. M. Clark, 12, -, 100, 125, 300
James Purkins, 10, 1, 100, 60, 100
E. L. Smith, 20, -, 300, 250, 350
W. C. Bobo, 100, -, 1500, 1000, 550
M. D. Blue, 16, 4, 150, 170, 130
James Martin, 60, 4, 500, 335, 250
W. L. Helm, 8, -, 110, 80, 200
Sam. Whitehead, 20, -, 250, 250, 400
G. B. Fancher, 28, 2, 300, 325, 540
Dubart Murphy, 35, 10, 200, 450, 1500
John Damion, 15, -, 640, 100, 200

Dennis Thedford, 17, -, 200, 250, 300
G. N. Lawyer, 36, -, 150, 200, 500
John L. Damion, 30, -, 300, 250, 230
George Leitz, 11, -, 100, 100, 150
Jacob Coldiron, 12, -, 300, 75, 135
D. Blacker, 12, -, 100, 200, 300
L. O. Gibbs, 50, -, 1000, 200, 500
Victor Pannel, 65, 10, 1000, 500, 850
A. M. Cobb, 14, 4, 150, 450, 350
J. M. Carter, 40, 15, 700, 150, 250
W. T. Carter, 35, -, 1200, 300, 440
Tho. M. Trible, 13, -, 100, 122, 11, 250
J. Williams, 30, -, 320, 150, 250
Wash Lowel, 12, -, 350, 80, 250
L. Day, 9, -, 320, 10, 150
B. Butler, 10, -, 200, 200, 400
James Hooper, 35, -, 320, 200, 500
John Spikes, 40, 20, 320, 400, 800
Isaac Van Hooser, 13, 10, 300, 450, 500
A. M. Morrow, 28, -, 640, 300, 1000
D. Baugh, 25, -, 320, 150, 200
John Davonport, 65, -, 320, 300, 350
James B. Davonport, 11, -, 500, 50, 400
James M. Harrison, 43, -, 960, 250, 450
W. Brewer, 25, 12, 2222, 500, 900
J. Shelton, 15, -, 200, 125, 215
F. Ball, 4, -, 200, 250, 365
John Loop, 9, -, 100, 60, 150
James W. Boon, 1, -, 300, 50, 800
James M. Gardner, 80, 35, 1000, 500, 600
Thomas Box, 30, -, 200, 200, 2300
L. D.Stover, 7, -, 150, 125, 3350
Jackson Phillips, 225, -, 150, 100, 200
Daniel Buie, 10, -, 200, 175, 350
Louisa Boon, 13, -, 150, 150, 150
Sam. M. Harrison, 7, 3, 150, 75, 360
N. F. Dickerson, 9, -, 100, 60, 140
Levi Noll, 120, 50, -, 200, 825, 1200
W. K. Newel, 9, 8, 150, 75, 140
John Dalton, 20, -, 250, 125, 650
E. M. Guthrie, 20, -, 600, 150, 450
Joseph Bartlett, 60, -, 3000, 600, 1240
Willie Jones, 10, -, 150, 100, 840
Amanda Carrell, 5, -, 200, 100, 75
Reuben Deweye, 4, 2, 100, 80, 500
John Baker, 45, -, 500, 400, 1400
W. Check, 20, -, 300, 100, 150
Nicolas Hanson, 15, 15, 150, 200, 500
A. J. Allen, 17, 6, 500, 100, 200
H. L. Allen, 10, 3, 500, 200, 500
Julius Barker, 6, 10, 320, 75, 178
Hugh T. Moore, 10, -, 320, 50, 150
E. M. Guthrie, 10, -, 1000, 125, 575
A. F McCarty, 6, 7, 150, 200, 250
David Morgan, 24, 10, 300, 200, 325
R. B. Thomas, 30, -, 1000, 550, 1000
W. T. White, 17, -, 150, 50, 200
J. P. McFarland, -, -, 2000, 200, 1500
Wm. They, 10, -, 100, 100, 150
Moses H. Blue, 37, -, 300, 200, 500
James Holt, 35, -, 200, 200, 400
J. T. Carter, 20, 18, 700, 80, 200
R. W. Gray, 30, -, 800, 275, 800
N. H. Gray, 25, 12, 1000, 225, 416

Hopkins County Texas
1850 Agricultural Census

The Agricultural Census for Texas for 1850 was microfilmed by the University of North Carolina under a grant from the National Science Foundation and filmed from original records in the Texas Department of Archives and History.

There are some forty-six columns of information on each individual. Only the head of the household is addressed. I have chosen to use only six columns of information. These are shown below:

1. Name of Owner
2. Acres of Improved Land
3. Acres of Unimproved Land
4. Cash Value of the Farm
5. Value of Farm Implements and Machinery
13. Value of Livestock

Thus, the numbers following the names represent, 2, 3,4, 5, 13.

The following symbol is used to maintain spacing where blank in a column: (-).

Robert E. Mathews, 30, 250, 200, 20, 460
Andrew Helig, 15, 305, 100, 5, 130
John Fanning, 25, 295, 200, 20, 570
Isaac Ramsey, 25, 295, 200,2 0, 760
Bennet McLarin, 10, 310, 100, 5, 90
Samuel Bramley (Bramby), 50, 270, 320, 25, 880
John Landers, 25, 295, 500, 300, 730
John Ransey, 8, 633, 320, 200, 60
Josiah Smith, 50, 590, 1000, 100, 700
William Brahan, 50, 106, 500, 50, 180
John D. Spain, 40, 380, 500, 100, 386
William Mason, 23, 297, 500, 100, 314
Syntha Mathews (Mathers), 30, 370, 500, 100, 524
Absalom Evans, 15, 305, 200, 5, 270
Josiah Emerson, 18, 191, 204, -, 300
Milton Wardlow, 20, 180, 200, 5, 75
John Nolls, 15, 1985, 500, 10, 200
Charles Sims, 12, 268, 140, 170, 2160
Mitchel Smith, 30, 610, 320, 85, 613
Zecheas Morgan, 17, 943, 480, 60, 500
John Morgan, 15, 320, 50, 20, 315
Isaac Burson, 15, 305, 320, 400, 495
E. A. Merchant, 12, 805, 1000, 50, 250
Washington Thomas, 14, 306, 320, 10, 400
George Thomas, 10, 630, 320, 5, 200
John McLaughlin, 40, 280, 640, 50, 210
James McLaughlin, 20, 280, 640, 60, 200
Thomas Jemison, 8, 152, 100, -, 250
Edward Long, 20, 300, 520, -, 120
Robert Jerrell, 25, 295, 320, 15, 390
Hawkins Burden, 20, 300, 200, 70, 120
Willis Bramley (Bramby), 12, 213, 225, 7, 340
Barton Bramby, 8, 212, 320, 10, 180

James Berry, 80, 136, 500, 5, 140
E. A. Arnold, 15, 49, 200, 10, 100
John Deckard, 80, 312, 150, 50, 45
Jefferson Atchly, 8, 312, 100, 2, 69
M. W. Matthews, 75, 1525, 1400, 600, 4170
Richard H. Matthews, 57, 263, 600, 100, 100
Thomas Ramsey, 9, 511, 300, 100, 89
John L. Stephenson, 9, 311, 320, 5, 45
Richard Crook, 22, 1500, 1440, 69, 977
Z. C. Walker, 14, 306, 400, 10, 1570
Benj. Merrell, 30, 930, 800, 65, 1148
Abraham Pane, 20, 160, 250, 15, 256
William Johnson, 17, 1 53, 300, 15, 660
Westley Johnson, 5, 160, 160, 50, 400
John W. Mathews, 25, 560, 600, 70, 580
James J. Bee, 7, 300, 350, 15, 970
Charles Ewing, 5, 120, 150, 5, 175
Henry Bingham, 60, 2725, 2300, 55, 749
John King, 40, 240, 300, 60, 774
Herman Blackamon, 40, 3 00, 200, 10, 255
James Die, 15, 320, 400, 60, 100
Nicholas Harlow, 10, 190, 200, 50, 368
Joseph Proctor, 40, 100, 250, 100, 200
John M. Halbrook, 20, 200, 1000, 60, 627
David Fendley, 30, 290, 500, 120, 510
Curtis Jourdan, 28, 612, 1000, 60, 650
Johnson Wren, 50, 1230, 2000, 50, 2390
E. Camel (Carnel), 30, 290, 320, 10, 450

Norris Ring (King), 10, 263, 400, 100, 850
Monet Branum, 10, 263, 400, 100, 850
Robert Grave, 7, 153, 200, 9, 107
Lewis Findley, 10, 20, 160, 100, 270
E. A. Rollins, 22, 320, 320, 65, 300
Jessee Deen, 11, 309, 320, 150, 1720
Thomas Young, 19, 209, 500, 65, 195
Samuel Murry, 15, 212, 230, 1 20, 432
James Young, 30, 260, 200, 100, 491
Thomas Hill, 20, 180, 400, 30, 200
Joshua Hill, 15, 185, 400, 30, 450
William Barns, 20, 189, 400, 10, 120
Martha Wagoner, 60, 320, 500, 140, 4120
Charles Massington (Mossington), 10, 310, 160, 50, 200
John G. Patison, 22, 298, 200, 50, 445
William W. Williams, 12, 308, 320, 100, 300
William Bond, 20, 300, 160, 10, 200
James Jourdan, 25, 300, 200, 100, 840
John Voss, 12, 100, 150, 25, 50
Eli Voss, 12, 100, 150, 75, 300
David Raslep, 14, 96, 150, 20, 150
Mary B. Ellman, 10, 40, 100, 10, 200
Joel Blackwell, 30, 2000, 1000, 150, 1090
Clabourn Oxford, 15, 525, 300, 115, 500
Peeter Bizor, 10, 790, 400, 10, 500
Thomas Prince, 50, 490, 500, 30, 750
George Isbell, 15, 85, 200, 80, 400
James Russel, 20, 1260, 1000, 100, 680
Ferdinand Herran, 20, 300, 200, 80, 400
Daniel Morgan, 45, 841, 800, 60, 1204

Andrew Barclay, 7, 313, 150, 80, 380
Charles Morgan, 11, 309, 150, 5, 330
Ca__ Burkhart, 18, 302, 300, 90, 658
E. G. Hargrave, 50, 300, 2000, 150, 1380
William Hargrave, 56, 584, 640, 200, 1291
Hugh Barklay, 30, 260, 320, 80, 1260
Daniel Hudson, 40, 260, 300, 10, 330
James Hargrave, 30, 290, 400, 80, 510
Harvy Hargrave, 20, 203, 200, 20, 510
Alfred France, 65, 575, 640, 150, 1150
James E. Hopkins, 18, 282, 300, 15, 215
George Voss, 20, 300, 250, 100, 520
P. L. Smith, 90, 165, 1000, -, 1165
Lindsey W. Werber, 18, 142, 300, 10, 340
W. A. Sowel, 30, 50, 200, 100, 140
Cyrus Johnson, 20, 60, 200, 30, 600
Nthaniel Clifton, 20, 60, 1000, 50, 640
James Ward, 20, 140, 300, 150, 460
Stephen Wathers (Mathers), 9, 311, 320, 10, 155
Benjamin Clark, 11, 69, 135, -, 116
Franklin Mars, 40, 280, 300, 16, 628
Hyram H. Deaton, 6, 150, 100, 5, 108
George W. Downing, 25, 135, 200, 50, 729
Benj. Webb, 20, 620, 320, 10, 884
Robt. Montgomery, 15, 305, 230, 10, 228
Moses Bowen, 20, 300, 300, 20, 520
William Stephens, 12, 308, 150, 10, 100
John Blacker (Blocker), 17, 303, 200, 8, 275
Robert Lee, 20, 180, 300, 8, 200

Jesse Hughs, 10, 630, 320, 40, 400
Joseph Roberts, 19, 423, 200, 10, 200
Marshal Crofford, 25, 65, 300, 50, 1600
David Shepherd, 30, 290, 300, 300, 900
Chany B. Borin, 20, 300, 200, 20, 430
William Wilkins, 20, 60, 300, 50, 300
John Garret, 20, 140, 100, 5, 225
William Garret, 35, 605, 320, 50, 420
John Denton, 15, 306, 320, 50, 415
Stephen Jennings, 13, 262, 130, 10, 100
Thomas Welch, 15, 145, 240, 100, 300
Wilson Clifton, 25, 551, 1000, 100, 798
Edward Gradens, 12, 308, 250, 50, 140
John L. Watter, 10, 90, 250, 50, 225
James H. M. Crew, 35, 285, 640, 100, 1220
Mathew Armstrong, 13, 627, 500, 10, 310
Andrew J. Martin, 8, 142, 250, 30, 240
James M. Still, 8, 312, 150, 45, 75
Joseph Levins, 25, 275, 400, 10, 740
Robt. Hargrave, 40, 600, 1000, 25, 600
Josiah Grigg, 30, 930, 1000, 125, 1185
David Hopkins, 21, 139, 250, 10, 250
Nathaneal Harris, 75, 725, 1000, 20, 296
Oliver Bishop, 5, 215, 320, 50, 138
William C. Ingram, 6, 640, 350, 20, 355
William M. Dofsey (Dossey), 100, 340, 500, 100, 4380

Calvin M. Click, 10, 790, 400, 10, 993
Gilbert Smith, 18, 307, 400, 70, 110
Thomas Morgan, 18, 142, 300, 10, 240
Eliza Morro, 18, 142, 1100, 40, 500
A. M. Small, 50, 430, 1100, 40, 500
John Sims, 14, 146, 160, 150, 340
Thomas Barre, 10, 310, 320, 100, 270
Samuel Lindley, 48, 912, 500, 100, 2560
Harrison Hopkins, 18, 245, 250, 100, 200
Mathew Flewharty, 27, 293, 500, 10, 236
William Moore, 50, 490, 270, 100, 2120
Cristopher Prewet, 72, 208, 200, 10, 160
William Vaden, 30, 170, 200, 100, 450
Lodwick Vaden, 20, 180, 200, 60, 400
Bennet Beorns, 10, 70, 80, 10, 50
Ulysses Aigner, 8, 1700, 1000, 90, 680
William Birdwell, 15, 85, 250, 10, 300
B. W. Millholland, 35, 285, 320, 100, 1500
Thomas G. Birdwell, 20, 80, 400, 100, 400
Goerge Birdwell, 14, 426, 400, 100, 650
B. D. Spain, 12, 149, 800, 70, 1056
W. E. Ewing, 10, 5060, 3000, 150, 578
John Jourdan, 17, 373, 340, 10, 970
Thomas A. Hambleton, 10, 210, 200, 10, 720
Mary Hambleton, 15, 185, 200, 10, 200
John J. Robinet, 30, 490, 500, 100, 600
James Hambleton, 15, 205, 200, 20, 297
James Burnet, 20,3 00, 300, 10, -
Nancy Ashby, 20, 300, 320, 10, 210
John Burnet, 12, 148, 200, 10, 400
John Hart, 17, 1263, 640, 10, 200
Eliza Jackson, 15, 305, 320, 30, 500
Josiah Jackson, 15, 145, 300, 10, 605
John Miller, 15, 105, 120, 20, 580
Isaac W. Bills, 15, 145, 160, 10, 100
James Hooton, 12, 308, 320, 68, 220
Henry Henderson, 21, 299, 200, 5, 300
Edward Coe, 16, 144, 160, 15, 240
Jonathan E. Bills, 15, 304, 320, 15, 320
E. Arron Allard, 50, 650, 500, 125, 690
George Russell, 10, 630, 500, 10, 400
Wm. W. Crisp, 15, 305, 320, 5, 125
Jas. M. Baley, 20, 300, 300, 10, 75
Jno. McLarin, 6, 154, 100, 2, 5
Jesse Bracksher, 20, 300, 320, 5, 100
Ferdinand Corral (Cassal), 28, 290, 320, 20, 920
Larkin Coffey, 10, 310, 320, -, 47
Olin Odom, 28, 320, 320, 15, 450
Drury Smith, 15, 305, 200, 35, 230
Saml. Mathews, 50, 447, 450, 10, 125
T. W. Box, 23, 297, 500, 5, 220
Elisabeth Lyker 50, 290, 500, 75, 472
Wm. M. Lyces, 8, 320, 100, 5, 205
Jas. M. Hanson, 12, 162, 200, 5, 320
Julius Pitman, 40, 40, 400, 10, 300
Jno. Shelton, 6, 64, 150, 15, 930
Green H. Crowder, 40, 240, 400, 100, 500
Eldridge Hopkins, 30, 10, 500, 20, 450
Macom Russel, 25, 302, 600, 50, 300
David Clapp, 30, 450, 480, 85, 2290
Wm. Glover, 7, 23, 400, 10, 155
J. M. Elmore, 12, 68, 200, 55, 315

Eli Lindley, 52, 5492, 2766, 20, 1450
Elias Wallace, 30, 290, 180, 25, 200
Owen S. Davis, 40, 328, 2250, 150, 482
Burrell P. Shepherd, 12, 308, 100, 15, 190
Wm. R. De Spain, 40, 280, 800, 10, 260
Thomas Willison, 40, 280, 800, 10, 260
Jas. S. Stout, 5, 375, 500, 10,3 50
Jas. B. Ashmore, 80, 240, 800, 100, 480
Lucy Ann Cullum, 20, 2500, 200, 10, 740
Edward O. Farrell, 15, 305, 200, 5, 410
Richard Jones, 18, 302, 320, 10, 200
Wm. Fannin, 60, 2400, 2400, 300, 800
Rutha Crisp, 10, 190, 300, 20, 2855
Jacob Lindley, 15, 200, 200, 10, 600
Wm. Bledsoe, 9, 250, 200, 5, 200
Archibald Barker, 20, 1425, 800, 70, 610
Jas. Crowder, 25, 135, 300, 8, 535
Abner Netherby, 10, 150, 300, 10, 420
Andrew Coots, 7, 313, 150, 10, 295

Houston County Texas
1850 Agricultural Census

The Agricultural Census for Texas for 1850 was microfilmed by the University of North Carolina under a grant from the National Science Foundation and filmed from original records in the Texas Department of Archives and History.

There are some forty-six columns of information on each individual. Only the head of the household is addressed. I have chosen to use only six columns of information. These are shown below:

1. Name of Owner
2. Acres of Improved Land
3. Acres of Unimproved Land
4. Cash Value of the Farm
5. Value of Farm Implements and Machinery
13. Value of Livestock

Thus, the numbers following the names represent, 2, 3, 4, 5, 13.

The following symbol is used to maintain spacing where blank in a column: (-).

Simon Matthews, 12, 148, 160, 6, 245
Meriday Whitiker, 18, 102, 120, 10, 142
John Blair, 30, 790, 480, 10, 650
Joel Stew, 20, 300, 320, 8, 610
Josephus Parker, 40, 369, 300, 5, 348
George Grounds, 40, 280, 480, 200, 690
Ritchard Dougless, 23, 77, 200, 125, 436
John Dickerson, 35, 605, 640, 100, 653
Pleasant Clark, 40, 85, 127, 107, 276
John A. Goolsby, 50, 403, 453, 50, 923
Margarett N. Goolsby, 6, 167, 91, 2, 235
Henry M. Goolsby, 10, 310, 160, 8, 172
Thomas J. Goolsby, 25, 135, 150, 10, 257
John G. Pettit, 20, 620, 640, 170, 983

James J. Goolsby, 25, 295, 640, 55, 199
Thomas B. Clark, 75, 305, 320, 5, 208
William Dickerson, 70, 730, 800, 150, 940
Thomas B. Henderson, 18, 482, 500, 125, 230
Alfred Farrers, 20, 300, 320, 100, 800
James F. B. Huntsman, 20, 300, 500, 25, 156
Clinton Allen, 35, 85, 240, 100, 200
John Long, 130, 446, 2700, 250, 945
Mathew Ninghouss, 30, unknown, 203, 25, 1150
Sam E. Burton, 55, 265, 1000, 10, 300
John Davenport, 35, 285, 1000, 100, 593
Clayton D. Skidmore, 18, 82, 500, 150, 201

Daniel Dailey, 50, 260, 600, 150, 1060
William L. Burton, 50, 390, 2000, 25, 334
Samuel J. W. Lang (Long), 100, 1007, 2214, 115, 2512
Clinton A. Rice, 65, 535, 1000, 300, 1205
Joseph Rice, 75, 565, 400, 100, 1482
Lee Gossett, 25, 275, 150, 50, 351
Eliza Shaver, 30, 590, 620, 15, 180
Saloman Allbright, 1, 165, 250, 8, 228
Jessee B. Edwards, 50, 590, 640, 5, 150
Jacob Masters, 100, 540, 1600, 100, 2294
Mar__ Rice, 30, 610, 640, 70, 674
David Murphy, 60, 140, 300, 25, 143
Marshall H. Johnson, 45, 275, 320, 20, 120
Ruben R. Russell, 60, 580, 600, 30, 864
Robert Burton, 170, 1007, 2500, 719, 1016
Robert D. Chapman, 20, 60, 200, 30, 430
Abel Hodges, 25, 55, 200, 20, 206
Annah Long, 72, 828, 700, 120, 345
Robert S. Patton, 40, 280, 320, 125, 934
Isaac I. Hodges, 20, 300, 320, 12, 110
Henderson Waller, 75, 245, 400, 20, 1052
Samuel Potter, 20, 672, 700, 25, 560
William D. Harison, 13, 30, 7200, 10, 219
David S. Higgenbotham, 20, 380, 200, 12, 150
Tinbill Cecil, 12, vacant, 75, 30, 82
William R. Harper, 10, 310, 320, 30, 347
Eli S. Caltharp, 22, 298, 320, 30, 347
Rufus Foster, 9, 191, 200, 8, 272

William Z. McClane, 20, 80, 500, 10, 220
William M. Conner, 25, 615, 960, 150, 644
Francis B. Conner, 50, 590, 1200, 1155, 732
Luther Smith, 15, 785, 400, 40, 195
Solomon Story, 15, 85, 200, 25, 455
William Watson, 25, 575, 540, 20, 810
David Johnston, 10, 310, 320, 100, 674
Isaac Johnston, 10, 316, 320, 100, 965
David Homsley (Hornsley, Hornsbey), 12, vacant, 100, 20, 50
Joseph Upton, 70, vacant, 200, 60, 236
Solomon Adams, 60, 260, 3000, 1000, 1807
James T. Curey, 12, vacant, 200, 10, 166
James Chisiur, 18, 302, 300, 5, 38
James Marsh, 35, 165, 200, 150, 862
Keziah Rives, 12, 148, 200, 8, 177
Alexander Steel, 28, 292, 500, 10, 455
N. D. Hornsbey, 15, 305, 720, 5, 290
Obediah Green, 25, vacant, 300, 5, 198
Ranson D. Chandler, 10, vacant, 100, 10, 87
William Hickman, 15, 305, 150, 200, 540
Jesse Hickman, 20, 300, 160, 75, 600
James Moore, 15, vacant, 100, 4, 208
Frederick Ruke (Duke), 75, 205, 1800, 150, 1550
Mayburn Pervis, 15, 305, 200, 110, 1205
Valentine Birch, 30,2 50, 700, 25, 928
Vincen F. Alexander, 18, vacant, 130, 10, 193
Andrew M. Newman, 10, vacant, 100, 10, 191

Andrew J. Curley, 10, vacant, 100, 12, 200
Jordan Perkins, 20, vacant, 150, 50, 1200
Jesse Perkins, 16, vacant, 150, 25, 760
Abraham Anding, 20, 620, 640, 50, 60
William W. Slay, 35, 605, 320, 60, 697
Martin D. White, 10, 310, 250, 20, 257
Jesse James, 30, 610, 400, 50, 420
John B. Hallmark, 20, 300, 500, 15, 580
Cader Brent, 15, 625, 320, 10, 544
Andrew Spear, 15, 75, 50, 200, 252
Sherly Goodwin, 14, vacant, 150, 80, 131
Duncan McGee, 20, 150, 170, 10, 94
Robert Hale, 17, 383, 400, 12, 85
Archey W. English, 35, 115, 300, 14, 290
Francis Hill, 45, 275, 600, 100, 625
John Irwin, 30, 40, 250, 15, 304
James M. Daniel, 45, 130, 300, 125, 587
Henry Masters, 40, 640, 2000, 700, 1132
Houstin W. Beason, 120, 230, 1500, 380, 930
Sarah Hartgrave, 30, 170, 300, 125, 1662
George W. Hallmark, 43, 143, 1000, 20, 95
George Hallmark, 12, 208, 220, 115, 997
Isaac Burlison, 32, vacant, 250, 5, 326
Daniel Alford, 12, 308, 160, 10, 125
William C. Massengale, 16, 304, 160, 8, 316
Benjamin B. Ellis, 50, 35, 400, 60, 2590
Timothy Rawley, 30, 290, 320, 40, 248
Thomas G. Box, 35, 285, 640, 125, 1480
Drury Vance, 40, 320, 700, 45, 250
Charles M. H. Ellis, 60, 380, 900, 100, 1030
Humphrey Massengale, 18, 302, 320, 5, 180
James H. Moore, 11, 307, 320, 8, 178
Benjamin T. Ellis, 14, 306, 320, 12, 144
James R. Hartt, 20, 300, 320, 80, 283
John C. Millikin, 20, 300, 320, 50, 380
David M. Hallmark, 10, 310, 320, 50, 594
William Allbright, 70, 894, 964, 100, 1615
John C. Hagin, 60, 300, 360, 30, 2192 (492)
Allen S. Harrington, 50,1 50, 500, 15, 458
Haydon Watts, 15, 100,1 15, 25, -
John Box, 25, 245, 1400, 85, 1300
James Tribble, 70, 250, 3200, 150, 587
Edward Abright, 32, 248, 300, 40, 534
Elizabeth Box, 23, 337, 400, 10, 402
James M. Hallmark, 20, 220, 300, 80, 978
William C. Hallmark, 50, 450, 1000, 200, 2475
James Byrum, 37, 223, 260, 40, 420
Griffin A. Byrum, 14, 486, 900, 10, 190
George Hallmark, 80, 1056, 852, 627, 1399
James F. Rennaugh, 40, 280, 400, 10, 352
Jane Murphy, 40, 120, 300, 80, 1790
George Click, 60, 764, 437, 50, 840
William E. F. Dupree, 10, -, 500, 5, 323
Jacob Albright, 30, 610, 5000, 200, 1270

George W. Prewitt, 60, 100, 500, 50, 621
George H. Prewitt, 40, 50, 300, 60, 431
Jesse O. T. Prewitt, 26, 484, 1000, 40, 382
James C. Dupree, 55, 545, 900, 100, 919
Jesse Brown, 20, 80, 200, 8, 202
Jeremiah S. Johnson, 12, 38, 100, 4, 56
John Chain, 20, 480, 250, 100, 493
Edward B. James, 40, 960, 1000, 40, 190
George S. Ramsdale, 12, 308, 350, 15, 218
Lucy Nites, 25, 125, 400, 100, 108
Green W. Meredith, 15, 155, 200, 125, 788
John C. Oliver, 30, 290, 320, 125, 1038
James Booker, 20, 80, 200, 85, 128
William Barbee, 125, 475, 1200, 300, 245
Andrew E. Garrett (Gossett), 35, 318, 1000, 100, 1552
David W. Meredith, 44, 606, 1400, 100, 731
Bengamin N. Wilson, 30, 312, 400, 25, 310
Daniel Merchison, 65, 135, 600, 100, 516
Robert Melling, 16, 144, 250, 60, 84
John Wortham, 70, 280, 3500, 272, 1572
William Lacy, 40, 310, 1050, 25, 441
John A. Clark, 45, 595, 640, 25, 105
James H. Levertorn, 40, 550, 590, 25, 569
William T. Allison, 75, 565, 1500, 80, 1814
John A. Davis, 80, 1027, 1000, 200, 950
James Walling, 30, 610, 640, 120, 371

Richard Remington, 16, 588, 404, 50, 949
George H. Milligin, 20, 160, 420, 15, 323
Merrywether L. Ware, 30, 70, 500, 20, 520
Lacy McKenzie, 75, 335, 1200, 600, 900
Alexander McDonald, 200, 900, 9000, 520, 1755
Hugh Milligin, 50, 127, 750, 150, 640
Henry M. Ward, 50, 304, 1600, 125, 1227
Tillman B. White, 25, -, 250, 120, 861
William A. Hall (Hull), 22, 78, 200, 20, 425
Samuel Hale, 25, 295, 320, 15, 441
Lavina B. Lackey, 22, 120, 300, 12, 567
Levy W. White, 30, 300, 320, 10, 210 (40)
Burton Clark, 35, 605, 2000, 100, 1800
Jacob G. Ash, 65, 575, 320, 100, 1125
Aaron Frisbey, 50, 640, 2500, 445, 1750
Benjamin J. Harper, 40, 50, 800, 20, 1720
William Morow, 18, 622, 610, 50, 240
Aaron Frisbey Jr., 30, 290, 640, 4, 287
John H. Foreman, 50, 590, 640, 100, 324
Selda Tryon, 200, 300, 2500, 1000, 3400
John Harald, 36, 64, 400, 25, 388
Edward Tyler, 15, 64, 400, 25, 388
Joab German, 60, 500, 1200, 25, 690
Elizabeth Roberson, 40, 300, 500, 75, 247
Reuben S. Westmoreland, 150, 490, 2100, 1500, 1240

John J. McKinzie, 130, 670, 1600, 341, 1440

James W. Brent, 75, 225, 300, 100, 1474

Harvey Gray, 30, 270, 300, 100, 270

Sam K. Ellison(Sam Kellison), 40, 280, 700, 125, 1007

James W. Parker, 50, 270, 640, 100, 744

Thomas Medlock, 48, 592, 700, 75, 280

Abel T. Gilbert, 17, 385, 400, 130, 153

John Denson, 11, 296, 307, 25, 264

Obannon Denson, 22, 285, 305, 15, 408

Benjamin Davis, 120, 635, 2415, 75, 972

Elizabeth Johnson, 150, 350, 750, 400, 928

Benjamin Cutler, 20, 300, 326, 50, 330

John H. Huffman (Hoffman), 10, 210, 160, 75, 168

Nathan Glenn, 120, 320, 960, 80, 600

Martin Martchison, 50, 2180, 2230, 100, 1428

Joseph Seward, 15, 225, 250, 15, 212

Mathew G. Kyle, 50, 270, 640, 150, 370

John Flippo, 20, 180, 100, 40, 134

Eligah Wheeler, 20, 300, 160, 100, 297

Larkin S. Banyard, 12, 188, 400, 200, 220

James Steward, 10, 230, 240, 10, 86

. Melt_ Rezell, 20, 520, 640, 8, 76

Ira Fitzpatrick, 12, 141, 153, 30, 224

Hardley Ware, 25, 615, 640, 40, 257

James McGill, 30, 290, 320, 10, 232

Jesse Duseir, 160, 3057, 6428, 300, 964

James McClane, 120, 1120, 2000, 125, 855

Charles L. Wall, 40, 260, 400, 130, 576

Anna Cartwright, 30, 70,2 00, 125, 510

George W. Davis, 35, 605, 640, 75, 577

Lucinda Maddins, 20, 980, 1000, 80, 410

John W. Badenhamer, 65, 335, 1200, 150, 662

Michael Ryan, 35, 165, 250, 20, 448

Thomas Cartwright, 12, 188, 300, 8, 205

Jesse R. Jones, 140, 500, 3200, 390, 846

Benj. T. Tubal (Tabal), 65, 612, 500, 50, 648

John Edins, 100, 400, 2500, 300, 1610

Isaac H. Roberts, 30, 370, 600, 150, 496

John S. Edins, 40, 490, 1060, 20, 355

Stephen E. Kennedy, 20, 1180, 1000, 20, 435

William Penick, 40, 295, 1000, 100, 548

William J. Penick, 20, 382, 301, 5, 404

Ruben Brown, 40, 460, 1000, 100, 590

Armstead Bennett, 50, 150, 200, 100, 996

Hunt County Texas
1850 Agricultural Census

The Agricultural Census for Texas for 1850 was microfilmed by the University of North Carolina under a grant from the National Science Foundation and filmed from original records in the Texas Department of Archives and History.

There are some forty-six columns of information on each individual. Only the head of the household is addressed. I have chosen to use only six columns of information. These are shown below:

1. Name of Owner
2. Acres of Improved Land
3. Acres of Unimproved Land
4. Cash Value of the Farm
5. Value of Farm Implements and Machinery
13. Value of Livestock

Thus, the numbers following the names represent, 2, 3,4, 5, 13.

The following symbol is used to maintain spacing where blank in a column: (-).

Bolin Cain, 12, -, 150, 8, 1400
John Bazeal, 5, -, 50, 6, 100
William McAshly, 5, 320, 160, 100, 90
C. B. McDonald, 7, 320, 160, 10, 75
M. H. Langford, 5, 2000, 2000, 10, 400
F. A. Wright, 12, 148, 160, 10, 100
Joshua Hale, 18, 782, 400, 60, 450
James Moore, 28, 2000, 1000, 50, 400
Elbert E. Stanley, 18, 100, 200, 10, 40
Benj. Monday, 14, 150, 200, 50, 500
Sabert J. Spoonman, 6, 250, 300, 20, 200
Henry Green, 20,2 30, 500, 60, 350
James (Jane) Havens, 25, 135, 160, 10, 110
Peter Shanks, 7, 92, 250, 5, 120
Daniel Rizer (Kizer), 8, 212, 220, 10, 100
William Rizer (Kizer), 20, 560, 500, 10, 400

M. K. Patterson, 20, 130, 300, 100, 225
Joseph Willson, 25, 126, 300, 40, 300
George Williams, 25, 175, 100, 30, 400
James C. Merrick, 16, 110, 400, 15, 310
John D. Williams, 22, 238, 250, 40, 300
John Hargus, 18, 82, 200, 6, 400
Green B. Murphy, 10, 144, 150, 10, 80
Wm. G. Daniel, 10, 302, 320, 20, 300
Albert McFarland, 9, 151, 100, 10, 128
Henry Redolee, 10, 230, 240, 125, 30
Isaac Ridey, 20, 1040, 580, 70, 650
John Steward, 36, 282, 500, 50, 250
George W. Dunbar, 30, 290, 320, 25, 1200
Godfry G. Smith, 20, 360, 400, 25, 200

Wm. P. Rippy, 35, 295, 900, 100, 278
N. Mury Bateman, 25, 295, 100, 15, 378
L. W. Moore, 27, 370, 500, 20, 600
Andrew McDonald, 30, 615, 600, 50, 150
James R. Horton, 25, 615, 600, 50, 250
Wiley A. Mattox, 20, 620, 500, 18, 178
Beauford G. Allen, 20, 300, 300, 18, 100
Q. A. Finly (Finby), 20, 250, 125, 25, 300
Jesse Kuykendall, 50, 590, 600, 15, 900
Russell Mabry (Malry), 40, 600, 500, 40, 450
John Odel, 30, -, -, 10, 500
James Hobbs, 12, -, -, 75, 400
Mary Hurby, 42, 598, 1000, 100, 950
M. M. Bryant, 12, -, -, 100, 270
John S. Bowick, 100, -, -, 10, 275
John Downing, 10, 210, 200, 10, 725
William Clark, 14, -, -, 10, 750
C. C. Shepherd, 30, 450, 400, 80, 600
Isah Ivy, 12, -, -, 10, 700
Micajah Reeder, 15, -, -, 50, 900
Robert Hodges, 15, -, -, 50, 600
W. B. Tegue, 24, -, -, 65, 365
Sherwood McB___, 15, -, -, 10, 565
Lindly Johnson, 20, 2300, 2500, 25, 810
Dixon Allen, 100, 860, 600, 10, 200
James Wembly, 15, 305, 160, 10, 400
John McN__eck, 20, 119, 400, 100, 150
John A. Asbey, 10, 39, 400, 125, 125
Joseph K. Kimbro (Rembro), 18, 602, 600, 100, 400
Isaac Myers, 18, 302, 200, 10, 450
Elijah Keith, 20, 460, 5000, 10, 275

William Stone, 61, 239, 500, 200, 5000
Henry Banta, 16, 944, 430, 10, 200
Littlebery L. Harrison, 35, 605, 320, 40, 600
Patrick Sulivan, 16, 304, 160, 30, 400
Obediah S. Downey, 10, 210, 200, 100, 1000
William Ealam, 8, 632, 320, 50, 300
Johnathan McMahan, 12, 628, 800, 200, 1380
Benj. Watson, 37, 287, 500, 25, 320
James Booker, 80, 560, 1200, 100, 2300
Benj. Anderson, 40, 600, 500, 100, 860
James Woods, 20, 420, 440, 40, 250
William G. Lee, 15, -, -, 15, 370
Samuel Denton, 22, 778, 400, 80, 400
Simeon Wright, 22, -, -, 20, 125
M. H. Wright, 50, 2450, 2500, 100, 900
P. M. Bosson (Borrow), 15, 404, 400, 40, 350
William McChristy, 16, -, -, -, 300
Simon Odell, 27, -, -, 10, 220
John Finby (Finley), 25, -, -, 200, 2640
James Lynch, 49, 591, 1000, 100, 1800
Virgin H. Harris, 35, 290, 1000, 20, 500
John A. Walace, 40, 260, 600, 10, 400
Abe Lawson, 20, -, -, 70, 110
B. F. Oldham, 30, 610, 1000, 150, 750
Hezekiah Taylor, 32, 460, 500, 50, 555
Isaac Linn, 15, -, -, 15, 430
Thomas Clevenger, 15, -, -, 40, 200
Samuel Newell, 15, -, -, 30, 800
Sam Newell Jr., 15, -, -, 65, 760
Joshua Hodges, 15, -, -, 16, 375

James Threat, 36, -, -, 20, 380
John R. Ruble, 25, -, -, 10, 150

Index

Abell, 65
Ables, 54
Abrenskjold, 138
Abright, 147
Ackerman, 24
Ackermann, 69
Acox, 57
Adair, 134
Adam, 107
Adams, 2, 47, 52, 62, 92, 115, 126, 129, 146
Addison, 34
Adkins, 100
Adorn, 107
Adrains, 66
Advance, 26
Ahrensbeck, 127
Ahrnes, 29
Aigner, 143
Aiken, 134
Aikin, 132-133
Aken, 45
Akers, 45
Albrick, 12
Albright, 147
Alby, 65
Aldridge, 7, 79
Aleesbery, 62
Alen, 36, 55
Alexander, 8-9, 21, 45, 60, 66, 87, 92, 96, 116-117, 133, 146
Alford, 9, 19, 111, 147
Allard, 143
Allbright, 34, 146-147
Allen, 2-3, 19, 23, 25, 41, 43, 45-49, 55, 62, 66, 76, 78, 88, 90, 92, 100, 106, 115-116, 134, 137, 139, 145, 151
Alley, 45, 65
Allington, 114
Allison, 148
Allred, 117
Alston, 19, 133
Alsup, 18, 20

Alvis, 96
Amsley, 13
Amthor, 13
Anderly, 22
Anderson, 3-4, 8, 10, 50, 61, 73-74, 80-81, 94, 96, 130-131, 151
Anding, 147
Andrews, 65, 81, 95, 98, 114, 126, 135
Angier, 28
Anglin, 3, 6
Aplin, 39, 111
Appe, 127
Apperson, 83
Arbuckle, 107
Archer, 80
Arende, 1
Arington, 56
Arish, 11
Armstrong, 27, 74, 88, 133, 142
Armswethy, 43
Arnesberg, 136
Arnesbrenz, 136
Arnett, 36, 134
Arnold, 68, 129, 141
Arnspekey, 115
Arocks, 24
Arrington, 29, 63, 120
Arriolla, 121
Arshaylzel, 103
Asbey, 151
Ash, 148
Ashby, 143
Asher, 48-49, 80
Ashler, 67
Ashley, 115
Ashlock, 61
Ashlot, 78
Ashmore, 5, 55, 144
Ashworth, 7-8
Askey, 109
Aston, 55
Atcherson, 114-115
Atchly, 141

Atkins, 67
Atkinson, 11, 56, 62
Atkison, 3, 95
Auchenbach, 125
Aulsbery, 62
Austin, 65, 99, 129
Avants, 52
Averhart, 82
Avery, 15
Baber, 44
Baccus, 60
Baceguss, 47
Bachowan, 86
Backels, 105
Bacon, 116
Baden, 125
Badenhamer, 149
Badgeley, 74
Badley, 120
Baens, 63
Baerren, 7
Bagby, 88
Baggett, 73
Bagley, 137
Bailey, 14, 47, 62, 109, 111, 117, 124
Bain, 86
Bainbridge, 78
Baine, 98
Baird, 53
Bakard, 36
Baker, 4, 19, 41, 47, 49, 66, 70, 77, 86, 88, 91, 122-123, 125, 127, 139
Baketas, 126
Balch, 83
Baldridge, 110
Baldwin, 56, 135
Baley, 143
Ball, 53, 139
Ballard, 107
Ballowue, 26
Balthrop, 85
Balton, 138
Bancroft, 49
Bandeldon, 93
Banks, 57
Banlon, 95

Banson, 7
Banta, 18, 151
Banyard, 149
Barbee, 148
Barber, 12, 110
Barbour, 18
Barclay, 142
Bardin, 67
Barefoote, 115
Barford, 19
Barker, 110, 120, 139, 144
Barkett, 77
Barklay, 142
Barkly, 94
Barkman, 25
Barley, 47
Barnerson, 94
Barnes, 8, 53, 84, 107, 122
Barnet, 19, 110
Barnett, 6, 38, 63
Barney, 92, 121
Barnhill, 11, 80
Barnley, 76
Barns, 47, 79, 106, 141
Barras, 101
Barre, 143
Barret, 132, 135
Barrett, 119, 134
Barris, 114-115
Barron, 124, 127
Barrow, 109
Barry, 84
Bartholomew, 49
Bartles, 12
Bartlet, 35
Bartlett, 77, 139
Barton, 82, 121
Basford, 19
Bashere, 67
Basler, 14
Bass, 51, 111, 134
Basson, 124, 127
Bateman, 66, 151
Baten, 34
Batman, 35
Batson, 121

Batt, 133
Batter, 135
Battje, 126
Battle, 99
Battsen, 14
Baty, 111
Bauchell, 81
Baudain, 138
Baugh, 64, 139
Bauguss, 47
Baukett, 81
Baxter, 106
Baydon, 95
Bayle, 37
Bayless, 25
Bayley, 35
Baylor, 95
Bazeal, 150
Beageley, 128
Bealy, 87
Bean, 116-117
Beanett, 11
Beard, 46, 104
Bearden, 128
Bearson, 119
Beasely, 123
Beasing, 64
Beasley, 67, 117
Beason, 147
Beatty, 116
Beaty, 133
Beaumont, 40, 111
Bebe, 69
Beber, 89
Beck, 23, 132
Becker, 18
Bedven, 44
Bee, 141
Beeker, 83
Beeman, 73
Behe, 69
Behnik, 126
Belb, 83
Bell, 10-13, 15, 27, 29, 51, 81, 83-83, 91, 96, 129-130
Bellagrand, 23

Bellaman, 11
Bellinger, 111
Benavides, 42
Benevetes, 40
Benner, 13
Bennet, 5, 74
Bennett, 27, 73-74, 82, 118, 120, 149
Bensi, 100
Beorns, 143
Berat, 126
Berg, 53
Bergerman, 66
Bergman, 55
Bernard, 108
Berns, 14
Bernsornson, 11
Bernts, 105
Berry, 3-4, 8, 39, 50, 65, 126, 141
Berryman, 118
Berson, 65
Beryman, 55
Besch, 67
Bethany, 11
Bets, 15
Beverly, 60
Bexter, 36
Beyer, 13
Biddie, 50
Bigelow, 42
Biggs, 20, 53
Bigle, 95
Biles, 116
Bilheny, 82
Billheng, 82
Billingsley, 21, 84
Billingsly, 18
Bills, 143
Binger, 12
Bingham, 28, 92, 126, 141
Birch, 19, 85, 146
Birchett, 37
Bird, 36, 55
Birdwell, 143
Birkendorh, 126
Bishop, 41, 116, 142
Bivens, 13

155

Bizor, 141
Black, 20, 27, 90, 115, 118
Blackamon, 141
Blacker, 139, 142
Blacklock, 35
Blackson, 95
Blackwell, 6, 39, 81, 110, 129, 141
Blades, 135
Blagg, 115-116
Blair, 21, 36, 81, 113-114, 145
Blakey, 17
Blalock, 21
Blanck, 103
Bland, 88
Blankenship, 87, 134
Blanton, 45, 51, 54, 61, 66, 74, 90, 110
Blaylock, 132
Bledsoe, 144
Bledsoe, 87, 90, 114
Blerrus, 76
Blessill, 82
Blevins, 86
Blocker, 135, 142
Bloodgood, 123
Bloomfields, 52
Blue, 21, 115, 138-139
Bluener, 102
Blumberg, 105
Blumendall, 115
Blumer, 106
Blurus, 76
Blurzell, 81
Boadmarn, 69
Board, 129
Bobo, 138
Bock, 65
Bockman, 45
Bodd, 45
Bodenstein, 126
Boen, 142
Bogart, 62
Boggs, 70
Boils, 114
Boisaw, 132
Bolerquon, 24
Bolinger, 14-15

Bolivar, 128
Bolley, 106
Bollinger, 14
Bololes, 124
Bolware, 128
Bomong, 92
Bonas, 98
Bond, 141
Bonds, 65, 67
Bone, 87
Booker, 148, 151
Bookman, 120
Boon, 95, 104, 110, 115
Boone, 86, 97, 130
Booth, 48
Boram, 10
Boran, 89
Bordens, 87
Boren, 63, 89
Borin, 115, 142
Born, 13
Borrow, 151
Boscien, 99
Boscren, 99
Bosson, 151
Bostic, 64, 100
Bostick, 115
Boswell, 36, 76
Botard, 67
Bother, 104
Bottoms, 52
Botts, 63
Boulden, 50
Bourland, 87
Boutler, 55
Boutter, 55
Boutwell, 70, 86
Bowen, 4, 121
Bowers, 84
Bowick, 151
Bowin, 36
Box, 4-5, 53, 57, 139, 143, 147
Boyce, 17
Boyd, 84, 106, 116
Boyed, 55
Boykin, 109

Bracherton, 89
Braches, 110
Bracksher, 143
Bracy, 14
Bradberry, 119
Bradbury, 14
Braden, 49, 64
Bradford, 84
Bradley, 62, 80, 115, 117
Bradshaw, 4, 75
Brady, 18
Brahan, 140
Bramby, 140
Bramley, 140
Brandded, 116
Brandt, 127
Brantly, 18
Branum, 141
Brasker, 12
Braughton, 52
Brause, 126
Bray, 70
Braziel, 129
Brazile, 93
Breeding, 96, 112
Breedling, 95
Breedlove, 130
Breman, 74
Bremested, 95
Bremston, 95
Brenson, 123
Brent, 147, 149
Brew, 67
Brewer, 10, 52, 56, 105, 130, 139
Bribood, 28
Brides, 10
Bridge, 67, 107
Bridges, 2, 77, 94
Briggs, 5, 135
Brigham, 46
Bright, 18
Brightlong, 10
Brightman, 107
Brightmore, 107
Brightwell, 133
Brigs, 23

Brill, 106
Brime, 13
Brindlee, 63
Brisco, 8
Briscoe, 98
Brister, 22, 37
Britt, 135
Brittain, 55
Broad, 66-67
Brocheston, 89
Brochestone, 90
Brochman, 11
Brock, 83
Brockman, 11, 107
Broden, 64, 67
Brogden, 116
Broiles, 70
Brome, 130
Bromen, 72
Brooks, 52, 123, 130
Brooksher, 15
Broon, 67
Brothers, 134
Browder, 74
Brown, 4, 9, 26, 28-29, 37-38, 41, 45, 53, 57, 60-61, 65, 70, 76, 81, 85, 87, 89, 93, 95, 106, 108, 111, 116, 120, 124, 128, 148-149
Brownelle, 45
Browning, 47, 135
Bruce, 3, 115
Brugeman, 126
Bruice, 8, 61
Brumfield, 121
Brush, 97
Bruton, 67
Bryan, 26-27, 43, 48-49, 100
Bryant, 21, 47, 151
Brymer, 36
Bryne, 120
Bryon, 23, 45, 111
Buchan, 138
Buchanan, 79-80, 86
Buckhunse, 95
Bucowan, 86
Buff, 122

Buie, 139
Bullard, 133
Buller, 114
Bullit, 86
Bullix, 86
Bullock, 117, 119, 121
Buncks, 94
Bundick, 97
Bundon, 18
Bunter, 15
Bunting, 110
Bunton, 18
Burby, 151
Burchell, 67
Burckhurst, 95
Burden, 140
Burgett, 82
Burghart, 68
Burgman, 13
Burhong, 43
Burkes, 73
Burkhalter, 50
Burkhardt, 125
Burkhart, 142
Burkhatter, 44
Burks, 8
Burleson, 90
Burlesson, 18, 20
Burlison, 110, 137, 147
Burlong, 43
Burnerms, 94
Burnes, 107
Burnet, 17, 123, 125, 143
Burnett, 11, 28, 48, 50
Burney, 121
Burnham, 110
Burnley, 76
Burns, 14, 116
Burress, 134
Burris, 114
Burriss, 134
Burson, 140
Burton, 145-146
Burtran, 37
Buruis, 115
Busby, 50

Bush, 9-10, 37, 60, 85, 105
Butler, 38, 46, 60, 87, 90, 101, 139
Butt, 116
Buzett, 80
Bylen, 106
Byler, 106
Bymer, 64
Byne, 97
Byns, 44
Byons, 94
Byres, 121
Byris, 44
Byrum, 147
C__gast, 92
Caarces, 22
Cagle, 92
Cain, 133, 150
Calahan, 15, 39, 80
Calahorn, 80
Caldwell, 3, 17, 61-62, 109
Calender, 121
Calhoun, 68
Calicut, 15
Call, 72
Callerser, 94
Callerson, 94
Caltharp, 146
Calvert, 106
Calvit, 27-28
Calwell, 61
Caman, 46
Cambell, 5, 106
Camel, 141
Cameron, 9
Camp, 10, 119-120
Campbell, 10, 46, 48-49, 53, 63, 97-98, 107, 114, 131-132
Camron, 73
Canada, 28
Canby, 111
Cane, 4
Caniway, 2
Cannon, 4, 54, 87, 137
Canter, 24, 42
Cantrell, 2, 4, 92
Cantwell, 89

Cape, 28
Capps, 4
Caragan, 108
Carbazos, 42
Cardenas, 106
Cariway, 2
Carleton, 46
Carlock, 57
Carlous, 97
Carlton, 52
Carmack, 89
Carmichael, 52
Carnel, 141
Carnes, 93
Carophers, 36
Carothers, 11
Carpenter, 3, 70, 87, 117
Carr, 38, 55, 88-89, 114
Carrell, 139
Carrival, 22
Carroll, 63, 65, 80, 130
Carson, 52, 56
Carstarphen, 129
Carter, 20, 34, 57, 66, 70-71, 76, 114, 116, 139
Cartwright, 104, 115, 149
Caruthers, 115, 126
Carver, 62, 74
Casanon, 44
Case, 91
Cassal, 143
Cassidy, 91
Castleman, 19
Castrell, 92
Cater, 128
Catlin, 10
Caulder, 99
Cauldwell, 28
Cavatt, 138
Cavitt, 80
Cayce, 27
Cearngross, 64
Cecil, 146
Celler, 66
Chadd, 134
Chadouent, 94

Chadwell, 70
Chafin, 114
Chain, 148
Chambers, 14, 21, 62, 87, 125
Chance, 34
Chandelier, 56
Chandlar, 59
Chandler, 40, 52, 96, 125, 146
Chaney, 121
Chapin, 114
Chapman, 72, 86, 146
Charles, 37
Charley, 88
Charp, 35
Cheatham, 137
Check, 139
Cheek, 10
Chelson, 36
Chelton, 7
Chenawlt, 111
Chentenberg, 23
Chenterbury, 23
Cherry, 18, 67
Cheshire, 126
Chesier, 73
Chessire, 56
Chevalier, 124
Childress, 24
Chiles, 49
Chilley, 110
Chilocoate, 130
Chilters, 92
Chipman, 2
Chisiur, 146
Chisolm, 81
Chisum, 51, 53
Choat, 80, 91
Choate, 125
Cholewsenski, 125
Chowning, 77-78
Christian, 20, 52
Christman, 37
Chriswell, 93
Chucks, 131
Churchill, 27
Cildees, 37

Cilders, 37
Cinbow, 50
Claiborne, 18
Clapp, 143
Clark, 13, 46-47, 54, 60, 70, 82, 96, 111, 123-124, 130, 132, 138, 142, 145, 148, 151
Clarke, 76
Clarry, 67
Clary, 67, 77, 119
Claunch, 129
Clay, 76, 119
Clayburg, 14
Clayton, 82, 84
Clean, 13
Clement, 47, 62
Clements, 27, 114
Clemmons, 98
Cleveland, 10, 93
Clevenger, 151
Click, 13, 54, 58, 147
Clifton, 142
Cline, 125
Clinton, 29
Clipper, 60
Clive, 12
Clopton, 20
Cloud, 9, 82
Clover, 8
Cloyd, 15
Clutter, 92
Coachman, 52
Coaker, 76
Coalthe, 124
Coats, 72
Coatsleven, 64
Cobb, 49, 110, 121, 139
Cobbton, 36
Cochram, 115
Cochran, 73, 92
Cock, 127
Cocke, 40
Cockran, 8, 90
Cockrell, 73, 75
Coe, 111, 143
Coffe, 63

Coffee, 28, 59, 66, 116
Coffey, 143
Coffman, 62
Coffrey, 127
Cogwell, 45
Coil, 131
Coldiron, 84, 139
Cole, 14, 37, 44, 68, 72-73, 96, 125, 129, 131, 133
Coleman, 57, 63, 128, 131, 135
Collan, 36
Colley, 46
Collier, 128-129
Collins, 10, 26, 46, 61, 73, 111, 121
Collom, 62
Colton, 46
Compton, 28, 90
Con, 48
Conchman, 52
Condray, 3
Cone, 4
Conley, 37, 46, 49
Conly, 19
Conn, 111
Connell, 135
Connelly, 37
Conner, 55, 72, 111, 116, 146
Connway, 4
Conolon, 12
Constant, 13
Contin, 94
Conway, 18, 94
Conwell, 135
Cook, 14, 54-55, 72, 78, 100
Cooke, 60
Cooksey, 111
Cooley, 129
Coolgrove, 27
Coombes, 72, 74
Coon, 109, 111
Coonrod, 89
Coonrood, 89
Coonsod, 89
Cooper, 15, 23, 48, 54, 60, 67, 86, 124, 129, 133
Coopper, 50

Coots, 144
Cope, 56
Copeland, 51, 129
Copes, 125
Copplin, 91
Corder, 65
Cordwell, 80
Core, 48, 129
Corees, 113
Corlin, 94
Cornelieson, 19
Cornelius, 11
Cornell, 93
Cornetius, 11
Corral, 143
Corus, 113
Cottenhead, 52
Cottingham, 8
Cottle, 18
Cotton, 54, 135-136
Couch, 73, 118
Couchman, 58
Couck, 95
Coughhorn, 46
Courer, 116
Coutwell, 89
Cowart, 86, 89
Cowherd, 100
Cox, 2, 35, 70, 72, 74, 78, 81, 85-86, 89-92, 129
Craddock, 37, 90
Craft, 20-21
Craig, 53, 113, 129-130
Craigg, 82
Crain, 8
Cramer, 69, 102
Crane, 130
Cravens, 90
Crawford, 2-3, 5, 7, 65, 82, 85, 92
Creager, 113
Cremp, 15
Crenshaw, 27, 51, 57, 65, 85, 119
Crest, 2
Crew, 142
Crickmand, 5
Crinsburn, 2

Crisp, 143-144
Crist, 2, 4-6
Criswell, 54-55
Crittondon, 29
Crochran, 19
Crocker, 63, 86, 92, 115
Crofford, 142
Croft, 58
Crook, 141
Cross, 89
Crossland, 25
Crouch, 130
Crowder, 143-144
Crowe, 44
Crown, 44
Crownover, 14, 94
Crum, 88
Crumb, 84
Crump, 89, 98
Crunk, 37, 52
Crutchfield, 61, 73
Cryer, 66
Cuffman, 14
Cugwell, 45
Cuinsy, 7
Culbertson, 27
Cullum, 144
Culp, 55
Cummings, 41
Cummins, 87
Cunningham, 18-19, 82, 93
Cuny, 15
Curey, 146
Curley, 147
Currius, 60
Curry, 123
Curtis, 128
Curtis, 20, 113, 116
Cuthberson, 5
Cutler, 149
D_un, 61
Dackerell, 28
Dagley, 89, 92
Dailey, 146
Daily, 63
Dallon, 90

Dally, 40
Dalton, 4, 90, 139
Damion, 138-139
Damron, 63
Damson, 90
Danagin, 8
Dancy, 94
Dandy, 53
Daniel, 21, 45, 113, 147, 150
Daniels, 66, 94, 111, 133, 135
Danlen, 94
Daragin, 8
Darbee, 123
Darby, 120
Dargon, 28
Darlin, 94
Darman, 126
Darnman, 124
Darr, 34
Darrien, 100
Dasser 122
Daugherty, 54
Daughtery, 12
Daushey, 22
DaVal, 4
Davanport, 26
Davenport, 91, 129, 131, 134, 145
David, 65
Davidson, 47, 94
Davies, 124
Davill, 104
Davis, 1, 4, 10, 16, 20, 22, 26, 44, 47, 54, 58, 63, 73, 79, 84, 86-88, 91, 99, 105, 108, 111, 114-115, 117-118, 120-121, 131, 133-134, 144, 148-149
Davison, 45
Daviuson, 60
Davonport, 139
Davul, 117
Dawden, 110
Dawson, 89
Day, 105-106, 139
Daymond, 14
Dayton, 132
De Spain, 115, 144
Dean, 50, 57

Deane, 116
Deanes, 116
Deaton, 142
Debkenan, 126
DeBud, 57
Deckard, 141
Deckrow, 85
Dedeker, 68
Deen, 141
Deens, 53
Deer, 131
Dees, 46
Defear, 40
Degouer, 68
Degover, 68
Degraffenreid, 92
Delagarsa, 24
Delaney, 29
Delany, 7
Delasase, 24
Delgado, 24
Delgardo, 24
Dell, 127
Delosderrier, 101
Delsy, 87
Demarquis, 70
Dement, 11
Demoss, 80
Denkins, 40
Dennis, 90
Denson, 47, 149
Dentler, 13
Denton, 142, 151
Derger, 114
Derniche, 25
Derrel, 46
Derrick, 100
Desantos, 24
Deshane, 115
DeShields, 14
Desmucko, 93
Desseren, 65
Dessice, 53
Desuren, 65
Detman, 15
Dettler, 13

Deveraux, 122
Dewes, 66
Dewey, 139
Dewill, 111
Dewitt, 110-111
Dexter, 34
Dial, 133, 135
Dial, 27, 89
Dibble, 126
Dickens, 23
Dickerson, 45, 139, 145
Dickey, 52
Dickinson, 111
Dickman, 66
Dickson, 61, 70, 77, 119
Die, 141
Dieech, 68
Diestelhart, 69
Dietz, 105
Dikes, 112
Dillard, 37, 55, 63
Dillegist, 125
Dillingham, 87
Dilworth, 111
Dimitt, 106
Dipple, 96
Distant, 13
Ditrich, 12
Dittman, 106
Divine, 23
Dix, 66
Dixon, 3, 72, 92
Dizrants, 120
DlaGurson, 23
Doak, 37
Dobbs, 43
Dobson, 129
Dodd, 35, 89, 121
Dodds, 6
Dodson, 52, 121
Doer, 66, 77
Doffell, 132
Dofsey, 142
Doherty, 53, 56
Dolahite, 130
Dolarhide, 8

Don_lson, 61
Donahoe, 52
Donald, 19
Donaldson, 60
Doniley, 9
Donoho, 15
Donsher, 41
Doolittle, 81
Dooly, 13
Doom, 95
Dopske, 108
Dorbitz, 12
Dornnan, 88
Dorthcrop, 11
Doshier, 70
Doss, 35, 92
Dossett, 100
Dossey, 142
Dosske, 108
Dottson, 10
Dougherty, 90
Douglass, 84, 99, 106
Dougle, 126
Dougless, 145
Dover, 80, 105
Dowdle, 125
Dowell, 54
Downey, 151
Downing, 84, 142, 151
Downs, 131
Dowthet, 2
Dowthit, 4
Drab, 12
Drake, 45, 94, 116
Drant, 12
Draper, 133
Draub, 65
Drickens, 46
Driggers, 86
Driver, 45
Droff, 14
Droly, 13
Drury, 15
Dryer, 65
Dubose, 128, 135
Dubronner, 10

Duckworth, 86, 89
Duff, 13, 93
Dugan, 114, 117
Duggan, 104
Duke, 51, 116, 120, 146
Dulaney, 85
Dulany, 89
Dumbson, 93
Dumford, 11
Dun, 35
Dunbar, 19, 150
Duncan, 46, 112, 124
Dunham, 111, 119
Dunkes, 124
Dunlagin, 45
Dunlap, 43
Dunlevy, 64
Dunman, 100, 124
Dunn, 43, 63, 120, 126, 133
Dunning, 58
Dupree, 147-148
Duprie, 10
Dupser, 122
Dupuy, 59
Duran, 82
Durant, 28
Durham, 43, 92, 121, 137
Durrett, 83
Durst, 54, 99, 111
Dus, 11
Duseir, 149
Dutranner, 10
Duty, 34
Duverse, 59
Duwich, 14
Duymond, 14
Dyaster, 70
Dye, 47, 70
Dyer, 81, 86
Eades, 76-77
Ealam, 151
Eaneas, 3
Eanes, 95
Earls, 57
Earthmoso 95
Eason, 35

Easter, 55
Eastland, 21
Eastwood, 38
Eblin, 19, 96
Echols, 34, 48, 97
Eckhart, 80
Edgeman, 86
Edins, 4, 53, 149
Edmondson, 108
Edusse, 53
Edwards, 10, 23, 25, 49, 52, 72, 94, 116, 120, 135, 146
Effinger, 15
Eggleston, 19, 111
Ehlenger, 66
Eickes, 27
Einholt, 125
Eisenbach, 18
Elam, 74
Elder, 81
Eldridge, 11, 110
Eliot, 11
Elison, 15
Elkins, 37, 72
Elkston, 116
Ellbracht, 103
Ellet, 133
Ellington, 120
Elliott, 25, 38, 50, 62
Ellis, 45-46, 73, 90, 129, 147
Ellison, 38, 149
Ellman, 141
Elmore, 143
Elrod, 129
Emanuel, 99
Embee, 18
Emerson, 140
England, 41
Engleman, 105
English, 87, 147
Eperson, 14
Eppes, 124
Erben, 105
Erecke, 69
Ernst, 22, 96
Ersery, 1 30

Erskine, 105
Ervendbery, 68
Ervin, 10, 88
Erwin, 36, 129, 138
Eskridge, 56
Eslingen, 95
Eslinger, 95
Espy, 48
Estell, 25
Estes, 28
Ethington, 95
Ethridge, 87
Eubanks, 70
Eustis, 19
Evans, 23, 52, 57, 84, 122-123, 128, 140
Evats, 82
Eveans, 55
Eveke, 69
Evens, 12
Everett, 73
Everhart, 115, 117
Everts, 86
Eviot, 13
Evnts, 92
Evuts, 92
Ewell, 15
Ewing, 141, 143
F_st, 97
Fages, 106
Falkar, 57
Falken, 95
Falkner, 57
Fancher, 138
Fanderburke, 134
Fannin, 144
Fanning, 140
Fanthorp, 118
Fanthrop, 12
Faris, 83
Farley, 134
Farmer, 90, 100, 108
Farquah, 94
Farrell, 144
Farrers, 145
Farris, 86, 114
Farzer, 81

Fasiners, 12
Fasinus, 12
Fatch, 13
Fatche, 125
Faucet, 18
Faught, 12
Faulkner, 18
Faust, 116
Favers, 133
Favoni, 93
Faxel, 18
Faylor, 137
Fealding, 61
Fearncamp, 66
Fearncum, 66
Feik, 12
Feller, 102
Fellows, 10
Felps, 57
Femaw, 49
Fendley, 141
Fenge, 103
Fenley, 44
Fenn, 97
Fentress, 38
Fergerson, 2, 132
Ferguson, 114
Ferrett, 14
Ferril, 18
Ferris, 75
Fickle, 63
Fiddler, 102
Field, 120, 131
Fielder, 52
Fields, 129, 131
Fife, 135-136
Figers, 45
Fike, 73
Files, 3, 121
Finby, 151
Finch, 90, 132
Findley, 141
Finley, 60, 87, 128-129, 151
Finly, 151
Fisheh, 104
Fisher, 11, 14, 36, 61, 63, 129, 133

Fitch, 63, 114
Fitchett, 94
Fitcholuch, 40
Fitzg___, 3
Fitzgerald, 3, 48, 62063, 66, 77-89, 92-93
Fitzgeraly, 48
Fitzguard, 3
Fitzhugh, 61-62
Fitzpatrick, 135, 149
Fiveash, 51
Flack, 37
Flagan, 99
Flagge, 69
Flaherty, 83
Flatte, 13
Fleming, 38, 50
Flesher, 20
Fletcher, 89
Flewharty, 143
Flint, 13, 134
Flippo, 149
Florence, 28
Flores, 126
Florez, 24
Floyd, 118
Foghsunk, 67
Foke, 64
Folders, 13
Foley, 108
Folk, 123
Folks, 14
Fonster, 80
Foorest, 24
Foote, 63
Forbes, 123
Ford, 46, 59, 134
Fordtran, 12
Fore, 130
Foreman, 148
Forman, 53
Forrest, 130
Forte, 65
Fortner, 72
Foster, 20, 47, 60, 62, 98, 111, 146
Fostor, 106

Foth, 64
Fotts, 64
Fought, 13
Fouler, 121
Fountain, 105
Fowler, 2, 47, 88-89, 91, 107
Fox, 13-14, 108, 114, 130
Frails, 64, 66
Fralik, 124
Frampton, 10
France, 142
Francis, 9, 15, 113, 115
Frandtzer, 103
Franklin, 29, 60, 132
Franks, 96
Frarncamp, 67
Frasier, 123
Frazier, 46, 48-49, 53, 134
Freame, 125
Freatick, 125
Fredenburgh, 100
Freeman, 1, 53, 90, 110, 128, 135
Freko, 125
Frelch, 125
Freleo, 125
Frelik, 125
French, 11, 20, 77, 89
Friar, 79
Frik, 14
Frisbey, 148
Frize, 88
Frizzell, 54
Frost, 47
Fry, 67
Fryby, 112
Frysgle, 48
Frysyle, 48
Fuget, 10
Fugua, 120
Fulbrite, 56
Fulcher, 35, 88, 98
Fuller, 38, 85, 98
Fulton, 3, 5
Fuqua, 120
Furgerson, 4
Furgesson, 94

Gabble, 13
Gabet, 121
Gadeke, 65
Gaery, 79
Gaft, 111
Gagan, 99
Gage, 20, 89
Gailey, 85
Gainer, 19
Gaines, 19
Gains, 123
Gaither, 11
Gaiton, 110
Galbreth, 38, 86
Galin, 81
Galson, 133
Gamage, 130
Gambell, 90
Gammek, 50
Gammele, 50
Gander, 13
Gann, 7
Gant, 48
Garbler, 12
Gardener, 48
Gardenhire, 8
Gardner, 139
Garner, 6, 126
Garnett, 89
Garranh, 59
Garret, 17, 142
Garrett, 3, 125, 130, 148
Garrison, 90, 115, 130
Garsare, 23
Garson, 24
Garvin, 77, 83, 119
Ga—s, 27
Gass, 59
Gastend, 124
Gaston, 3-4, 15, 98
Gatewood, 5
Gaul, 13
Gavin, 77
Gay, 111
Gazely, 21
Geary, 59

Geasland, 84
Gee, 34-35
Gent, 48
Gentry, 21, 84
George, 40, 51, 53, 127
Geral, 12
Gerard, 126
German, 148
Gerslypp, 12
Gessard, 67
Ghelborne, 133
Gholson, 56
Gibany, 119
Gibbs, 83, 139
Gibson, 3, 5-6, 54, 76-77, 80, 89, 115
Giesecke, 26
Giffin, 56
Gilbert, 80, 90, 118, 149
Giles, 45
Gill, 19, 132
Gillam, 117
Gilleon, 8
Gillett, 66, 121
Gillian, 48
Gilliland, 38
Gillmer, 129
Gillmore, 5, 96, 120
Gilman, 115
Gilmer, 93
Gilpin, 46
Gipson, 111
Gisea, 64
Givens, 43
Givins, 35
Glarrin, 13
Glasland, 84
Glass, 13, 48, 52
Glazier, 47
Gleavock, 42
Glenn, 10-11, 55, 149
Glover, 74, 110, 117, 143
Goal, 73
Goar, 73, 87, 91
Gocher, 18
Godka, 64
Godsey, 88

Goffee, 44
Goft, 111
Goigs, 91
Goispen, 119
Golend, 129
Golia, 81
Golmer, 12
Gonger, 41
Gonzales, 24
Gonzalez, 42
Good, 39, 73, 129
Goodrich, 118
Goodson, 9
Goodwin, 56, 147
Goolsby, 145
Gorden, 45
Gordon, 106
Goreppsby, 127
Gorham, 70
Gorman, 107, 134, 136
Gosopen, 119
Gosoper, 119
Gossett, 138, 146, 148
Gotcher, 59
Gottingham, 8
Gouger, 41
Gough, 60
Gouigs, 91
Gound, 131
Gourley, 51
Gousley, 51
Gower, 81
Gown, 81
Goyan, 99
Gradens, 142
Grady, 132
Graffin, 49
Gragory, 95
Graham, 3, 45-46, 49, 61, 73, 76
Grambell, 44
Granberry, 129
Grand, 11
Grant, 85
Grantham, 132
Granville, 11
Grason, 44

Grave, 141
Graves, 36, 46, 62, 96, 118, 130
Gray, 3, 19, 21, 46, 73, 90, 109, 119, 139, 149
Grayhunsd, 95
Greal, 40
Grear, 15, 19
Great, 15
Greathouse, 84
Green, 3, 6, 45, 54, 74-75, 91, 110, 120, 122, 132, 146, 150
Greenwood, 39, 119
Greer, 19, 132
Greewood, 39
Grefian, 7
Gregg, 66
Gregry, 35
Grenage, 105
Gresham, 2
Grey, 99
Grice, 15
Griffin, 48, 73
Grigg, 142
Griggs, 122
Grimes, 9-10, 14, 20, 37, 116, 119
Grindstaff, 91
Griner, 56
Grisbers, 12
Grissom, 131
Grissum, 57
Grobe, 29
Groesbeck, 21
Grooms, 4
Grosdeke, 127
Grosmyer, 18
Gross, 16
Grounds, 63, 145
Gruder, 134
Grunn, 109
Gue_bold, 111
Guenn, 109
Guilland, 138
Guloff, 12
Gun, 46
Gunels, 60
Gurgenson, 13

Gurthrie, 139
Guthrie, 36, 139
Guy, 14
Gwaltney, 88
Ha_ing, 20, 72
Habenmacher, 127
Haberlock, 125
Habermacher, 127
Habermehl, 123
Habos, 12
Hacis, 47
Hackbat, 13
Hackebush, 40
Hackwell, 28
Hadden, 73
Hadley, 120
Hadly, 132
Hagee, 125
Hagerman, 14, 67, 123
Hagerty, 48, 135
Hagin, 147
Hahn, 62
Haidad, 12
Hainer, 46
Haining, 114
Haker, 73
Hal, 132
Halb, 56
Halbert, 57
Halbin, 41
Halbrook, 141
Halcomb, 57
Halderman, 17, 19
Hale, 62, 147-148, 150
Haleman, 94
Haley, 35
Halin, 105
Hall, 7, 28, 36, 59, 72, 97, 105, 107, 112, 116, 130, 148
Hallbritter, 12
Hallcomb, 50
Hallmark, 147
Halloway, 46
Halos, 12
Halt, 56
Hambleton, 143

Hamblin, 125
Hamer, 12
Hamerson, 77
Hames, 35
Hamil, 91
Hamilton, 5, 14, 27, 57, 87
Hammelton, 48
Hammer, 23
Hammetton, 48
Hammons, 2, 48, 57
Hampton, 63, 90-91
Hanahan, 134
Hanbolt, 116
Hanboy, 76
Hanchn, 11
Hancock, 18, 49-50, 66
Hande, 12
Hanes, 120
Haney, 17, 49
Hanie, 121
Hankins, 39
Hanks, 2, 5-6, 8
Hanllen, 77
Hanly, 50
Hannay, 15
Hanner, 138
Hanson, 7, 139, 143
Hanton, 27
Happle, 104
Harald, 148
Harbolt, 115
Harburg, 103
Hard, 47
Hardaway, 56
Hardeman, 18, 38
Harden, 29
Hardiman, 39, 104
Hardin, 56
Harding, 13, 41
Hardson, 135
Hardwick, 53-54
Harenager, 12
Hargeson, 135
Hargrave, 142
Hargus, 150
Harington, 60

Harison, 57, 146
Harkins, 135
Harlow, 141
Harlradge, 98
Harman, 126
Harmon, 78, 133
Harner, 21
Harold, 5
Harper, 77, 130, 146, 148
Harrell, 87, 110
Harrill, 87
Harrington, 147
Harris, 2, 5, 7, 15, 19, 40, 55, 57-58, 67, 75-76, 79, 89, 114, 117, 121, 123, 126, 130-131, 135, 142, 151
Harrison, 10-11, 20, 27, 49-50, 57, 96, 129, 131, 139, 151
Harrisworth, 81
Harroll, 63
Harry, 57
Hart, 62, 74, 91, 111, 143
Hartgrave, 147
Hartgraves, 53
Hartgroves, 53
Hartman, 14
Hartson, 47
Hartt, 147
Harty, 47
Hartzog, 115
Harvey, 9, 18, 36, 129
Harvick, 59
Harwell, 135
Harwood, 82
Hasbough, 4
Haskins, 133
Hass, 48
Hassel, 2, 4
Hasty, 50
Haswell, 96
Hatch, 40, 67, 96
Hatchens, 89
Hatcher, 115
Hatchett, 55
Hatter, 84
Hattox, 39
Haups, 73

Hausman, 81
Havell, 48
Haven, 59
Havens, 150
Havmes, 21
Hawfe, 73
Hawk, 108
Hawking, 89
Hawkins, 37, 45, 83, 85
Hawley, 128
Hayden, 94
Haydon, 78
Hayes, 28
Haygood, 3, 47
Hayhurst, 115
Haynes, 2
Haynie, 44, 84
Hays, 132
Head, 23, 57, 88
Heagucoax, 59
Hearn, 45, 54, 92
Hearndon, 62
Hearne, 8, 61
Heater, 6
Heath, 44, 73
Heavins, 76
Hector, 106
Hed, 124, 132
Hedgepath, 15
Heifein, 52
Heiman, 64, 67
Heingst, 14
Helderbrand, 109
Heleus, 105
Helfer, 89
Helfruch, 40
Helig, 140
Hellams, 1
Heller, 95
Hellums, 1
Helm, 138
Helms, 61
Hemakle, 95
Hemphill, 17-18
Henaker, 67

Henderson, 55-56, 65, 68, 74, 104-106, 114-115, 128-129, 143, 145
Hendrick, 46
Hendricks, 87, 92
Hendrix, 115
Henight, 46
Henly, 2
Henning, 126
Henny, 8
Henry, 1, 27, 54, 56, 100, 109
Hensler, 85
Hensley, 15, 64
Henson, 25, 119
Henswooth, 26
Heraperger, 67
Heraporger, 67
Herbert, 65
Herd, 72
Herder, 66
Heren, 6
Herk, 125
Herman, 64, 67
Hernandez, 23
Herrald, 93, 96
Herran, 141
Herrera, 23
Herrin, 59
Herring, 61
Herrington, 8
Herrol, 83
Herron, 61, 83
Hescue, 109
Hesk, 125
Hess, 49
Heter, 111
Hewitt, 23
Hibden, 105
Hickcock, 111
Hickman, 11-13, 146
Hicks, 54, 56, 71, 77, 132
Hideman, 14
Higgans, 78
Higgenbotham, 23, 146
Higginbotham, 2, 124
Higgins, 20, 77
Higgs, 101

Highrate, 2
Highsaw, 88
Hightower, 1
Hightown, 51, 116, 131
Hilburns, 114
Hild, 105
Hiliard, 14
Hill, 8, 14, 18-20, 26, 28, 37, 48-50, 53, 55, 57, 79, 86, 93, 96, 108, 115-116, 118, 141, 147
Hillendahl, 126
Hiller, 114
Hilliard, 135
Hillman, 66
Hillmer, 66
Hillsap, 44
Hillyer, 107
Hilpatt, 13
Hinaman, 14
Hinckley, 83
Hindeman, 11-13
Hinds, 28, 38
Hines, 61
Hinkle, 29
Hinnss, 95
Hippa, 95
Hirace, 12
Hoaf, 81
Hobbs, 88, 118, 138, 151
Hodge, 2, 98, 132
Hodges, 94, 99, 107, 112, 130-131, 146, 151
Hoffman, 60, 100, 105, 149
Hofhauser, 40
Hogan, 19
Hoke, 120
Holbrook, 100
Holcomb, 50, 54
Holden, 52, 65
Holford, 77
Holland, 106, 138
Holleman, 91
Hollingsworth, 2
Hollinsworth, 45
Hollis, 1
Holmes, 3, 6, 53

Holsted, 118
Holstein, 28
Holt, 3, 8, 90, 139
Holten, 21
Holzard, 67
Homillens, 114
Homsley, 146
Honey, 53
Honeycutt, 74
Honn, 102
Honnigs, 60
Honor, 40
Hood, 36, 135
Hoofman, 69
Hoog, 54
Hoogue, 98
Hooman, 66
Hooper, 139
Hooton, 143
Hope, 135
Hophere, 41
Hopkins, 3-4, 142-143
Hopper, 5, 80
Hopson, 66
Hord, 107
Hordsman, 81
Horn, 61
Horney, 68-69
Hornsbey, 146
Hornsley, 146
Horten, 2
Horton, 74, 106, 135, 151
Hoshaser, 41
Hoshess, 68
Hoskins, 27, 39
Hoso, 126
Host, 81
Hotop, 126
Houghton, 91
Houn, 81
House, 19, 77, 125
Housele, 126
Houston, 18, 79-80, 82
Houth, 15
Howard, 52, 56, 61, 98, 134
Howell, 48, 63, 75, 119, 132

Howlet, 34
Howletoro, 95
Hubblemaker, 15
Hubbs, 94
Hudleston, 4
Hudsbeth, 132
Hudson, 2, 9, 52, 142
Huey, 28
Huf__, 47
Huff, 40
Huffer, 138
Huffman, 16, 124-125, 149
Huffstutter, 116
Hufstutter, 44
Hugh, 36
Hugh__, 45
Hughes, 27, 29, 36, 45-46, 107
Hughs, 3, 44, 74, 142
Hull, 26, 116, 148
Humberg, 101
Hummel, 13
Humphreys, 7
Humssince, 86
Hundley, 94
Hunt, 19, 66-67, 89, 94, 107, 109
Hunter, 36, 65, 77, 85, 89, 104, 129, 132, 138
Huntess, 98
Huntsman, 145
Hurring, 61
Hurst, 83-84
Hurt, 81
Huston, 36
Hustrace, 75
Hustran, 75
Hutchins, 65
Hutchinson, 121
Hutt, 11
Hyatt, 92
Hyden, 84
Hyman, 66
Hysenhour, 24
Indgrove, 47
Ingle, 56, 67
Ingleking, 14
Inglish, 86, 95, 116

Ingram, 95, 116, 135, 142
Inman, 35, 116
Irby, 54
Irvin, 4, 104
Irwin, 95, 147
Isaacks, 54
Isbell, 92, 141
Isenburg, 96
Isham, 88
Iswell, 77
Ives, 110
Ivy, 15, 126, 151
Izard, 96
Izzard, 66
Jack, 27
Jackson, 5-6, 9-10, 19, 27-28, 35, 45, 48-49, 60, 74, 78, 87, 114, 119, 122, 133-134, 143
Jacob, 11
Jacobs, 1, 56, 80, 124
Jacques, 24
James, 15, 22, 24, 29, 58, 73, 96, 99, 106, 125, 128, 130, 147-148
Jameson, 61
Jansen, 15
Jarman, 96
Jarmin, 98
Jatt, 134
Jeffrey, 38
Jemison, 28, 140
Jenings, 53, 99
Jenkins, 18, 21, 34, 56, 73
Jennings, 114, 116, 142
Jeoskle, 125
Jerrell, 140
Jett, 23
Jevanski, 69
Jewell, 116
Jimerson, 113
Jirzj, 125
Jodgkinson, 91
Johns, 11, 63, 91, 137
Johnson, 4-5, 14-15, 19, 36-37, 40-41, 44-45, 47, 50, 52-53, 55-57, 62, 67, 83, 87-88, 90-91, 98-99, 104, 114, 116, 119-120, 124, 129, 141-142, 146, 148-149, 151
Johnston, 5, 146
Joiner, 65
Jones, 4, 8, 14, 17, 19, 23, 29, 35, 40, 47-49, 57, 59, 65, 78, 81, 86, 91, 95-96, 98-99, 104, 106-107, 110, 114, 116, 118-119, 124, 126, 129, 131, 133, 139, 144, 149
Jonson, 16
Jordan, 27, 40, 51
Jorden, 3
Jordon, 80
Joslin, 35
Jouett, 91
Jourdan, 141, 143
Jovenstein, 101
Joving, 126
Justes, 89
Justice, 26
Justis, 90
Kagbely, 10
Kaiser, 98
Kakee, 125
Kanady, 27
Kane, 86
Kanter, 39
Kash, 14
Kee__s, 5
Keen, 74
Keene, 91
Keer, 120-121
Keeton, 35
Keggins, 97
Keith, 151
Kelch, 65
Keliner, 68
Kellam, 129
Kellegh, 37
Keller, 75, 103, 124
Kellermann, 123
Kelley, 109-110
Kellison, 149
Kellum, 121
Kelly, 49, 83, 118, 121
Kelough, 2

Kelsey, 128
Kelso, 109
Kelsoe, 82
Kemp, 25, 98-99
Kendall, 116
Kendrick, 52
Keney, 107
Kennady, 90
Kennard, 121
Kennedy, 2, 132, 134, 149
Kennon, 73
Kenny, 10
Kenreck, 135
Kensler, 87
Kenzel, 12
Ker, 19
Kerl, 39
Kern, 116
Kernaday, 24
Kerr, 23, 90
Kerry, 74, 107
Kersey, 104, 107
Kerston, 13
Keseah, 81
Kesler, 66
Kessy, 102
Ketchings, 91
Ketle, 40
Kevl, 39
Key, 60
Keys, 94
Kierkendall, 127
Kifer, 126
Kilgore, 55, 88
Killingworth, 47
Killion, 6
Killough, 52
Killoughly, 94
Killpatrick, 40
Kimberling, 130
Kimble, 15, 44, 46
Kimbro, 151
Kimecke, 69
Kimmel, 75
Kincade, 62
Kincaid, 17

Kinch, 64
King, 3, 34, 36-37, 50, 55, 60, 77, 80, 84, 106, 111, 118, 122, 130, 141
Kingley, 13
Kinkade, 48
Kinkham, 4
Kioklung, 44
Kirby, 15, 61
Kirk, 39, 45, 86, 90
Kirkland, 84, 98
Kissell, 105
Kitching, 48
Kizer, 150
Kleb, 125
Kleburgh, 81
Kline, 102
Klossing, 106
Kluner, 102
Kluppenbach, 68
Klusman, 67
Knacht, 105
Knappe, 86
Kneeder, 103
Knibbe, 69
Knight, 50, 72, 77
Knipchun, 96
Knipchus, 96
Knipe, 16
Knott, 119
Knox, 4, 133, 135
Koch, 14
Koff, 69
Kokinot, 67
Kolbe, 127
Kopp, 69
Korpp, 35
Kranson, 61
Krause, 68, 126
Kritzmur, 69
Krochman, 105
Krogmorton, 64
Kruger, 68, 125
Kruson, 61
Kuhlman, 126
Kuhn, 67
Kukleman, 126

Kuklmann, 126
Kuller, 96
Kuykendall, 10, 19, 34, 37, 70, 96, 98, 151
Kyle, 28, 137, 149
Kyser, 64
Labenski, 137
Lachlaer, 105
Lackey, 114, 148
Lacky, 23, 113, 117
Lacroix, 23
Lacy, 54-55, 148
Lafferty, 94
LaGasse, 23
Lagrone, 133-134
Laixer, 23
Lambert, 109, 124
Lampree, 13
Lancaster, 137
Land, 46
Landers, 110, 130, 134
Landes, 140
Lane, 39, 57, 86-87
Lang, 57, 98, 125, 146
Langford, 43, 150
Langley, 10, 74, 113
Langston, 51, 54, 76
Lanier, 72
Lankford, 117
Lankson, 116
Lantz, 21
Lap, 69
Larkin, 91
Larks, 73
Laronce, 35
Larr, 2
Lary, 130-141
Lasawyer, 23
Lasler, 113
Lass, 13
Lasse, 125
Laster, 86, 113, 134
Latham, 8, 47
Lathem, 56
Latta, 88
Latton, 3

Laughlin, 84
Lavender, 73, 84
Law, 80, 110
Lawey, 80
Lawhon, 18
Lawrence, 118-119
Lawry, 80
Lawson, 5, 70, 87, 120, 151
Lawsonon, 5
Lawyer, 139
Lay, 105
Laysayer, 23
Leach, 77
Leake, 74
Leall, 23-24
Lear, 96
Ledbeter, 48
Ledbetter, 51, 61, 96
LeDoux, 125
Leduc, 101
Leduce, 101
Lee, 11, 20, 22, 65, 72, 88-78, 92, 109, 121, 127, 129, 135, 142, 151
Leen, 63
Leep, 36
Leeper, 62
Legan, 77
Legge, 127
Leiner, 106
Leisner, 105
Leitsman, 64
Leitz, 139
Lemares, 73
Leming, 133
Lemmons, 48
Lemon, 84
Lenard, 54
Lend, 126
Lendage, 127
Lener, 126
Leonard, 28, 54-55, 74-75
Lester, 3, 128, 134-135
Levertorn, 148
Levins, 142
Lewis, 2, 19, 27, 55, 61-62, 88
Liday, 87

Lil, 10
Lilly, 20
Lincecum, 39
Lincoln, 87
Lindley, 143-144
Lindsay, 85, 115
Lindsey, 129, 137
Lindsey, 51, 56, 114
Lindsmann, 105
Lineson, 95
Linn, 151
Linot, 12
Linton, 133
Lipscomb, 40
Lipscombe, 132
Lircecum, 39
Lisenber, 63
Lisle, 135
Little, 28, 98-99
Litton, 20
Livedecker, 67
Livingston, 132, 135
Lloyd, 77
Lobdell 28
Locke, 86
Lockhousen, 81
Loehthe, 102
Loftin, 119
Logan, 11
Loganfuker, 102
Logsam, 13
Logsden, 91
Logwood, 45
Loller, 60
Long, 8, 15, 35, 57, 98, 125, 129, 132, 140, 145-146
Longley, 126
Loock, 127
Looney, 55
Loony, 107
Loop, 139
Lorgin_, 59
Loring, 87
Lorton, 92
Loss, 13
Lothlen, 35

Lott, 107-108, 132
Louis, 12, 27, 104
Love, 28, 111
Loveing, 74, 77
Lovejob, 63
Lovelace, 88, 92
Lovelady, 62
Lovin, 76
Lovines, 9
Loving, 47, 60
Lovinus, 9
Lovy, 9
Low, 12, 17, 79-80
Lowdens, 126
Lowe, 131
Lowel, 139
Lowery, 54
Loyal, 107
Lubbock, 126
Lucas, 61-62
Luce, 2, 57
Luckie, 23
Luekenback, 102
Luke, 2
Lumpkin, 3
Lurasey, 86
Lusk, 50
Lutaboe, 80
Luther, 35
Lutrell, 77
Lutton, 12
Luttrell, 77
Lux, 68
Lyces, 143
Lyday, 87
Lyker, 143
Lyman, 21
Lynch, 151
Lyons, 96
Lyttle, 23
Mabberer, 11
Mabis, 10
Mabry, 21, 39, 151
Machemill, 10
Mackey, 87
Macky, 62

Macomb, 124
Madden, 2, 88
Madderson, 70
Maddins, 149
Maddox, 113
Mafus, 114
Magee, 118, 124
Magehee, 137
Mahab, 67
Mahan, 62
Mahar, 67
Maherson, 97
Mahfeld, 105
Mahinan, 14
Mahinou, 14
Mahone, 128
Mail, 67
Main, 2
Maine, 3
Mainhouson, 12
Makay, 13, 104
Makey, 67
Makokle, 14
Malberer, 11
Mallard, 6, 56
Mallary, 132
Mallick, 65
Mally, 110
Malone, 77, 126
Maloney, 76
Malry, 151
Malugen, 91
Manadere, 28
Manaen, 10
Manafee, 114
Mandin, 131
Manfard, 104
Mangum, 131
Manley, 44, 47
Manlove, 20
Mann, 14, 96, 120, 132
Manners, 138
Manning, 11, 47, 61, 121
Manor, 26
Manteeth, 8
Mantell, 95

Manton, 95
Mar__, 45
March, 124
Marentz, 60
Market, 67
Marks, 123
Marnhouson, 12
Marnles, 92
Marpolin, 12
Marr, 14
Marrow, 2
Mars, 142
Marschall, 22
Marsh, 73, 76, 146
Marshall, 9, 79, 98, 116, 119
Martchison, 149
Marten, 14
Martin, 4, 7-8, 22, 24, 34, 46, 52-53, 55, 59, 61, 63, 70, 78, 91, 98, 102, 114-116, 129, 131, 133-135, 138, 142
Martinas, 23
Masengill, 7-8
Masey, 28
Masgourin, 97
Masie, 135
Mason, 14, 37, 46, 98, 128, 132, 140
Massengale, 147
Moore, 147
Massengill, 8
Massie, 73, 134
Massington, 141
Masson, 13
Massy, 19
Masters, 146-147
Masy, 52
Mathecos, 65
Matheews, 140
Matheros, 60, 65
Mathers, 140, 142
Mathews, 70-71, 131, 133, 138, 140-141, 143
Mathicos, 56
Mathieu, 125
Mathis, 14
Mattheews, 109
Matthews, 111, 141, 145

Mattox, 151
Mauldin, 134
Mauldin, 39
Maurer, 105
Maushae, 24
Maushoe, 24
Maxamilian, 121
Maxwell, 15, 60, 94
May, 38, 80, 91, 123-124
Mayes, 18, 21
Mayfield, 25, 83, 109
Maynard, 103
Mayon, 95
Mays, 22, 104, 126
McAdams, 44, 134
McAdoc, 43
McAdore, 43
McAshly, 150
McB___, 151
McBee, 55
McBride, 44, 62, 121
McCady, 19
McCaley, 37
McCalister, 110
McCampbell, 107
McCants, 60, 78
McCarty, 1, 61, 90, 115, 130-131, 139
McCaskle, 113
McChristy, 151
McClane, 146, 149
McClary, 89
McCleary, 59, 87
McClellan, 22, 88
McClellen, 106
McClothlin, 60
McClure, 8, 87
McCommas, 72, 74
McConnel, 116
McCormick, 24, 27
McCoullough, 2
McCowan, 129, 131
McCown, 87
McCoy, 61, 109-110, 134
McCrabb, 79
McCracken, 53
McCrackin, 75

McCrary, 87
McCraw, 88
McCreight, 55
McCseight, 54
McCuller, 60
McCulloch, 106
McCullock, 119
McCuyton, 36
McDaniel, 65
McDonald, 19, 23, 62, 121, 129, 137, 148, 150-151
McDonnald, 91
McDonold, 82
McDonough, 130
McDowell, 35, 74
McElroy, 56, 70
McElvy, 7
McEnery, 8
McEnolly, 8
McFadden, 8
McFaden, 27
McFall, 81
McFarland, 80, 87, 90, 127, 139, 150
McGaflin, 50
McGaughy, 54
McGee, 36, 147
McGehee, 18, 21
McGill, 21, 149
McGinnice, 111
McGlothlin, 116-117
McGoffin, 120
McGorrah, 61
McGowan, 127
McGowen, 66
McGown, 118
McGraw, 88
McGreal, 29
McGuffin, 120
McGuire, 50
Mcheen, 36
McIntire, 22, 115, 119
McIver 120-121
McKay, 115
McKean, 38
McKee, 58, 86-88, 92
McKeen, 36

McKenly, 41
McKenney, 113
McKenny, 45, 111
McKenzee, 6
McKenzie, 3, 148
McKepacte, 118
McKinney, 26, 62-63, 114, 132
McKins, 94
McKinsey, 113
McKinzey, 116
McKinzie, 149
McKnight, 49
McKoy, 131
McLain, 140
McLane, 21, 69
McLarin, 143
McLaughlin, 140
McLerin, 129
McMahan, 18, 120, 151
McMaster, 28
McMewnausy, 86
McMillan, 59
McMillen, 10, 73
McMillin, 96
McMinnaway, 86
McMurry, 37
McN__eck, 151
McNare, 54
McNeal, 60
McNeel, 28-29
McNeil, 26, 65
McNeill, 66
McNure, 54
McNutt, 9
McPeters, 12
McPhail, 85, 89
Mcpullens, 5
McRainy, 41
McReynold, 63
McRunnals, 49
McWhorter, 121
Me_nts, 73
Mead, 22
Meadford, 54, 56
Means, 80
Mears, 81

Medams, 134
Medkiff, 134
Medlin, 76
Medlock, 149
Medows, 134
Medus, 114
Meeker, 86
Meeks, 20
Mefford, 1
Megan, 95
Meice, 126
Meier, 127
Meiers, 127
Melchan, 138
Melitz, 14
Melling, 148
Mellins, 94
Melone, 48
Melton, 59
Memmons, 56
Menarth, 115
Menifee, 93
Mercer, 19
Merchant, 140
Merchison, 37, 148
Meredith, 3, 56-57, 148
Mergerheim, 116
Merideth, 3
Merkes, 13
Merleson, 84
Merrell, 72-73, 141
Merren, 12
Merrick, 87, 150
Merrill, 87
Merriman, 137
Merriwether, 133
Merriwhether, 68
Mertson, 14
Metshane, 138
Mettendolph, 69
Mettler, 125
Metz, 67, 81
Meyer, 96, 124
Miad, 5
Miceka, 95
Michel, 8, 68

Mick, 95
Micklebrough, 120
Middleberger, 101
Middleton, 55
Miers, 49
Milam, 91, 114
Miller, 4, 12-14, 19, 21, 35, 37, 60-61, 64-67, 72, 78, 81-82, 98-99, 100, 102, 107, 110-111, 116, 124, 127, 131, 134, 143
Millham, 95
Millholland, 143
Milligin, 148
Millikin, 147
Mills, 26, 74, 134
Milton, 46, 91, 95
Mims, 29, 44, 138
Mimson, 28
Mincemar, 66
Miner, 36
Minges, 14, 103
Minten, 43
Mintin, 87
Minton, 11
Mires, 12
Mirz, 12
Miscoll, 79
Mitchel, 15, 36, 49, 111, 131
Mitchell, 22, 41, 45-46, 60, 90, 95, 118, 125, 131-132
Mitchum, 114
Moad, 93
Mobley, 92
Moeller, 12
Mogford, 102
Molda, 14
Monbagen, 95
Monboyer, 95
Monday, 96, 150
Monger, 14
Monroe, 46
Montagnie, 126
Montague, 70
Montgomery, 3, 6, 129, 132, 135, 142
Moody, 55, 115-116, 119
Moon, 72, 92
Mooney, 5, 8, 38
Mooneyham, 73
Mooneyhand, 73
Moony, 110
Moor, 92
Moore, 1, 4-5, 17-20, 37, 44-45, 47, 49, 63, 82, 87-88, 90, 94, 107, 126, 129, 132, 137, 139, 143, 146, 150, 151
Mooring, 118
Moran, 120
More, 49
Morey, 124
Morgan, 3-5, 19, 34-35, 41, 49, 55, 57, 67, 86-87, 106, 123, 126, 134, 139-143
Morintz, 60
Moris, 11, 21, 113, 123
Morow, 148
Morris, 8, 56, 69, 79, 82, 86, 134
Morrison, 20, 86, 88, 91, 94, 116-118, 122
Morro, 143
Morrow, 114, 139
Morton, 65
Moseley, 1, 35, 133, 135
Mosely, 54, 57
Moses, 74
Mosley, 1, 6, 45
Moss, 15, 94, 106, 113, 116
Mosses, 8
Mossington, 141
Mouser, 85, 89
Muckbroy, 66
Mugg, 63
Muhlher, 12
Mulby, 15
Muldow, 119
Muldrew, 119
Muller, 69
Mullin, 110
Mullins, 36, 48, 87
Munden, 84
Munglan, 12
Munk, 106
Munn, 65
Munos, 24
Munot, 95

Munroe, 111
Munson, 34
Murchison, 37
Murfree, 79
Murkisson, 21
Murphy, 4, 54, 77, 138, 146-147, 150
Murrel, 130
Murrey, 117
Murry, 47, 55, 74, 95, 98, 109, 141
Muse, 52
Museback, 23
Musicks, 57
Mutt, 4
Myers, 14, 44, 72-74, 116, 151
Myres, 14, 66, 91
Myrick, 132
Nabzmann, 12
Nagil, 64
Nail, 87, 94
Nance, 48, 131
Nanchm 11
Nangle, 61
Nanny, 75
Naraman, 134
Narguman, 12
Nash, 19, 47, 60, 105, 111
Natherland, 8
Nations, 111
Naugh, 61
Naugle, 61
Navarrow, 105
Ndms, 92
Neal, 84
Nealey, 71
Needham, 8
Neely, 82, 105, 120
Neighbours, 24
Neile, 125
Neill, 16, 106
Neleam, 13
Nellionson, 81
Nelson, 54, 57
Nesbit, 45, 133
Nesbitt, 50
Nesmith, 45
Netherby, 144

Newel, 139
Newell, 151
Newman, 53, 146
Newson, 2, 53
Newton, 52, 73, 84, 132
Nibbs, 97
Niblett, 119
Niceman, 126
Nichols, 23, 63, 67, 105
Nicholson, 18, 90, 104
Nickles, 11
Nickolson, 57
Nicles, 111
Nicoles, 10
Night, 58
Nimkas, 13
Ninedorff, 67
Ninghouss, 145
Nink, 18
Nirchre, 29
Nite, 5
Nites, 148
Niuk, 18
Nix, 5, 74
Nixon, 45
Nobles, 127
Noblet, 60
Noblette, 52
Noel, 15
Nolen, 19, 131
Noll, 139
Nolls, 140
Nonchm, 11
Noris, 15
Norkoe, 74
Norris, 5, 29, 47, 53
North, 80
Nortoe, 74
Norwood, 45
Noting, 76
Notshee, 124
Noy, 47
Noyes, 73
Nuget, 84
Nunn, 86
Nunnellee, 91

Nurby, 44
Nutt, 55
O'Coner, 101
O'Neal, 115
O'Neill, 111
Oatman, 21
Oats, 50, 124
Obenhorese, 66
Obenhouse, 66-67
Oberhouse, 67
Odel, 151
Odell, 151
Oden, 105
Odom, 143
Odum, 53, 80
Odusse, 53
Ogg, 119
Oglesby, 62
Ogletree, 119
Oldham, 34, 36-37, 151
Olendoff, 11
Olford, 11, 132
Olive, 92
Oliver, 86, 106, 111, 122, 132, 148
Oneal, 5
Onley, 36
Onstott, 90
Oquin, 6
Ordner, 10
Orleans, 61
Ornal, 132
Osborn, 124
Osbourne, 20
Otkans, 68
Overlander, 35
Overstreet, 133
Overton, 72-73
Owen, 19, 21, 35, 77, 137
Owens, 46, 125-126
Oxford, 141
Paases, 126
Pace, 65, 84, 89, 91-92
Padget, 57
Padgett, 52
Page, 19, 88, 107
Paine, 133

Painter, 115
Paletto, 128
Palm, 12-13
Palmer, 44
Pamles, 92
Pancoast, 74
Pane, 141
Panerele, 124
Pannel, 139
Panpelt, 98
Panwell, 92
Pape, 102
Parchman, 130-132
Pares, 24
Parex, 23
Parez, 24
Parhill, 36
Paris, 113
Parish, 85
Parker, 2, 5, 36, 56, 98, 129, 132, 145, 149
Parks, 1-2, 4, 52-53, 55, 84
Parmle, 92
Parr, 100
Parsons, 54, 59
Partlow, 53
Pascal, 7
Pass, 28
Passe, 102
Passman, 123
Patching, 123
Pate, 6
Patillo, 44
Patison, 141
Patman, 109
Patrick, 109, 119
Patten, 63, 90
Patterson, 15, 43, 59, 63, 114, 135, 150
Patteson, 3
Patton, 26-27, 83, 97, 100, 134, 146
Paxton, 115
Payne, 3, 6, 65, 89, 95, 124, 128
Payton, 78
Peace, 108
Peacock, 22
Peak, 26

Peal, 91
Peaoler, 90
Pearce, 77, 116, 120
Pease, 29
Peck, 107
Pecock, 46
Peebles, 82
Peek, 134
Peglan, 77
Pegnes, 60
Peiper, 64
Peller, 81
Pellham, 40
Pelzer, 65
Penick, 149
Penn, 124
Pennington, 88
Pentacost, 98
Peoples, 16
Perdue, 114
Perkins, 17, 27, 47, 147
Perrin, 59-60
Perry, 14-15, 19, 21, 26, 28, 66, 73-74, 95, 97, 119, 132, 135
Perryhouse, 15
Perryman, 56, 105
Pervis, 146
Peterman, 102
Peters, 90
Peterson, 43
Petes, 4, 116
Pettigrew, 85
Pettit, 88, 110, 145
Pettitt, 44
Petton, 23
Pettus, 104
Petty, 49, 62, 79
Pewett, 34
Peylon, 77
Peyon, 98
Peyton, 21
Pfannce, 120
Pharr, 99, 106
Phelps, 12, 26
Phenix, 5
Philey, 35

Philips, 40, 61
Phillips, 19-20, 27, 51, 55, 83, 94, 112, 139
Phipps, 83
Pickett, 85
Pickins, 99
Pier, 10
Pierce, 115, 131
Pike, 66
Piland, 80
Pilant, 98-99
Piles, 130
Pilgrim, 109
Pillot, 125
Pilsbery, 26
Pinatt, 43
Pinchback, 65
Pinel, 87
Pinkerton, 43
Pinnell, 63
Pinson, 3, 5
Piper, 90
Pirce, 50
Pirtle, 52
Pistole, 50
Pitman, 39, 114, 143
Pittman, 106
Pitts, 28, 137
Planskey, 13
Plarmestill, 106
Plaster, 121
Playen, 12
Players, 12
Pleansants, 100
Plowman, 125
Plummer, 111
Pock, 57
Poe, 125
Poetch, 103
Pogue, 131
Pol, 26
Poland, 131
Polk, 38, 57, 110
Pollard, 17, 58
Pollman, 125
Poor, 25

Poore, 130
Pope, 95
Port, 13
Porter, 35-36, 49, 80, 110
Portis, 13
Posey, 53
Potter, 146
Potts, 106
Powell, 44, 130-131
Power, 80
Powers, 35, 57, 80, 84
Praegers, 4
Prage, 19
Prater, 81
Pratt, 63, 97, 109
Prenser, 69
Preska, 125
Presly, 13
Prestage, 52
Prestley, 80
Prestrage, 51
Prewet, 143
Prewitt, 3, 43, 148
Prewll, 29
Price, 5, 7, 46, 49, 86, 91, 112, 129-130, 133
Prickett, 77
Pridgeon, 130
Pridgins, 79, 81
Priest, 18-19
Prigmore, 73
Prignoose, 73
Primer, 93
Prince, 57, 83, 141
Pritchett, 76
Procter, 47
Proctor, 38, 114, 124, 141
Proetsel, 127
Provine, 89
Pruatt, 73
Pruett, 44, 114
Pruitt, 43-44, 110
Pruwitt, 29
Puck, 9
Pugh, 134
Pulliam, 62

Pullian, 72
Punchard, 9-10
Purdon, 117
Purkins, 138
Purntt, 49
Purphee, 80
Purtie, 9
Putman, 109
Pybus, 41
Qual, 127
Quillin, 115, 132
Quinsel, 13
Qutle, 93
Ra_ed, 89
Rabb, 94, 124
Radford, 10-11
Raesset, 12
Rafter, 81
Rafty, 49
Ragero, 94
Ragland, 78
Raglin, 119
Ragsdale, 47, 53, 104
Rah, 68
Raimey, 111
Rain, 129
Rameriez, 42
Ramnal, 104
Ramsay, 131, 135
Ramsdale, 148
Ramseay, 111
Ramsell, 67
Ramsey, 65, 74, 140-141
Ramson, 99
Ramsowers, 77
Randell, 98
Randle, 105
Randolph, 36
Ranebolt, 90
Rankels, 36
Rankin, 80
Ranscom, 20
Ransey, 140
Rasco, 57
Raslep, 141
Ratcliff, 97

Ratten, 63, 88
Rattinger, 131
Raup, 109, 111
Rauson, 128
Ravelin, 73
Ravis, 46
Rawin, 7
Rawley, 147
Rawlin, 73
Rawlins, 73-75
Rawson, 138
Ray, 36, 74, 119
Rayford, 36
Read, 79-80, 107, 118
Reagan, 44, 62
Reagle, 46, 74
Reams, 13, 111
Rease, 81
Reason, 15, 54-55
Reber, 13
Rector, 20, 22
Red, 7
Redding, 18-19
Redgate, 66
Redolee, 150
Redwine, 90
Reece, 17, 76, 97
Reed, 3, 17, 35-36, 88
Reeder, 54, 89, 151
Reedy, 91
Reel, 29
Reese, 27
Reethen, 120
Reeves, 34, 46, 49, 52, 91, 100, 114, 116, 131, 133
Region, 14
Reibenstert, 13
Reid, 46, 76
Reinhardt, 81
Reinhavett, 81
Rembro, 151
Remington, 148
Renfro, 8
Renfroe, 120
Renick, 111
Rennaugh, 147

Renrice, 15
Repplewell, 74
Respass, 131
Resses, 40
Rethermal, 12
Retton, 23
Reynolds, 3, 18, 20, 96, 108, 117
Rezell, 149
Rhea, 43, 49, 124
Rhinehans, 96
Rhodes, 27
Rhodiour, 105
Rhodious, 105
Rhowudue, 127
Rhyen, 37
Rhymes, 108
Rice, 15, 25, 35, 46, 49, 63, 82, 146
Rich, 100
Richards, 2, 4, 64, 90, 92, 117
Richardson, 1, 8, 47, 130, 133-134
Richie, 9
Rick, 100
Rickets, 124
Ricketts, 72
Rickhow, 124
Riddle, 58
Ridey, 150
Ridgeway, 100
Riesenberg, 95
Riess, 22
Riggs, 36
Rincon, 4
Ring, 141
Ringgold, 120
Rippy, 151
Ritchie, 43, 126
Rite, 80
Ritler, 77
Ritter, 77
River Place, 98
Rivers, 121
Rives, 146
Rizer, 150
Roach, 4, 14, 61
Roack, 134
Roaker, 81

Roan, 120
Roark, 54, 77, 98
Roath, 61
Robb, 49
Robbinett, 126
Roberson, 6, 11-12, 49, 84, 148
Roberts, 3-4, 6, 8, 37-39, 61-62, 77, 85, 91-92, 125, 129, 131, 134, 142, 149
Robertson, 40
Robinet, 143
Robins, 107
Robinson, 1, 28, 41, 48, 50, 73-74, 93-96, 115
Robison, 65
Robson, 65
Rocindez, 42
Rodes, 8
Rodgers, 57, 129-130
Rodrigues, 23
Rody, 36
Roe, 120
Roeder, 102
Rogers, 5, 19, 21, 43-44, 52, 60, 77, 83, 85-86, 102, 118, 120-121
Roggers, 53
Rohal, 41
Roland, 63, 91
Rollins, 141
Rolls, 58
Romdhor, 14
Rome, 40
Romebery, 64
Rooker, 120
Roosemoe, 81
Rose, 40-41, 51, 89, 132
Rosebrough, 129
Ross, 45, 50, 56, 94
Roths, 125
Rountree, 55
Rouse, 135
Routh, 61, 86
Row, 13, 78
Rowe, 27, 72
Rowland, 34, 60
Rowlet, 20, 92
Ruble, 120, 152

Rucker, 3, 120
Ruddler, 20
Rude, 61
Rudhof, 12
Rudluff, 105
Ruiz, 23
Ruke, 146
Rulon, 117
Rummele, 127
Runbson, 93
Rundell, 123
Runion, 73
Runnells, 57
Runnels, 27, 56
Runyols, 35
Rupp, 35
Rushing, 3, 57
Russel, 37, 62, 141, 143
Russell, 1, 3, 44, 62, 86, 94, 130, 132, 143, 146
Rustin, 98
Rutherford, 21, 56
Ruttiger, 131
Ryan, 34, 149
Ryburn, 117
Rydern, 124
Rymes, 50
Rymond, 21
Ryron, 23
S_upersoul, 86
Sabker, 12
Sachse, 60
Sadler, 2, 70, 89, 121
Salas, 42
Sales, 42
Salmer, 52
Salmons, 60, 62
Sample, 82
Sanders, 92, 94, 121, 129-130, 133-134
Sandrews, 70, 92
Sansberry, 98
Sanson, 95
Sants, 13
Sap, 67
Sapehson, 92
Sapington, 35

Sapp, 10
Sarks, 73
Saunders, 1, 106
Savage, 89, 113-115
Sayre, 28
Scales, 19
Scarborough, 56
Scates, 67
Schalty, 69
Schaul, 22
Scheldkent, 102
Schertz, 105
Schlemann, 12
Schloemar, 12
Schlutter, 44
Schmidt, 100, 102, 124-125
Schooler, 134
Schraeder, 127
Schrib, 13
Schults, 95
Schultz, 85
Schultze, 106
Schutz, 23
Scisco, 19
Scneider, 127
Scobey, 27-28
Scoggins, 19
Scoley, 28
Scoot, 90, 114
Scoott, 36
Scott, 20, 29, 35, 37, 49, 60, 70, 81-82, 115, 119-121, 129-130, 132
Scrackenburg, 115
Seales, 19
Seallorn, 93
Seals, 67, 92
Sean, 81
Sear, 96
Search, 62
Seates, 67
Sebastian, 87-88
Secnis, 93
Secrest, 97-98
Sedemann, 68
Sedloan, 93
Sedloon, 93

See, 59
Seefers, 9
Seekenberger, 8
Seele, 68
Segar, 129
Self, 2, 49, 88, 90
Sellers, 95
Selman, 54-55
Sengst, 96
Senser, 92
Sequin, 24
Sessines, 8
Sessions, 55
Sevier, 76
Seward, 149
Sewell, 96-97, 116
Shackleford, 21
Shady, 53
Shafer, 25
Shaffer, 92
Shaly, 53
Shanklen, 92
Shanks, 150
Shanner, 8
Shannon, 67, 115-116, 122
Sharrick, 73-74
Sharrver, 63
Shaver, 146
Shaw, 35, 55, 66, 131-132
Shawber, 63
Shearne, 8
Sheffield, 105
Shelam, 7
Shelborn, 11
Shelby, 11, 62, 73, 89
Shelemos, 81
Sheling, 12
Shelly, 89
Shelton, 3, 10, 20, 116, 139, 143
Shenk, 69
Sheorne, 8
Shepherd, 21, 53, 67, 142, 144, 151
Shered, 35
Sherer, 125
Sherman, 127, 138
Sherrill, 95

Sherrod, 129
Shervel, 11, 81
Shewells, 81
Shewelts, 81
Shields, 114
Shinn, 22
Shoak, 123
Shoalks, 67
Shoat, 123, 133, 138
Shoemaker, 12, 54, 65
Shoolinberg, 64
Shoots, 14
Short, 63, 91-92
Shoulmier, 106
Shuff, 21
Shuffield, 111
Shula, 64
Shulinberg, 66
Shultz, 108
Shurelts, 81
Shurmann, 105
Sides, 18, 53, 94
Sidloan, 93
Sikes, 57
Siler, 13
Simmons, 43, 59, 77, 114, 125-126, 132
Simms, 124
Simons, 10, 65
Simonton, 98
Simpson, 52, 94
Sims, 39, 47, 67, 132, 140, 143
Sinast, 45
Sineson, 95
Singletary, 57
Singleton, 124
Sirdis, 95
Sirper, 12
Skagge, 61
Skidmore, 115, 126, 145
Skidwell, 87
Skiles, 130
Skinner, 47, 67, 114
Slack, 91, 99
Slacks, 94
Slade, 125
Slamps, 116

Slatece, 126
Slater, 10
Slaughter, 21, 49, 129
Slay, 147
Slayter, 63
Slayton, 46
Slept, 8
Sloan, 72, 87
Small, 4, 143
Smalley, 94, 136
Smelser, 28
Smisson, 46
Smith, 5, 8, 12, 14-16, 20-21, 26, 28, 35, 43-46, 50-54, 56, 59, 63, 65-66, 72-74, 77, 79-80, 83, 86, 88, 90, 93-94, 96, 99-100, 105-106, 112, 114, 116, 119, 121, 123-124, 130-138, 140, 142-143, 146, 150
Smithson, 21
Smythe, 24
Snerling, 19
Snider, 12, 61
Snowden, 133
Snows, 48
Snyder, 64, 66
Sonay, 94
Sorrel, 18
Southerland, 22
Southwood, 85
Sowder, 134
Sowel, 142
Sowell, 91, 105-106
Sower, 106
Spain, 106, 140, 143
Spann, 27
Sparks, 60-61, 97, 131
Spaulding, 18, 124
Spear, 147
Spears, 58
Specht, 105
Speckles, 67
Speed, 130
Spelings, 44
Spellmace, 124
Spellman, 124
Spencer, 29, 43, 82, 89, 131, 134

Spicer, 45
Spikes, 138-139
Spinck, 67
Spoon, 91
Spoonman, 150
Spranger, 60
Spring, 68
Sprouse, 118
Spruance, 120
Spruill, 55
Spurlock, 15
Squires, 2
Sruder, 13
Sruller, 13
Stabel, 95
Stadler, 52
Stafford, 5, 56, 90
Stagner, 64
Staker, 35
Stalcup, 48, 61
Stalkup, 49
Stallman, 67
Stalmet_, 105
Stalts, 64
Stamps, 116
Standfer, 35
Standifer, 20, 63
Standiford, 20
Standly, 8
Stanfield, 132
Stanford, 88-89
Stanger, 28
Stanley, 114, 150
Stanly, 20, 54
Stansel, 92
Stapels, 99
Stapf, 12
Stapp, 61, 90
Stappie, 15
Starcetz, 105
Stark, 115
Starks, 46, 61
Starnes, 130
Starns, 48
Starr, 134
Starrick, 74

Starts, 68
Staton, 73
Status, 57
Staves, 68
Stean, 82
Steel, 116, 138, 146
Steen, 38, 110
Stephens, 28, 41, 50, 81-82, 88, 113, 142
Stephenson, 119, 133, 141
Stevens, 65, 90, 110, 127
Stevenson, 15
Stew, 145
Steward, 2, 63, 123, 149-150
Stewart, 2, 17, 38, 73, 76, 89-90, 106, 110-111, 120
Stewarther, 10
Stiff, 63
Stiles, 127
Still, 95, 142
Stinemier, 105
Stinnett, 86, 89
Stinson, 53, 116, 130
Stirn, 10
Stockden, 65
Stoddart, 107
Stoffleman, 67
Stokes, 12
Stolte, 67
Stolze, 66
Stonam, 119, 121
Stoncey, 20
Stone, 49, 81, 87, 121, 130, 133, 151
Stonum, 122
Stopleter, 65
Stoppie, 15
Storey, 39
Storm, 35
Stormy, 60
Storny, 60
Story, 35, 46-47, 49, 88, 146
Stoucey, 20
Stout, 144
Stoveall, 53, 57
Stovell, 92
Stover, 139
Strahan, 65

Strange, 40, 62, 124
Straughn, 63
Strawhorn, 5
Streipe, 127
Strewald, 95
Stricklan, 131
Strickland, 76, 115
Stringer, 110, 129
Stringfellow, 28
Strippleman, 67
Strong, 70
Stroring, 48
Strother, 21
Stuart, 65, 129
Stubblefield, 15
Stuckey, 120-121
Studeville, 14
Stue, 49
Stull, 90
Stump, 111
Sturn, 80
Subb, 54
Subbee, 125
Subtlee, 125
Suffield, 111
Suggs, 65, 77
Sulivan, 18, 151
Suliven, 12
Sullivan, 39, 133
Sulston, 120
Sulton, 108
Sumers, 81
Summerline, 45
Summers, 56
Surmann, 95
Sutle, 96
Sutton, 77, 95, 108
Swaninger, 4
Swanson, 135
Swaringen, 13
Swatz, 64
Sweeney, 27, 29, 127
Sweigle, 65
Sweringen, 14
Swift, 104
Switzer, 67

Sylvers, 85
Tabal, 14
Tabeskice, 126
Tackitt, 90
Tadlock, 96
Taggot, 48
Talbert, 10, 130
Taliferro, 134
Talley, 92
Tam, 49
Tanehill, 1
Tannehill, 77
Tanner, 36, 64
Tarin, 23
Tarn, 49
Tarner, 74
Tarrant, 83
Tate, 65
Taylor, 1, 5, 19, 46, 48, 51, 61, 75, 79, 81, 91, 94, 96, 98, 121, 128-130, 133-134, 151
Teague, 4
Teal, 35, 70
Teamann, 95
Teamer, 81
Teavis, 85
Teel, 78
Teem, 46
Teeters, 61
Tegada, 24
Tegge, 127
Tegue, 151
Templeton, 53, 80, 113
Teppen, 107
Terly, 117
Terow, 48
Terrill, 65
Terry, 2, 11, 28-29, 39, 63, 85, 88, 119, 133
Thacker, 1, 132
Thaise, 125
Thatcher, 65
Thedford, 139
Thens, 95
They, 139
Thiale, 103

Thibbins, 5
Thigpen, 19
Thomas, 2, 5, 22, 37, 52, 66, 74, 79, 83, 85, 90, 100, 113, 120-121, 133-134, 139-140
Thomason, 54-55, 57, 98
Thompkins, 36
Thompson, 15, 36, 47, 52-53, 55-56, 97-98, 105-106, 116, 126, 129, 132-133, 138
Thomson, 37
Thornton, 19, 63, 106
Thorp, 34-35
Thrash, 16
Threat, 152
Throckmorton, 63
Thulemire, 67
Tibbles, 88
Tichnor, 19
Tillman, 53
Tilly, 72
Timmons, 54, 131
Tincher, 130
Tinkler, 66
Tinsley, 26, 111
Tippet, 15
Tippold, 14
Tirene, 24
Tisdale, 20
Tissold, 14
Titus, 87
Tobin, 66
Todd, 90
Toliver, 67
Tolla, 68
Tom, 11, 104
Tomer, 82
Tomkins, 36
Tomlinson, 79-81
Tompkins, 100
Tompson, 5
Tooke, 65, 67
Torhorse, 67
Torn, 104
Tornshend, 20
Towey, 28
Townes, 29
Towns, 112
Townsend, 66, 95, 110-111
Townsly, 47
Toyne, 89
Trabiesco, 24
Trainer, 22
Trast, 74
Travis, 85
Trebs, 103
Tresel, 69
Treveni, 24
Trevino, 42
Tribble, 147
Trible, 139
Trimble, 51
Trimmer, 133
Triplett, 87
Troup, 76
Trumble, 47
Trummell, 93
Trus, 19
Tryon, 148
Tubal, 149
Tubb, 56
Tucker, 5, 17, 41, 63, 76, 87-88
Tuggle, 4
Tumbleson, 97
Tumblison, 110
Tumer, 82
Tumore, 133
Turlon, 81
Turmox, 133
Turner, 18, 20, 23, 29, 55, 66, 74, 105, 110
Turney, 117
Turton, 81
Tutla, 43
Twitty, 70
Twohig, 23
Twolig, 23
Tyler, 20, 148
Tyra, 52
Ufferback, 80
Uffsback, 80
Umberland, 11

Underhill, 100
Underwood, 26, 70
Uonson, 81
Uppshock, 80
Upsung, 44
Upton, 146
Urquhart, 44
Usling, 44
Vaden, 116, 143
Van Dyke, 70
Van Glephe, 70
Van Hooser, 139
Van, 8, 13
Vance, 60, 116, 147
VanDean, 46
Vanderberry, 40
Vanderlive, 132
Vanderslive, 132
Vanderveer, 41
Vanderworth, 12
VanDyke, 81
Vanhook, 35
Vanney, 3
Vans, 55
Vanscamp, 64
Vantaw, 119
Vanzandtt, 132
Varnel, 41
Varney, 98
Varris, 37
Vaswile, 135
Vaughan, 131
Vaughn, 2, 83
Vaught, 45
Veach, 8
Vela, 42
Vemont, 15
Venhan, 110
Venters, 77
Ventimer, 85
Veowie, 132
Veowin, 132
Vermon, 14
Vernin, 131
Vernon, 114
Vestal, 60

Vesterling, 103
Vila, 42
Villarreul, 42
Vincent, 7, 130
Vining, 55
Vinings, 54
Voelker, 68
Vogle, 29, 50
Vogles, 50
Voglesung, 11
Vogt, 68-69
Voliver, 126
Vollentine, 75
Von Rader, 96
Vonkahl, 14
VonRaeder, 81
Vornet, 16
Voss, 141-142
Vulcher, 105
Waby, 126
Waddle, 13, 64
Wade, 3, 14-15, 96
Wadlington, 133
Waford, 80
Waggand, 125
Waggenor, 96
Waggoner, 4, 11
Waggonner, 56
Wagner, 39, 64, 77, 135
Wagoner, 141
Wagoner, 88
Waide, 48
Waikefield, 27
Waits, 47
Wakelund, 132
Walace, 151
Walasum, 89
Walch, 50
Walcott, 88
Walden, 37, 56
Waldmer, 89
Waldrip, 17
Waldrop, 36
Wales, 19
Walins, 52

Walker, 25, 45, 49, 52, 57, 63, 66, 73, 75, 80, 83, 87-88, 97-98, 115, 119, 126, 132, 134, 141
Walkup, 47
Wall, 88, 149
Wallace, 5, 19, 23, 53, 66, 88, 114, 144
Wallaner, 63
Waller, 15, 104, 146
Wallhoefer, 69
Walling, 148
Wallis, 46, 82
Walls, 90-91
Walsmund, 102
Walter, 66
Walters, 13, 36, 52, 58, 57, 89, 132-133, 138
Walton, 119, 124, 134-135
Wamack, 121, 132
Wampler, 73
Wand, 11
Wangeman, 12
Ward, 10-11, 19, 35, 90, 93, 116, 134, 148
Warde, 48
Warden, 4, 62, 86, 113
Wardlow, 140
Wardrup, 4
Ware, 65, 130, 148-149
Waren, 35
Warnell, 47
Warrell, 28
Warren, 19, 63
Warts, 47
Wash, 60
Washam, 9
Washburn, 115
Washington, 67, 130
Wasington, 130
Waters, 13, 91
Wathers, 142
Watkins, 47, 60, 86
Watsett, 63
Watson, 36, 44, 53, 57, 84, 89, 91-92, 114, 130, 146, 151
Watt, 11
Watter, 142

Watters, 12, 52, 58, 67, 97, 132-133
Watton, 134-135
Watts, 108, 147
Weakes, 7, 88
Wealton, 135
Weatherspoon, 83
Weaver, 47, 83, 103, 125
Webb, 2, 34, 64, 72, 130, 142
Weber, 105
Webster, 115, 135
Weddepert, 68
Wedespelt, 69
Weed, 110
Weeden, 124
Weekes, 7
Weekley, 27
Weir, 52
Welborn, 44-47
Welch, 90, 142
Welden, 77
Welder, 129
Wellburne, 113
Wellke, 124
Wells, 11, 20, 88-89, 132, 134
Welsel, 62
Wembly, 151
Wennmalis, 14
Werber, 142
Werner, 86
Wesley, 7
West, 62, 72, 78, 105, 109, 114-115, 128
Westall, 27-28, 100
Western Texas Orphan Asylum, 68
Westfall, 23
Westmoreland, 148
Wetherford, 45
Wethers, 76
Wethersby, 135
Wetherspoon, 128
Weyres, 101
Whaley, 115
Wharton, 27, 63
Whatley, 1
Wheat, 114, 133
Wheatin, 127
Wheeler, 14, 135, 149

Whelber, 107
Whilock, 70
Whipple, 18
Whisenutt, 59
Whitaker, 49, 62, 115
White, 5, 15, 18, 44, 54, 56, 61-62, 77, 85, 87, 95, 114, 119-120, 124, 139, 147-148
Whitefield, 15
Whitehead, 10, 21, 138
Whitentune, 132
Whitesides, 119, 126
Whitfield, 15
Whitford, 133
Whitiker, 145
Whiting, 120, 123-124
Whitley, 10
Whitly, 10, 62
Whittenburg, 89
Whittenbury, 89
Wicker, 45, 66
Wicks, 62
Wickware, 55
Widrum, 49
Wiggens, 45
Wiggins, 52
Wilborn, 56
Wilbourn, 120
Wilcox, 62, 101
Wile, 129
Wiley, 36, 91
Wilheim, 126
Wilkerson, 81
Wilkes, 87
Wilkins, 47-48, 142
Wilkinson, 49
Wilkox, 27
Willaby, 113
Willborn, 97
Willburn, 74
Willburne, 113
Willeford, 134
Willerson, 48
Williams, 28-29, 39, 48, 51-53, 60-61, 85, 87, 91, 95, 97-98, 100, 128, 130, 139, 141, 150

Williamson, 13, 28
Willig, 105
Willis, 12, 48, 110
Willison, 144
Willliamson, 90
Willoughby, 19
Willson, 21, 62, 65, 70, 74, 78, 150
Wilmette, 61
Wilmuth, 62
Wilson, 15, 28-29, 35, 37, 45-46, 49, 60, 62, 110, 113, 115, 119, 127, 131-133, 138, 148
Wimberly, 48
Wimby, 36
Wincher, 126
Winchester, 89
Windrow, 67
Windsoe, 133
Winfree, 65
Wink, 13, 64
Winn, 45, 73
Winser, 104
Winsett, 104
Winston, 133, 135
Winter, 44, 49
Wire, 22
Wirget, 96
Wise, 72
Withrow, 90
Witt, 60, 62, 74
Witte, 11
Witts, 74
Wolden, 77
Wolfe, 7
Wolfenberger, 17
Wolsey, 65
Wolverton, 3-5
Womble, 25
Woneby, 12
Wood, 11, 20, 25, 38, 46, 48, 59, 85, 87-88, 110, 114, 118-119, 129-130
Woodall, 54
Woodard, 23, 119
Woodburn, 35
Woodley, 131
Woods, 86, 106, 151

Woodward, 43, 125
Woody, 59, 88
Woolridge, 34
Woolsey, 84
Woolverton, 50
Worley, 70
Wortham, 134, 148
Worthy, 113
Wrarnell, 49
Wren, 141
Wretherford, 73
Wright, 6, 19, 25, 54, 64, 79, 103-104, 133, 150-151
Wrightman, 125
Wrinn, 107
Wrotesman, 90
Wroth, 13
Wrygel, 67
Wunheirman, 103
Wyatt, 37, 86
Wylie, 1
Wynan, 21
Yager, 60
Yahn, 11
Yancy, 18

Yarnell, 63
Yashe, 13
Yates, 88-90, 126
Yerges, 27
Yerry, 109
Yoakum, 76, 90
Yoast, 17
Yong, 47
York, 81
Young, 18, 20, 35, 37, 55-56, 60, 74, 83, 94, 105, 128, 132-133, 137, 141
Younger, 84
Youngman, 77
Yow, 81
Yuhn, 11
Zachary, 86
Zachof, 53
Zander, 13
Zermburge, 68
Zhur, 106
Zimmerschidt, 67
Zingler, 21
Zumalt, 110
Zumwall, 77
Zumwalt, 77, 110-111

Other Heritage Books by Linda L. Green:

1890 Union Veterans Census: Special Enumeration Schedules Enumerating Union Veterans and Widows of the Civil War. Missouri Counties: Bollinger, Butler, Cape Girardeau, Carter, Dunklin, Iron, Madison, Mississippi, New Madrid, Oregon, Pemiscot, Petty, Reynolds, Ripley, St. Francois, St. Genevieve, Scott, Shannon, Stoddard, Washington, and Wayne

Alabama 1850 Agricultural and Manufacturing Census: Volume 1 for Dale, Dallas, Dekalb, Fayette, Franklin, Greene, Hancock, and Henry Counties

Alabama 1850 Agricultural and Manufacturing Census: Volume 2 for Jackson, Jefferson, Lawrence, Limestone, Lowndes, Macon, Madison, and Marengo Counties

Alabama 1850 Agricultural and Manufacturing Census: Volume 3 for Autauga, Baldwin, Barbour, Benton, Bibb, Blount, Butler, Chambers, Cherokee, Choctaw, Clarke, Coffee, Conecuh, Coosa, and Covington Counties

Alabama 1850 Agricultural and Manufacturing Census: Volume 4 for Marion, Marshall, Mobile, Monroe, Montgomery, Morgan, Perry, Pickens, Pike, Randolph, Russell, St. Clair, Shelby, Sumter, Talladega, Tallapoosa, Tuscaloosa, Walker, Washington, and Wilcox Counties

Alabama 1860 Agricultural and Manufacturing Census: Volume 1 for Dekalb, Fayette, Franklin, Greene, Henry, Jackson, Jefferson, Lawrence, Lauderdale, and Limestone Counties

Alabama 1860 Agricultural and Manufacturing Census: Volume 2 for Lowndes, Madison, Marengo, Marion, Marshall, Macon, Mobile, Montgomery, Monroe, and Morgan Counties

Alabama 1860 Agricultural and Manufacturing Census: Volume 3 for Autauga, Baldwin, Barbour, Bibb, Blount, Butler, Calhoun, Chambers, Cherokee, Choctaw, Clarke, Coffee, Conecuh, Coosa, Covington, Dale, and Dallas Counties

Alabama 1860 Agricultural and Manufacturing Census: Volume 4 for Perry, Pickens, Pike, Randolph, Russell, Shelby, St. Clair, Sumter, Tallapoosa, Talladega, Tuscaloosa, Walker, Washington, Wilcox, and Winston Counties

Delaware 1850-1860 Agricultural Census, Volume 1

Delaware 1870-1880 Agricultural Census, Volume 2

Delaware Mortality Schedules, 1850-1880; Delaware Insanity Schedule, 1880 Only

Dunklin County, Missouri Marriage Records: Volume 1, 1903-1916

Dunklin County, Missouri Marriage Records: Volume 2, 1916-1927

Florida 1850 Agricultural Census

Florida 1860 Agricultural Census

Georgia 1860 Agricultural Census: Volume 1 Comprises the Counties of Appling, Baker, Baldwin, Banks, Berrien, Bibb, Brooks, Bryan, Bullock, Burke, Butts, Calhoun, Camden, Campbell, Carroll, Cass, Catoosa, Chatham, Charlton, Chattahooche, Chattooga, and Cherokee

Georgia 1860 Agricultural Census: Volume 2 Comprises the Counties of Clark, Clay, Clayton, Clinch, Cobb, Colquitt, Coffee, Columbia, Coweta, Crawford, Dade, Dawson, Decatur, Dekalb, Dooly, Dougherty, Early, Echols, Effingham, Elbert, Emanuel, Fannin, and Fayette

Kentucky 1850 Agricultural Census for Letcher, Lewis, Lincoln, Livingston, Logan, McCracken, Madison, Marion, Marshall, Mason, Meade, Mercer, Monroe, Montgomery, Morgan, Muhlenburg, and Nelson Counties

Kentucky 1860 Agricultural Census: Volume 1 for Floyd, Franklin, Fulton, Gallatin, Garrard, Grant, Graves, Grayson, Green, Greenup, Hancock, Hardin, and Harlin Counties

Kentucky 1860 Agricultural Census: Volume 2 for Harrison, Hart, Henderson, Henry, Hickman, Hopkins, Jackson, Jefferson, Jessamine, Johnson, Morgan, Muhlenburg, Nelson, and Nicholas Counties

Kentucky 1860 Agricultural Census: Volume 3 for Kenton, Knox, Larue, Laurel, Lawrence, Letcher, Lewis, Lincoln, Livingston, Logan, Lyon, and Madison

Kentucky 1860 Agricultural Census: Volume 4 for Mason, Marion, Magoffin, McCracken, McLean, Marshall, Meade, Mercer, Metcalfe, Monroe and Montgomery Counties

Louisiana 1860 Agricultural Census: Volume 1 Covers Parishes: Ascension, Assumption, Avoyelles, East Baton Rouge, West Baton Rouge, Boosier, Caddo, Calcasieu, Caldwell, Carroll, Catahoula, Clairborne, Concordia, Desoto, East Feliciana, West Feliciana, Franklin, Iberville, Jackson, Jefferson, Lafayette, Lafourche, Livingston, and Madison

Louisiana 1860 Agricultural Census: Volume 2

Maryland 1860 Agricultural Census: Volumes 1 and 2

Mississippi 1850 Agricultural Census: Volumes 1-3

Mississippi 1860 Agricultural Census: Volume 1 Comprises the Following Counties: Lowndes, Madison, Marion, Marshall, Monroe, Neshoba, Newton, Noxubee, Oktibbeha, Panola, Perry, Pike, and Pontotoc

Mississippi 1860 Agricultural Census: Volume 2 Comprises the Following Counties: Rankin, Scott, Simpson, Smith, Tallahatchie, Tippah, Tishomingo, Tunica, Warren, Wayne, Winston, Yalobusha, and Yazoo

Montgomery County, Tennessee 1850 Agricultural Census

New Madrid County, Missouri Marriage Records, 1899-1924

North Carolina 1850 Agricultural Census: Volumes 1-4

Pemiscot County, Missouri Marriage Records, January 26, 1898 to September 20, 1912: Volume 1

Pemiscot County, Missouri Marriage Records, November 1, 1911 to December 6, 1922: Volume 2

South Carolina 1860 Agricultural Census: Volumes 1-3

*Tennessee 1850 Agricultural Census for Robertson, Rutherford,
Scott, Sevier, Shelby and Smith Counties: Volume 2*

Tennessee 1860 Agricultural Census: Volumes 1 and 2

Texas 1850 Agricultural Census, Volume 1: Anderson through Hunt Counties

Texas 1850 Agricultural Census, Volume 2: Jackson through Williamson Counties

Texas 1860 Agricultural Census, Volumes 1-5

Virginia 1850 Agricultural Census, Volumes 1-5

Virginia 1860 Agricultural Census, Volumes 1 and 2

West Virginia 1850 Agricultural Census, Volumes 1 and 2

West Virginia 1860 Agricultural Census, Volume 1-4

www.ingramcontent.com/pod-product-compliance
Lightning Source LLC
Chambersburg PA
CBHW080245170426
43192CB00014BA/2571